WILLKOMMEN

im Chiemgau & Berchtesgadener Land

Draußen mehr erleben

mit MARCO POLO Autor Andreas Gruhle

Warum in die Ferne schweifen, fragt sich der Autor, wenn es vor der eigenen Haustür doch so viel zu entdecken gibt? Genau das macht Andreas Gruhle, der seit einigen Jahren in den Chiemgauer Alpen sein Zuhause gefunden hat und von dort aus die Berge, das Voralpenland, die historischen Altstädte am Inn und die vielen Seen der Region für sich entdeckt.

INHALTSVERZEICHNIS

*OUTDOOR GUIDE CHIEMGAU & BERCHTESGADENER LAND

136 Rupertiwinkel

166 Städte am Inn

196 Gut zu wissen

GPX-Tracks als Download zur einfachen Orientierung

QR-Code scannen oder über Website short.travel/ish1f herunterladen

Legende

Aktivitäten

- Zu Fuß
- Mit dem Fahrrad
- Am & im Wasser
- Fun & Action
- Naturerlebnis
- Outdoor-Highlights

- Lokale Spezialitäten
- Serviceangaben
- Beste Zeit
- Ausrüstung
- GPS-Koordinaten

Preise Aktivitäten/pro Erw.

€ bis 10 €
€€ bis 25 €
€€€ über 25 €

Preise Unterkunft/pro DZ

€ bis 75 €
€€ bis 150 €
€€€ über 150 €

Das Beste zuerst

Wie aus einem Bilderbuch: der türkisblaue Obersee, ein hölzernes Bootshaus und imposante Berggipfel

BEST OF ENTSPANNT
*TYPISCHES FÜR GENIESSER

Inmitten einer imposanten Bergkulisse gleitet das Elektroboot der Königssee-Flotte über das Wasser

Über den Königssee zum Obersee

In der Sommersaison verkehren die Schiffe auf dem Königssee bis nach Salet. Auf der entspannten Schifffahrt gibt es jede Menge zu bestaunen, und am Ende wartet eine kurze Wanderung, die zum etwas oberhalb des Königssees gelegenen Obersee führt.

→ S. 116 Berchtesgadener Land

Bootstour auf dem Chiemsee

Während die Touristenströme die Chiemseeinseln Herrenchiemsee und Fraueninsel erkunden wollen, lohnt es sich einfach mal sitzen zu bleiben – noch dazu, wenn bestes Wetter ist – und den Chiemsee (und seine Inseln) vom Boot aus zu entdecken.

→ S. 55 Rund um den Chiemsee

Durch die Wasserburger Altstadt

Ein historisches Gemäuer reiht sich ans nächste, und so gibt es hier nicht nur sprichwörtlich an jeder Ecke etwas zu entdecken. Oder einfach nur bei einem Glas Wein oder einer Tasse Kaffee dem bunten Treiben von einem der Cafés aus zuschauen.

→ S. 172 Städte am Inn

Zur alten Wallfahrtskapelle

Schon seit dem 17. Jh. ist der Mühlberg das Ziel von Wallfahrern. Eine einfache Wanderung führt hinauf zur Wallfahrtskirche Maria Heimsuchung, von wo sich ein herrlicher Blick auf den Waginger See auftut.

→ S. 148 Rupertiwinkel

Bei den drei Seen

Das Dreiseengebiet zwischen Reit im Winkl und Ruhpolding ist nicht nur im bunten Herbst ein lohnenswertes Ziel. Auch im Frühling und im Sommer locken die kristallklaren Seen, während sich im Winter Skifahrer auf den Loipen austoben.

→ S. 74 Chiemgauer Alpen

Über den Hintersee schippern

Zwischen Reiteralpe und Hochkalter ist der Hintersee der wohl schönste Bergsee Deutschlands. Das macht ihn überaus beliebt, und Ruhe kommt da nur selten auf. Zumindest etwas beschaulicher geht es bei einer Bootsfahrt auf dem See zu.

→ S. 128 Berchtesgadener Land

BEST OF ADRENALINKICK

*DIE EXTRAPORTION ACTION

Die Höhenangst sollte am Hausbachfall-Klettersteig bei Reit in Winkl besser zu Hause bleiben …

Rafting auf der Tiroler Ache

Von Kössen auf der österreichischen Seite geht es auf der recht sanften Tiroler Ache unter dem Schmugglerweg und zwei Hängebrücken entlang bis nach Schleching auf der deutschen Seite. Dabei wird die Entenlochklamm passiert, eine schmale, etwa 9 m breite Felspassage.

→ S. 90 Chiemgauer Alpen

Die Klettersteige am Grünstein

Klettersteiggeher finden am dem Watzmann vorgelagerten Grünstein gleich mehrere Herausforderungen, die aber allesamt nichts für Anfänger sind. Vier Varianten warten auf erfahrene Kletterer, die hoch über dem Königssee hinauf auf den Gipfel führen.

→ S. 121 Berchtesgadener Land

Gratwandern zum Sonnenuntergang

Die Wanderung auf den Zwiesel im Hochstaufenmassiv ist bis zum Gipfel weitestgehend einfach. Anschließend geht es deutlich anspruchsvoller und immer mit tollen Tiefblicken garniert über den Grat hinüber zum Gamsknogel, von wo sich der Sonnenuntergang spektakulär miterleben lässt.

→ S. 99 Chiemgauer Alpen

Mit dem Ballon übers Chiemgau

Bei stabilem Wetter sowohl im Winter als auch in den übrigen Jahreszeiten lassen sich am frühen Morgen hoch über dem Chiemgau Heißluftballons entdecken. Eine Ballonfahrt über den vielen Seen und über die Gipfel der Chiemgauer Berge, die von oben beinahe winzig wirken, ist überaus eindrucksvoll.

→ S. 56 Rund um den Chiemsee

Am Hausbachfall-Klettersteig

Für eine erfrischende Abkühlung von beinahe allen Seiten sorgt der Klettersteig durch den Hausbachfall bei Reit im Winkl. Der hält einige schwierige Passagen bereit. Gerade die Feuchtigkeit macht den Hausbachfall-Klettersteig zu einem gar nicht so einfachen Unterfangen, das mit einem kurzen Balanceakt seinen spektakulären Schlusspunkt findet.

→ S. 98 Chiemgauer Alpen

BEST OF MIT KINDERN

*SPANNENDES FÜR KLEIN & GROSS

Märchenhafter Familienspaß im Freizeitpark Ruhpolding: Über 60 Attraktionen lassen keine Langeweile aufkommen

Der Schmugglerweg durch die Klobensteinschlucht

Zwei eindrucksvolle Plattformen hoch über der Schlucht, zwei Hängebrücken, freigelegte Gletschermühlen und ein riesiger gespaltener Felsblock neben dem eine Wallfahrtskirche errichtet wurde. Das sind die Eckdaten der Wanderung auf dem Schmugglerweg zwischen Kössen und Schleching.

→ S. 80 Chiemgauer Alpen

Auf den Schachenberg

Der Schachenberg zwischen Aschau und Sachrang im Priental ist nur etwas über 1000 m hoch und bietet doch eine unvergleichliche Aussicht. Der Gipfel ist recht schnell erstiegen, und mit etwas Glück lassen sich Adler beobachten, die ihre Kreise ziehen.

→ S. 95 Chiemgauer Alpen

Zu den Weißbachfällen

Die Weißbachfälle stürzen sich zwischen Inzell und Weißbach an der Alpenstraße in zwei Kaskaden in die Tiefe. Die sind auf einer kurzen Wanderung schnell erreicht. Kombiniert mit einem kurzen Abstecher zum Gletschergarten gibt's vor allem für Kinder eine ganze Menge zu entdecken.

→ S. 86 Chiemgauer Alpen

Zum Wildpark Oberreith

Der Wildpark Oberreith ist eine Mischung aus Erlebnispark und Wildpark. Auf dem großflächigen Gelände gibt es etliche Tiere zu entdecken. Actionreich wird's beim 400 m langen Flying Fox und im Waldseilgarten, während es auf der kleinen Eisenbahn oder im Streichelzoo etwas gemächlicher zugeht.

→ S. 180 Städte am Inn

Im Freizeitpark Ruhpolding

Nicht nur Kindern, sondern auch Erwachsenen wird's im Freizeitpark Ruhpolding sicher nicht langweilig. Zwischen Märchenwelt und begehbarem Bergwerk warten jede Menge Attraktionen, die liebevoll in die natürliche Umgebung eingebettet sind. Ob das die kleine Achterbahn ist, die Drachenschaukel oder die Eisenbahn, die die Froschschule umrundet.

→ S. 88 Chiemgauer Alpen

BEST OF BEI REGEN

*SCHÖN, AUCH WENN ES REGNET

Unterwegs in der Traumwelt von König Ludwig II.: Die Parkanlage von Schloss Herrenchiemsee hatte Versailles zum Vorbild

Im Salzbergwerk Berchtesgaden

Bis auf 130 m unter den Meeresspiegel geht es im Salzbergwerk in die Tiefe. Die Floßfahrt über den dortigen Spiegelsee ist das Highlight einer Bergfahrt hinab in die Gruben, in denen auch heute noch Salz abgebaut wird. Eine spannende Begegnung mit dem weißen Gold für die ganze Familie!

→ S. 114 Berchtesgadener Land

Durch die Wimbachklamm

Die Wimbachklamm in der Ramsau bei Berchtesgaden ist auch bei schönem Wetter eine etwas feuchtere Angelegenheit, denn von allen Seiten strömt das Wasser in die schmale Klamm. Ein paar zusätzliche Tropfen von oben sind dann auch schon egal.

→ S. 127 Berchtesgadener Land

Herrenchiemsee entdecken

Selbst bei regnerisch-tristem Grau in Grau sind die vor Schloss Herrenchiemsee aufgereihten Springbrunnen eine Augenweide. Spätestens das viele Gold in den wenigen fertiggestellten Zimmern des Schlosses vertreibt das Grau sogar gänzlich. Nur der Erbauer König Ludwig II. hatte recht wenig davon, weilte er doch nur wenige Tage auf dem Schloss.

→ S. 40 Rund um den Chiemsee

Im Prienavera-Schwimmbad

Wenn vom wolkenverhangenen Himmel dicke Tropfen herabtröpfeln, macht das im ganzjährig beheizten Außenbecken des Prienavera Schwimmbads in Prien gar nichts. Auf den Massagedüsen zurücklehnen und die Blicke zum Chiemsee schweifen lassen. Oder doch lieber drinnen im Strömungskanal treiben und bei einem Aufguss die heiße Luft aufsaugen?

→ S. 60 Rund um den Chiemsee

Rosenheimer Innauen

Natur unmittelbar vor den Toren der Stadt: Das sind die Rosenheimer Innauen, deren Besuch sich das ganze Jahr über und zu jedem Wetter lohnt. Hier kann man durchatmen und abschalten und sich bequem die Beine vertreten. Im Unterholz direkt neben dem Fluss sind viele Vogelarten zu Hause.

→ S. 182 Städte am Inn

Entdecke Chiemgau & Berchtesgadener Land

Die Hochfelln-Seilbahn bringt Besucher in zwei Abschnitten zum Hochfellnhaus auf dem 1674 m hohen Gipfel

LANDSCHAFT & LEUTE

*IM CHIEMGAU & BERCHTESGADENER LAND

Majestätischer Gebirgsstock: Der 2713 m hohe Watzmann ist der unbestrittene König der Berchtesgadener Alpen

Flüsse, viele kleine und große Seen sowie die im Süden aufragenden Berge sind die Faktoren, die die Landschaft im Südosten Bayerns prägen. Und wer sind die Menschen, die hier wohnen? Mit wem bekommt man es im Urlaub zu tun?

Voralpenland: vor Jahrtausenden von Gletschern geformt

Etwa 25 000 Jahre ist es her, dass riesige Gletscher, durch das Achental und das Inntal bis weit in das heutige Voralpenland reichten. Nur winzige Punkte ragten aus dem Eis heraus, heute stattliche Berge wie Hochgern, Hochplatte, Kampenwand, Kranzhorn und Petersberg. Vor etwa 20 000 Jahren erwärmte sich das Klima, und die Gletscher zogen sich mehr und mehr zurück. Mit dem Chiemsee hinterließen sie den größten See Bayerns, der gern als das „Bayerische Meer" bezeichnet wird. Rund um Rosenheim und auch nördlich des Chiemsees bildeten sich etliche weitere Seen heraus. Zwischen den Seen und den sich auftürmenden Bergen gibt es etliche Moore, die heute enorm wichtige Habitate für zahlreiche Tierarten sind. Auch die durch die Gletschermoränen entstandenen Täler sind heute noch Zeugen der ehemaligen Vergletscherung. **Insider-Tipp** Besonders gut lässt sich das am Gletscherschliff bei Flintsbach am Inn in Augenschein nehmen. Auch die Gletschermühlen in der Klobensteinschlucht und der Gletschergarten unweit von Weißbach an der Alpenstraße sind stille Zeugen der einstigen Kraft des Eises.

Seen und Berge

Die zurückgebliebenen Seen sind charakteristisch für das ganze Chiemgau und den Rupertiwinkel, deren natürliche Grenzen die Salzach im Osten und der Inn im Westen sind. Im Süden sind es die Berge, die bei gutem Wetter auch vom nördlichen Rand der Region sichtbar sind. An Föhntagen im Herbst wirken sie selbst von Wasserburg und Altötting beinah zum Greifen nah. Die Chiemgauer Alpen sind vergleichsweise etwas sanfter als die Berchtesgadener Alpen, wo es rund um den Watzmann richtig hoch hinaus geht. Fun Fact am Rande: Sowohl der

NATUR IN ZAHLEN

2713 M

misst der Watzmann, Deutschlands höchster Berg, der sich komplett auf deutschem Staatsgebiet befindet, und dritthöchster des Landes

1

Nationalpark: Seit 1978 gibt es den Nationalpark Berchtesgaden

ÜBER 30 SEEN

erstrecken sich rund um Rosenheim im Westen des Chiemgaus

130 M

unter dem Meeresspiegel liegt der tiefste Punkt im Salzbergwerk Berchtesgaden

80 KM²

beträgt die Fläche des Chiemsees, der auch Bayerisches Meer genannt wird

20 GRAD,

wärmer wird der Königssee selbst im Sommer nicht

517 KM

lang ist der Inn, davon entfallen 324 km auf Deutschland, bis er bei Passau in die Donau mündet

470 M

stürzt der Röthbachfall hinter dem Obersee in die Tiefe und ist damit Deutschlands höchster Wasserfall

RUND 200

Almen gibt es in der Region, wovon fast die Hälfte bewirtschaftet ist

Zahlreiche Trachtenvereine halten auch heute noch alte Traditionen wie das Schuhplattln lebendig

höchste Gipfel der Chiemgauer Alpen (Sonntagshorn, 1961 m) als auch der höchste Gipfel der Berchtesgadener Alpen (Hochkönig, 2941 m) befinden sich zum größten Teil beziehungsweise sogar ganz auf österreichischem Boden. Gebirgsgruppen kennen halt keine starren Landesgrenzen.

Klischees und ihre Wirklichkeit

Dem Bayern, vor allem dem Oberbayern, sagt man ja so einiges nach. Er redet nicht gern, trägt den ganzen Tag Lederhose, trinkt nichts anderes als Bier, und verstehen tut man ihn gleich gar nicht. Aber wie viel ist da wirklich dran? Von allem ein bisschen, so viel sei vorweggenommen, aber den Bayer und die Bayerin darauf reduzieren? Keinesfalls. Bier – dazu auch mehr in den Kapiteln über die lokalen Spezialitäten – ist bayerisches Grundnahrungsmittel und nicht wegzudenken. Die Vielfalt ist großartig, und das weiß mittlerweile die ganze Welt, zumindest aber der Rest Deutschlands. Nicht ohne Grund haben fast alle großen Brauereien auch ein typisch bayerisches Helles in ihrem Programm. Aber das war's freilich nicht. Mit Adelholzener kommt der wohl bekannteste Getränkeproduzent Deutschlands aus der Region. Das frische Wasser direkt aus der Leitung sucht qualitativ seinesgleichen. Und wenn Bier, Wasser oder diverse Schorlen nicht mehr schmecken, gibt es auch noch etliche Schnaps- und Likörproduzenten.

Auch wenn der Bayer bei der Frage, ob an dem Tisch im Biergarten noch Platz sei, nur ein leises, kaum verständliches „freile" herausbekommt, so ändert sich das meist ganz schnell. Denn der Bayer erzählt gern über seine Heimat, die er tief im Herzen trägt. Er weiß, dass er hier an einem der schönsten Plätze der Welt lebt und ist zu Recht stolz darauf.

Dass man ihn bei seiner Schwärmerei über sein Bayern nicht immer leicht versteht, ist dagegen kaum zu leugnen. Während der bayerische Dialekt in den Großstädten, aber auch in Rosenheim und Traunstein, immer weniger anzutreffen ist, ist auf dem Land das Gegenteil der Fall. In vielen Kindergärten und Schulen gibt es mittlerweile Kurse, die speziell das Bayerische lehren, damit der Dialekt nicht ausstirbt. Zum besseren Verstehen (wichtig: nicht und niemals versuchen, auf Bayerisch mitzureden!) gibt's auf dem Spickzettel einen Kasten mit typisch bayerischen Begriffen.

Und die Sache mit den Trachten?

Aber wie ist das mit den Trachten? Trägt der Bayer zu jeder denkbaren Möglichkeit sein Trachtengewand oder ist das eher eine Bespaßung für Touristen? Interessanterweise ist das mit dem Aufkommen des Tourismus in den Bergen tatsächlich so geschehen. So wurde sich an Anreisetagen oft in Lederhose und Dirndl geworfen, um für die Touristen aus der Großstadt das perfekte Klischeebild zu liefern.

Und doch hat die Tracht eine tiefe Verwurzelung in der Gesellschaft. Ab Ende des 19. Jhs. schlossen sich Vereine zusammen, die die Tracht weiter erhalten wollten. Die war angelehnt an die Bekleidung der Bauern und Mägde – oft sehr einfach gehalten, wo-

SPICKZETTEL BAIRISCH

Loamsiada der, der immer noch am ersten Bier nuckelt, wenn der Rest schon beim vierten oder fünften ist; eine Spaßbremse
auf d'Nacht am Abend
bärig etwas ist ausgesprochen gut
gschamig Da ist wohl jemand schüchtern …
Dirndl Dirndlkleid, aber auch Bezeichnung für Mädchen
umgschnacklt umgeknickt
oglanga etwas anfassen
karteln Karten spielen
frotzeln jemanden ärgern oder hänseln
Gscheithaferl Besserwisser
Strawanzer Herumtreiber
Gspusi Geliebter/Geliebte

bei es für besondere Anlässe auch besondere Kleidung, vor allem bei den Frauen, gab und dank der vielen Trachtenvereine auch heute noch gibt.
Das bayerische Königshaus förderte die Initiativen der Trachtler, und so findet sich heute nicht ohne Grund das Abbild von König Ludwig II. auf vielen Lederhosenschildern, die zwischen den Hosenträgern angebracht sind. Die kurze Lederhose mit je nach Verein und Region andersfarbigen Stickereien, Haferlschuhe, Socken oder Loferl, ein weißes Trachtenhemd, eine Laibe (Weste), Joppe und Hut, meist mit entsprechendem Federschmuck oder Gamsbart, komplettieren die Tracht der Männer. Bei Frauen sind es lange Dirndl, deren Muster und Schürzen von Ort zu Ort variieren. An kirchlichen und anderen Feiertagen werden oft besondere Gewänder inklusive Hut getragen. **Insider-Tipp** Wirklich erleben lassen sich die Trachten und ihre Vielfalt bei den zahlreichen Umzügen, die im Rahmen von Festen und Feierlichkeiten veranstaltet werden.

Postkartenmotiv: reich geschmücktes Bauernhaus in Törwang, einem Ortsteil von Samerberg

TIERE & PFLANZEN

*HINEIN INS NATURPARADIES

Am frühen Morgen ist das naturbelassene Hochmoorgebiet der Kendlmühlfilzen noch in dichten Nebel gehüllt

Viele Naturschutzgebiete und ein Nationalpark sorgen dafür, dass zwischen Rupertiwinkel und Inn, in den Chiemgauer und Berchtesgadener Alpen eine weitgehend intakte Natur mit einer abwechslungsreichen Flora und Fauna zu Hause ist – von Kräutern am Wegesrand bis hin zum Steinbock, dem König der Alpen.

Vom Feuersalamander bis zum Alpensteinbock

Besonders gern hat es der Feuersalamander nach lang anhaltenden Regenfällen. Im Frühling und im Sommer ist dieser gelb gefleckte Lurch nachdem es geregnet hat in Wäldern und in der Nähe von Gewässern anzutreffen. Eine andere Salamanderart kommt dagegen erst deutlich weiter oben in den Bergen vor: der Alpensalamander. Ihn zeichnet sein etwas schlankerer Körper aus. Dazu ist er pechschwarz. Schwarz wie die Nacht ist auch die Höllenotter. Dabei handelt es sich um nichts anderes als eine Kreuzotter, die selten in den Chiemgauer und Berchtesgadener Alpen anzutreffen ist.

Oberhalb des Königssees rund um den Schneibstein sowie auf der anderen Seeseite am Watzmann ist der König der Alpen anzutreffen: der Alpensteinbock. Er wurde im Alpenraum beinahe ausgerottet, nur eine kleine Population am Gran Paradiso überlebte. Nach und nach erfolgten Wiederansiedlungen, so auch in den 1930er-Jahren in den Berchtesgadener Alpen. Heute gibt es eine stabile Population von über 70 Exemplaren. **Insider-Tipp** Am Kahlersberg lassen sich die Tiere mit ihren stattlichen Hörnern in relativ geringer Distanz beobachten. Aber Achtung: nicht zu nahe kommen und Hunde an der Leine lassen!

Bunte Vogelwelt

Auch Vogelfreunde kommen in der Region nicht zu kurz. Während im Nationalpark Berchtesgaden große Raubvögel wie Steinadler und sogar Bartgeier angetroffen werden können, so gibt es in den Mooren, rund um den Chiemsee und an den vielen kleineren Seen eine extrem große Vielfalt unterschiedlichster Vogelarten. Gerade der Chiemsee ist Jahr für Jahr Station für Tausende Zugvögel, die im Herbst gen

Glückliche Kühe Nicht nur auf den ausgedehnten Wiesen im Flachland, sondern vor allem auf den Almen in den Bergen sind sie anzutreffen und mit ihrem Glockengeläut schon von Weitem zu hören.

7 TYPISCHE TIERE

Rotwild Zwischen Chiemgau und Berchtesgaden gibt es einen sehr großen Bestand von Rotwild, der vielerorts sogar geschützt ist. Im Herbst sind die stattlichen Hirsche in an vielen Orten zu hören, wenn sie lautstark um die Gunst der Damenwelt buhlen.

Eisvogel Ein kleiner türkis-blauer Punkt, der, begleitet von einem markanten Pfiff, pfeilschnell über Seen, Flüsse und Bäche zischt. Der Eisvogel ist der wahrscheinlich schönste heimische Vogel in Deutschland und an vielen Orten anzutreffen.

Gämse Wie der Steinbock auch ist die „Gams" weit oben in den Bergen anzutreffen. Mit ihren kurzen, gebogenen Hörnern und dem kleineren Körperbau ist sie leicht zu erkennen. Oft sind Gämsen in Gruppen unterwegs, die aber schnell Reißaus nehmen, wenn sie auf Menschen treffen.

Murmeltier Ebenfalls in den Bergen, auf großen Wiesenflächen sind Murmeltiere zu Hause. Die gar nicht so kleinen Nager sind oft erst zu hören, bevor sie zu sehen sind, denn beim Entdecken eines Eindringlings im Revier pfeifen sie ohrenbetäubend laut.

Silberreiher Anders als sein Name vermuten lässt, ist der Silberreiher strahlend weiß und etwas seltener als sein naher Verwandter – der Graureiher – anzutreffen. Auf Wiesen, gern in Nähe von Seen und Mooren, begibt er sich auf Nahrungssuche.

Spechte Nicht nur Buntspechte sorgen für die markanten Klopfer in den Wäldern (und an Fassaden …), sondern auch viele andere Spechtarten. Dazu gehören Grün- und Schwarzspechte, deren auffälliger Ruf oft durch Wälder hallt.

5 TYPISCHE PFLANZEN

Latschenkiefer Oberhalb der Baumgrenze ist sie charakteristisch für die Vegetation in den Bergen. Die kleinen Kiefern verbreiten gerade im Sommer ein betörendes Aroma.

Bärlauch Frühlingszeit ist Bärlauchzeit und zwischen Inn und Salzach verwandeln sich viele Wälder in wahre Bärlauchfelder, die einen tollen Geruch verbreiten. Der lässt sich sammeln und beim Kochen für verschiedene Gerichte verwenden.

Enzian Enzian gibt es vielen verschiedenen Variationen in Klein und Groß, oft mit dem charakteristischen Blau, aber es gibt auch gelb Enzian. Am Geigelstein – dem Blumenberg des Chiemgaus – sind etliche Enzianarten anzutref

Maiglöckchen Maiglöckchen folgen dem Bärlauch und blühen ab Mai. Die Blätter sehen sich sehr ähnlich, aber Maiglöckchen sind giftig! Wahrscheinlich gibt es aber keine Pflanze, die einen schöneren Geruch verbreitet als die Maiglöckchen.

Wollgras Sanft weht das Wollgras in den Moore ab Anfang/Mitte Mai im seichten Wind. Die schöne silbrig-weißen Blüten, die weich wie Watte aussehen, überziehen dann feuchte Wiesen und sind au an Ufern von kleinen und großen Seen anzutreffen

Süden in ihre Winterquartiere und im Frühling gen Norden ziehen. Von mehreren Beobachtungstürmen rund um den Chiemsee kann das Spektakel beobachtet werden. Das Spektrum reicht von einheimischen Vögeln über die verschiedensten Entenarten bis hin zu wahren Exoten, die immer mal wieder auftauchen und für farbige Akzente sorgen.

Insider-Tipp Auf den weiten Wiesen zwischen Prien und Bernau lassen sich vom Frühjahr bis zum frühen Herbst fast immer Störche, Grau- und Silberreiher beobachten.

Der Fichtenkreuzschnabel bevorzugt Nadelwaldgebiete bis hinauf zur Baumgrenze

Kräuter, Pflanzen und Beeren am Wegesrand

Was wächst da eigentlich? Ist das essbar oder nicht? Auf den Feldern und den Wäldern gedeihen jede Menge Kräuter, die im Vorbeigehen wenig interessant scheinen, es aber bei genauerem Hinsehen nicht sind: Storchenschnabel, Spitzwegerich, Brennnessel, Giersch, Sauerampfer und viele viele mehr. Teilweise sind sie essbar, teils auf anderem Wege nützlich, um z. B. Insektenstiche direkt zu behandeln. Bei Kräuterwanderungen geben Pflanzenprofis ihr Wissen weiter. Auch für Beeren und Pilze – hier im Süden werden sie landläufig Schwammerl genannt – gibt es entsprechende Führungen. Die warmen Sommer, die oft auch viele Niederschläge bringen, bieten perfekte Bedingungen und sorgen für prall gefüllte Heidel- und Brombeerbüsche in den Bergen und volle Pilzkörbe in den Wäldern. Nur sollte man sichergehen, dass das, was im Korb und letztlich im Magen landet, auch wirklich essbar ist.

Gesunde Wälder und Vielfalt

Im Gegensatz zu vielen anderen Regionen in Deutschland und ganz Europa sind die hiesigen Wälder in einem relativ guten Zustand. Wo andernorts der Borkenkäfer wütet, herrscht in den Mischwäldern im Südosten Bayerns noch weitgehend Ruhe vor dem kleinen Übeltäter, der sich gern auf kranke Bäume stürzt und riesige Kahlflächen hinterlässt. Besonders schön sind die Wälder, wenn sie sich ab Mitte Oktober in eine bunte Farbenpracht verwandeln. Auf dem Weg zum Frillensee gibt es einen abwechslungsreichen Bergwalderlebnispfad, der Kindern spielerisch Wissen rund um den Wald, die diversen Baumarten und die Wildtiere vermittelt.

Vorsicht bei diesen Pflanzen & Tieren

Im Süden Bayerns gefährliche Tiere anzutreffen, ist eine Seltenheit. Zwar lässt sich ab und an eine **Kreuzotter** entdecken, doch nehmen die maximal 50 bis 70 cm großen Schlangen meist Reißaus, bevor sie auf Menschen treffen. Gefährlichkeit sagt man auch dem **Wolf** nach, der im 19. Jh. in Bayern ausgerottet wurde, doch seit ein paar Jahren immer wieder anzutreffen ist. Zwar gibt es bisher keine Wolfsrudel, die sich niedergelassen haben, doch durchstreifen Jungwölfe immer wieder die Wälder, Felder und Berge der Region.

KLIMA & WETTER

*DURCHS JAHR

Der Schneeeinbruch in den ersten beiden Januarwochen 2019 stellte die Räumdienste vor gewaltige Herausforderungen

Jede Jahreszeit am Inn, vom Chiemgau bis in den Rupertiwinkel und hinauf zu den Gipfeln der Berchtesgadener und Chiemgauer Alpen hat ihren ganz eigenen Reiz und ihre eigenen Besonderheiten. Die klirrende Kälte im Winter, das Erwachen der Natur im Frühjahr, heiße Sommertage, die mit stürmischen Gewittern enden, oder die bunten Herbsttage, an denen die Luft so unglaublich klar ist und der Blick weit in die Ferne reicht.

MONAT FÜR MONAT

Januar – eisige Luft und viel Schnee

Es muss nicht immer so laufen wie zu Beginn des Januars 2019. Innerhalb von zwei Tagen fielen zwei Meter Schnee in den Chiemgauer und Berchtesgadener Alpen, die Orte erstickten in den Schneemassen, und der Katastrophenschutz musste Dächer freischaufeln. Oft gibt es rund um Neujahr ergiebige Neuschneemengen, und Mitte des Monats folgt eine Periode mit Temperaturen jenseits der -10°C-Marke. Die hält oft kaum länger als eine Woche an, sorgt aber dafür, dass sich die Natur in eine Eiswelt verwandelt. **Insider-Tipp** Der Schoßrinn-Wasserfall im Priental gefriert bei diesen Temperaturen und zeigt sich dann von einer sehr ungewöhnlichen Seite.

Februar – Spaß im Schnee

Der Februar präsentiert sich oft als relativ stabil. Schneefälle sorgen hin und wieder dafür, dass den Wintersportlern das weiße Gold unter den Kufen oder unter den Ski nicht ausgeht. Nicht selten scheint die Sonne. Das kann im Voralpenland schon dazu führen, dass hier und da die ersten Spitzen des Frühlings hervorlugen. Der leckere Bärlauch ist eine der ersten Pflanzen, die dann schon mal ihren Kopf vorsichtig aus dem Boden strecken.

März – Frühling trifft Winter

Der März kann durchaus ambivalent sein und den April etwas vorwegnehmen. Von reich an Regen bis reich an Sonne bis reich an Schnee ist alles möglich. Aber die längeren Tage machen zunehmend Platz

DIE JAHRESZEITEN

FRÜHLING
Weder Fisch noch Fleisch

Wanderer stürmen bei den ersten Anzeichen schönen Wetters förmlich die Natur und die Berge

Dabei ist der Frühling im März oft noch nicht richtig da, bevor er im April gefühlt direkt in den Sommer übergeht

Regenjacke und zumindest eine dünnere Fleecejacke für unten drunter gehören in jedes Gepäck

SOMMER
Regenjacke nicht vergessen

Typisch für den Sommer sind warme Tage mit teils heftigen Wärmegewittern am Nachmittag und frühen Abend

Bei der Planung von Bergtouren unbedingt aufs Wetter achten

Eine dichte Regenjacke, Schutz für den Rucksack und eventuell einen Schirm nicht vergessen

HERBST
Viel Sonne und stabiles Wetter

Der Herbst glänzt mit grandiosen Fernblicken und besonders klarer Luft

Dank Inversionswetterlagen ist es oben am Berg oft wärmer als im Tal

Eine Isolationsjacke (Daune oder Primaloft) und eine dünne Mütze sind nützliche Begleiter

WINTER
Anziehen wie eine Zwiebel

Nicht ohne dicke Jacke geht es ab November vor die Tür

Erst kriecht sich die feuchte Kälte des Novembers durch die Schichten, im Januar ist es der klirrende Frost

Für Outdoorerlebnisse jeder Art unbedingt an wasserdichtes Schuhwerk denken. Dazu Handschuhe, Mütze und Schal einpacken

Ein Bankerl direkt im See am flachen, kindertauglichen Chiemseestrand

für neues Leben in der Natur, auch wenn Väterchen Frost stur ist und oft noch nicht Lebewohl sagen mag.

April – hurra, der Frühling ist da

In den höheren Regionen kann noch Schnee liegen, oft kommt sogar nochmal etwas Neuschnee dazu. In den Tälern und in den Ausläufern hinauf bis zum Inn ist das aber die absolute Ausnahme. Hier steht der Frühling in voller Pracht. Knospen gehen auf und verwandeln die Wälder in ein satt hellgrünes Meer. Wahre Wärmeperioden mit Temperaturen jenseits der 20 Grad sind keine Seltenheit.

Mai – Wonne und Sonne

Für Bergtouren in höheren Gefilden ist es im Mai oft noch zu früh. Lang halten sich hartnäckige Schneefelder gerade in nördlicher Exposition. Wanderungen sollten daher mit Bedacht gewählt werden. Ab und an sorgen längere Regenperioden für wenig outdoortaugliches Wetter, aber auch die Schauer gehen irgendwann vorüber. Genauso kann das Gegenteil der Fall sein, und der Mai zeigt sich als Wonnemonat wie er im Buche steht.

Juni – erst kalt, dann warm

Bevor der Sommer so richtig Einzug hält, macht er sich Anfang bis Mitte Juni oft noch mal vom Acker. Die Schafskälte steht ins Haus und kommt beinahe so verlässlich wie das berüchtigte Amen in der Kirche. Danach steht einem heißen Sommer aber beinahe nichts mehr im Wege, und nur in Ausnahmefällen zeigt sich der Juni von seiner verregneten Seite.

Juli – Wander- und Badezeit, aber Vorsicht!

Beeindruckende Blitze zucken über den Himmel, gewaltige Regenwände ziehen über die Berge und das Voralpenland, stürmische Böen fegen über den Chiemsee. Nicht selten enden so herrliche Sommertage mit Badetemperaturen jenseits der 30-Grad-Marke. Eine Stunde später kann aber wieder bestes Wetter herrschen, und laue Sommerabende locken zum kühlen Bier oder einem Aperol in die Biergärten und Bars der Region. Bei der Planung von Touren in den Bergen sollte das beachtet werden. Für exponierte Wanderungen mit wenigen bis keinen Ausweichmöglichkeiten sollten entsprechend stabile Vorhersagen herrschen. Ein Gewitter am Watzmann ist – wie der Autor dieser Zeilen bestätigen kann – alles andere als ein Zuckerschlecken.

August – wenn der Sommer allmählich müde wird

Bis Mitte August hält meist die Schönwetterperiode an. Die Tage werden nun schon wieder spürbar kürzer, und spätestens Ende des Monats fühlt es sich schon beinahe herbstlich an. Die Temperaturen sinken dann in den Nächten schon wieder auf einstellige Bereiche, und die Badeseen kühlen merklich ab.

September – von Zuckerguss und alten Weibern

Selten zeigen sich schon Anfang September die Berge im Süden bezuckert, oft genug ist es aber noch einmal richtig schön – von kurzen Schlechtwetterphasen, die empfindlich kalt sein können, mal abgesehen. Der Altweibersommer sorgt in der Regel für stabile Bedingungen, wobei bei Bergwanderungen unbedingt eine Daunenjacke ins Gepäck gehört.

Oktober – die schönste Wanderzeit des Jahres

Nicht erst mit dem fortschreitenden Klimawandel hat sich der Oktober zu einer der schönsten Wanderzeiten des ganzen Jahres gemausert. Bergsteiger entdecken wieder die Ziele vor der eigenen Haustür. Die Blicke reichen bis weit in die Ferne, und die sich ab Mitte des Monats bunt färbenden Wälder setzen dem Ganzen die Krone auf. Alles leuchtet, und die Natur glänzt in einer erhabenen Pracht.

November – Nebelmeer in der Übergangszeit

Der November ist ein Monat des Wandels. Oft taucht er die Landschaften in mystischen Nebel, den die Sonne nur selten durchdringt. Hin und wieder reißt die Wolkendecke auf, nur um kurz darauf nicht nur die Berge, sondern auch Täler mit dem ersten Wintereinbruch zu überraschen, wobei die gelb gefärbten Lärchen für bunte Farbtupfer sorgen.

Dezember – Schnee oder kein Schnee – das ist die Frage

Dass sich das Klima verändert und zumindest ein Stück weit verschiebt, wurde in den letzten Jahren vor allem im Dezember deutlich. Die echten Wintereinbrüche kommen spät und später, teils ist es selbst an Weihnachten in den Bergen noch weitgehend schneefrei. Noch ist das zwar die Ausnahme, die Tendenz geht aber offenbar dahin, dass der richtige Winter allmählich immer später einsetzt.

WETTER IM CHIEMGAU UND IM BERCHTESGADENER LAND (ROSENHEIM)

Hauptsaison: JUNI–OKT. · Nebensaison: JAN.–MAI, NOV., DEZ.

	JAN.	FEB.	MÄRZ	APRIL	MAI	JUNI	JULI	AUG.	SEPT.	OKT.	NOV.	DEZ.
Tagestemperaturen	3°	5°	10°	15°	20°	23°	24°	24°	19°	15°	7°	3°
Nachttemperaturen	-1°	1°	5°	9°	14°	17°	19°	19°	14°	10°	4°	0°
Sonnenschein Stunden/Tag	3	4	3	4	7	7	7	6	4	3	2	2
Niederschlag Tage/Monat	16	15	13	14	15	16	16	15	13	12	14	14

AKTIV & DRAUSSEN

*DEINE URLAUBSREGION ERLEBEN

Ein weites Netz von Wanderwegen aller Schwierigkeitsgrade durchzieht das Chiemgau und das Berchtesgadener Land

Der Chiemsee steht im Zentrum und teilt die Region in unterschiedliche Outdoor-Aktivitäten: eher sanft im Norden und am Inn entlang, etwas sportlicher im Süden, je tiefer es in die Berge hineingeht. An Abwechslung – von ausgedehnten Wanderungen bis zum Bergsteigen, vom Reiten bis zum Rennradfahren und Mountainbiken, vom SUPen bis zum Rafting – mangelt es wahrlich nicht. Es muss nun wirklich nicht immer der Gardasee sein.

Wandern

Die Chiemgauer und Berchtesgadener Berge sind ein hervorragendes Revier für Wanderfreunde. Touren gibt es in allen Schwierigkeitsgraden: beispielsweise leichte und kurze Strecken, die auch mit Kindern abwechslungsreich sind und Spaß machen, wie etwa die Wanderung über den Schmugglerweg zwischen Kössen und Schleching, durch die Gießenbachklamm und zur Schopperalm, die Tour zum Grafenloch bei Oberaudorf oder die Moorrunde im Ainringer Moos bzw. durch das Altöttinger Gries.

Auch Möglichkeiten für etwas längere Touren, die mit einer ordentlichen Grundkondition auch den ein oder anderen leichten Gipfel versprechen, existieren zuhauf – ob zur Eiskapelle am Fuß der Watzmann-Ostwand, auf den Gipfel des Geigelsteins in den Chiemgauer Alpen oder auf die Kampenwand. **Insider-Tipp** Die Kampenwand ist sehr überlaufen, zum Sonnenuntergang geht es rund um den 1669 m hohen Gipfel aber eher beschaulich und ruhig zu. Mit Stirnlampe im Gepäck lässt sich die Kampenwand so mal ganz anders erleben.

Auch anspruchsvolle Wanderungen finden sich gerade in den Bergen, wie die Tour rund um den Königssee oder die hinauf zum Watzmannhaus, die eine gute Kondition erfordert, gerade wenn es von der Hütte noch einmal weitergehen soll.

Einfach schön zu jeder Jahreszeit: Radfahren am Chiemsee mit Panoramablick auf die Alpen

Angekommen am Gipfel: Der Aufstieg zur Watzmann-Mittelspitze auf 2713 m Höhe ist nichts für Anfänger

Bergsteigen

Anspruchsvolle Wanderungen sind teilweise schon als Touren der Kategorie „Bergsteigen" einzuordnen, wobei eine klare Abgrenzung hier nicht möglich ist. Bergsteiger fühlen sich vor allem rund um Berchtesgaden wohl, wo mit der Watzmann-Überschreitung die wahrscheinlich bekannteste Bergtour im deutschen Alpenraum wartet. Die ist ein alpines Unterfangen, das für Anfänger alles andere als geeignet ist. Schließlich geht es lang und mit viel Luft zu beiden Seiten über den schmalen Grat, der die drei Watzmann-Gipfel verbindet. Aber nicht nur am Watzmann fühlen sich Bergsteiger wohl. Am Hohen Göll, am benachbarten Hochkalter oder am Untersberg gibt es spektakuläre Touren, immerhin oft mit Blick auf König Watzmann mit seiner versteinerten Familie.

Insider-Tipp Die Reiteralpe ist ein kleiner Gebirgsstock in den Berchtesgadener Alpen, der von allen Seiten relativ abweisend wirkt. Doch warten dort zahlreiche tolle Bergtouren in allen Schwierigkeitsgraden. Mit der Neuen Traunsteiner Hütte findet sich ein hochalpiner Stützpunkt, der sich bestens als Ausgangsort für Touren auf der Reiteralpe eignet.

Klettern

Aber auch echte Kletterer und Klettersteiggeher fühlen sich in den Berchtesgadener und Chiemgauer Alpen wohl. Profis zieht es zur Watzmann-Ostwand, mit 1800 m Höhe die höchste Wand der ganzen Ostalpen, deren Durchsteigung ein grandioses, aber sehr anstrengendes Unterfangen ist. Auch die Hörndlwand bietet tolle Routen für Felskletterer wie auch die vielen Felsspitzen der Kampenwand, die gern von West nach Ost komplett überwunden wird.

Klettersteigfans finden Herausforderungen in allen Schwierigkeitsgraden, einfach wie an der Nordseite des Spitzsteins, anspruchsvoller wie am Hausbachfallklettersteig oder richtig ausgewachsen wie am Grünstein oder am Pidinger Klettersteig.

Radfahren

Radfahrer werden begeistert sein, sei es im Flachland (z. B. die Wasserburger Radrunde), in den Bergen (z. B. bei der Radtour zur Kührointalm) oder bei

MARCO POLO OUTDOOR-KNIGGE

Sei freundlich und hilfsbereit

Ein Lächeln und ein freundlicher Gruß kosten nichts. Wenn andere in Schwierigkeiten sind, biete ihnen deine Hilfe an, sei es bei der Orientierung, mit einem Pflaster oder dem Fahrradwerkzeug.

Lass dir Zeit

Lass Hektik und Stress zu Hause, wenn du in die Natur reist. Spüre ihren Rhythmus, lass dir Zeit und nimm die Landschaft mit allen Sinnen wahr.

Bleib auf festen Wegen

Auch wenn Abstecher ins Wilde locken, diese Welt gehört den Tieren und Pflanzen – sei ein guter Gast und bleib auf deinem Pfad.

Sei leise

Das tut dir und allen um dich herum gut: einfach mal das Handy stumm schalten und leise sprechen. Plötzlich sind die Geräusche der Natur ganz nah und du kommst selbst zur Ruhe.

Bleib wachsam

Rüste dich gut aus und hab immer ein Auge auf Wetter und Gelände. Sonst bringst du nicht nur dich selbst in Gefahr, sondern auch die Retter, die dir im Notfall zu Hilfe eilen.

Nimm nur Erinnerungen mit

Widersteh der Verlockung, Pflanzen, Steine oder sogar Tiere einzufangen und mitzunehmen. Sie gehören hierher, also nimm nur ein Foto für deine Erinnerungen mit.

Hinterlasse nur Fußspuren

Ob Taschentuch, Brottüte oder Bananenschale – hinterlasse keine Abfälle. Das, was andere liegen gelassen haben, kannst du mitnehmen und im nächsten Mülleimer entsorgen. So lässt du die Natur sauberer zurück, als du sie vorgefunden hast.

Mach dich schlau

Neben „Benimmregeln" gibt es auch Gesetze, an die du dich halten musst, etwa in Naturschutzgebieten. Bereite dich auf deinen Trip vor, so lernst du auch etwas über die Menschen, die an deinem Reiseziel leben.

beidem (Rosenheimer Radmarathon von der Stadt in die Berge und zurück). Dabei muss es nicht immer ein E-Bike sein, bei längeren Touren oder solchen, die mit vielen Höhenmetern gespickt sind, erleichtert ein Akku das Fortkommen aber gewaltig.

Segeln

Der Chiemsee und auch der Waginger See sind die beiden größten Seen zwischen dem Inn im Norden und den Bergen im Süden. Auf beiden Seen tummeln sich mit dem ersten Sonnenstrahl im Frühjahr Segelboote. Und auf beiden Gewässern finden in der Sommersaison einige Regatten statt.

Rafting und mehr

Ob im Schlauchboot, mit dem Kajak oder dem Floß: Auf der Tiroler Ache kann für einen Gebirgsfluss recht sanft das Rafting entdeckt werden. Ganz entspannt geht es dagegen mit dem Floß die Alz hinab. Oder doch lieber mit dem SUP über den Simssee oder den Chiemsee paddeln?

Reiten

Das Glück dieser Erde liegt auf dem Rücken der Pferde. Gerade Kinder erfreuen sich an Reiterferien und kleinen Ausritten. **Insider-Tipp** Bei Tamis Reitschule in Stephanskirchen schlagen kleine und große Herzen von Pferdefreunden garantiert höher.

Wintersport

Der Klimawandel ist auch in den Bergen angekommen. Die oft stabilen Hochs in den Wintermonaten sorgten in den letzten Jahren für relativ geringe Schneemengen. Liegt dann doch Schnee, sind vor allem die Berchtesgadener und die Chiemgauer Alpen eine Spielwiese für Wintersportler. Alpinskifahrer finden in kleinen Skigebieten ihr Glück, während es die Skitourengeher auf den Geigelstein oder ins Watzmannkar und auf die Große Reibn rund um den Königssee zieht. Loipen wie jene im Priental oder im Dreiseengebiet ziehen Langläufer und Skater an. Einige Hütten sind auch im Winter geöffnet, von denen es dann mit dem Schlitten rasant ins Tal geht.

Trotz vieler neuer Trends immer noch eine der beliebtesten Sportarten: Surfen auf dem Chiemsee

Surfen und Kiten

Vor allem der Chiemsee ist als Surf- und Kitesurfrevier über seine Grenzen hinweg bekannt. Zur Wahrheit gehört aber auch, dass die Winde auf dem Chiemsee anspruchsvoll sind, weshalb sich Anfänger besser woanders ihre ersten Sporen verdienen, um dann als Fortgeschrittene auf dem Bayerischen Meer weitere Erfahrungen zu sammeln.

5 PERFEKTE TAGE
*VIEL ERLEBEN IN KURZER ZEIT
Markt Schwaben
Poing
Feldkirchen
Haag
in Oberbayern
Waldkraib
Haar
Vaterstetten
Ottobrunn
Ebersberg
Grafing bei M
am Inn
Höhenkirchen-
Siegertsbrunn
DEUTSCHLAND
Feldkirchen-Westerham
Bruckmühl
Bad Aibling
Holzkirchen
Bad Endorf
Chiem
TAG 2: Inselhopping
im Chiemsee
Die Inseln des Chiemsees erkunden
Miesbach
Bad Feilnbach
Raubling
ca. 45 Min.
Hausham
Schliersee
Tegernsee
Tegerns
TAG 1: Zum Sonnenuntergang
auf einem Gipfel stehen
Erst im Moorbad entspannen und in den
Abendstunden hinauf auf den Spitzstein
Wörgl
A94
B12
B15
B304
B305
A8
A12

Neuötting
Altötting
Burgkirchen an der Alz
Burghausen
TAG 5: Auf den Spuren von Benedikt XVI.
Spirituell beschwingter Abschluss in Marktl und Altötting
Geburtshaus Papst Benedikt XVI
geboren und getauft als Joseph Aloisius Ratzinger 16. April 1927
gewählt zum Papst 19. April 2005
Traunreut
Waginger See
Waging am See
Laufen (Salzach)
Neumarkt am Wallersee
Wallersee
ca. 1 Std.
Seekirchen am Wallersee
Freilassing
Salzburg
ca. 30 Min.
Mondsee
Bad Reichenhall
TAG 3: Mit dem Radl zum Waginger See
Eine Fischsemmel und ein Halleluja
Berchtes
Königssee
ÖSTERREICH
TAG 4: Greifvögel im Nationalpark
Zwischen Hochkalter und Reiteralpe im Nationalpark Berchtesgaden

Auch mit einer Halbtagestour gut machbar: der Gipfel des Spitzstein auf 1596 m Höhe

Nur Zeit für einen fünftägigen Kurzurlaub? Kein Problem: eine kleine Reise durch den Südosten Deutschlands, die ein abwechslungsreiches Programm verspricht, zugleich aber eine ausgewogene Balance zwischen actionreichen Erlebnissen und Entspannung für zwischendurch bietet. Als Ausgangsort bietet sich Traunstein mit seiner zentralen Lage an.

TAG 1: ZUM SONNENUNTERGANG AUF EINEM GIPFEL STEHEN

Spitzstein, Chiemgauer Alpen

• **Erst Entspannung und dann die Action.** Getreu diesem Motto folgt der erste Urlaubstag im Chiemgau. Im Aschauer Moorbad lässt sich dieser ganz langsam im warmen Moorwasser starten. Bevor es anstrengend wird, folgt aber noch eine kleine Stärkung mit Kaffee und Kuchen im Café Pauli. → S. 94

• **Das kleine Sachrang mit seiner hübschen Kirche und dem perfekten Blick** auf das Kaisergebirge auf der Tiroler Seite ist Ausgangspunkt der anschließenden Sonnenuntergangstour, die sich beim Start direkt von der Goglalm sogar noch etwas abkürzen lässt. Zum Gipfel bieten sich zwei Varianten an: über den Normalweg über das Spitzsteinhaus geradewegs zum Gipfel oder etwas anspruchsvoller über den leichten Klettersteig auf der Nordseite. → S. 91

TAG 2: INSELHOPPING IM CHIEMSEE

Übersee am Chiemsee

• **Nur gucken und nicht anfassen.** Das gilt für die Krautinsel, die kleinste Insel im Chiemsee, die während der Rundfahrt von Übersee über den größten See Bayerns passiert wird. Dafür ist genug Zeit, die beschauliche Fraueninsel zu besuchen. → S. 44

• **Auf Herrenchiemsee lohnt ein Ausstieg allemal,** nicht nur um das Schloss von Ludwig II. und seine liebevoll gestaltete Brunnenanlage zu besichtigen. Der Rundweg um die Insel führt stets nah am Ufer entlang und ist trotz der vielen Inselbesucher erstaunlich wenig frequentiert – wandeln auf den Spuren des Kini quasi. → S. 40

• **Den Abend lassen wir am Strandbad in Übersee ausklingen.** Dort schmeckt der Sundowner direkt am Chiemsee-Ufer besonders gut. Einfach in einem der vielen Liegestühle ganz entspannt zurücklehnen. So lässt sich das Bayerische Meer besonders gut genießen, vor allem, wenn die Sonne in gleißendem Orangerot im Chiemsee versinkt. → S. 67

SCHÖNER SCHLAFEN

Chiemgauer Alpen

• Beim Wanderurlaub in den Bergen gehört eine Übernachtung in einer Alpenvereinshütte einfach dazu. Besonders schöne Adressen sind die Priener Hütte am Geigelstein (auch in den Wintermonaten), das Kärlingerhaus am Funtensee und das Purtschellerhaus, in dem man beim Gang von der Gaststube zur Toilette die Landesgrenze wechselt. *(prienerhütte.de, kaerlingerhaus.de, purtschellerhaus.de, €)*

• Eine etwas kleinere Hütte wartet mit dem Alpenchalet Sachrang am Fuß des Spitzsteins auf seine Gäste. Die ist auch urig und gemütlich, aber doch ganz anders, denn die Einrichtung ist modern und versprüht trotzdem Heimeligkeit und Gemütlichkeit. *alpenchalet-sachrang.de, €€€)*

Städte am Inn

• Vor den Toren von Wasserburg bietet das kleine im Mittelalter erbaute Schloss Weikertsham ein ganz besonderes Flair. Im aufwendig restaurierten Schloss gibt es ein Apartment, das an Gäste vermietet wird. Prunkvolles Ambiente ist da aber nicht zu erwarten. Zahlreiche antike Möbel prägen das Bild, die historischen Holzdielen quietschen, und im Garten des Schlosses lässt es sich ganz wunderbar zurücklehnen und entspannen. *(schloss-weikertsham.de, €€)*

Rupertiwinkel

• Das Landhaus Tanner am Waginger See ist ein perfekt gelegener Anlaufpunkt für Ausflüge in die ganze Region. In den schicken Zimmern im Landhausstil fehlt es an nichts, und im Haus sorgt ein eigenes Restaurant für das leibliche Wohl. *(landhaus-tanner.de, €€€)*

Eingebettet zwischen Chiemsee und Waginger See: die Große Kreisstadt Traunstein

TAG 3: MIT DEM RADL ZUM WAGINGER SEE

Von Traunstein nach Waging und wieder zurück

• **Am dritten Tag steht wieder die Aktivität im Vordergrund.** Einige Fahrradläden oder auch Hotels haben in Traunstein Leihfahrräder, oft auch E-Bikes, im Angebot. Mit vollem Akku und viel Elan startet der Tag in Richtung Waging. Mit dem unterstützenden Motor sind die etwas mehr als 20 km ohne große Anstrengungen bewerkstelligt. Auch der Aufstieg zur Wallfahrtskirche am Mühlberg stellt keine unüberwindbaren Hürden dar. Von dort wartet der schönste Ausblick des ganzen Tages. → S. 148

• **Rasant geht es dann hinunter zum lang gestreckten Waginger See,** auf dem mit etwas Glück womöglich sogar eine der vielen Regatten stattfindet. Auch wenn dem nicht so ist, wird die Fischsemmel im Strandbad dann doch zum Genuss. → S. 162

• **Schließlich steht noch der Rückweg nach Traunstein an,** wo in einem der Biergärten der Tag Revue passiert wird, obgleich er noch nicht vorbei ist. Denn es wartet noch der Sonnenuntergang, der vom Ortsteil Hallabruck besonders sehenswert ist, wenn die Dächer der Stadt in gleißendes Orangerot getaucht werden. → S. 163

TAG 4: GREIFVÖGEL IM NATIONALPARK

Nationalpark Berchtesgaden

• **Am vierten Tag heißt es früh aufstehen.** Über die Deutsche Alpenstraße geht es tief hinein in die Berchtesgadener Alpen. Heute ist Vogelgucken angesagt. Hinter dem Hintersee startet die Wanderung ins Klausbachtal hinein. In dem Tal wurden seit einigen Jahren immer wieder Bartgeier ausgesetzt. Mit etwas Glück schwingen sich die eleganten Tiere in die Lüfte und kreisen über dem Tal. → S. 128

• **Nach knapp einer Stunde wird dazu ein weiteres Highlight im Tal erreicht:** die Hängebrücke, die seit einigen Jahren spektakulär den Gebirgsbach überquert und die im Angesicht der imposanten Felswände in ihrem Rücken ein beliebtes Fotomotiv geworden ist. → S. 112

• **Kurz vorm höchsten Punkt und der Grenze zu Österreich angekommen,** lockt eine Einkehr in die Bindalm. Ein Jausenbrettl und einen Enzianschnaps später folgt der Rückweg zum Hintersee. → S. 113

TAG 5: AUF DEN SPUREN VON BENEDIKT XVI.

Marktl und Altötting

• **Am letzten Tag rundet etwas Kultur** den Kurzurlaub im Chiemgau und rund um Berchtesgaden ab. In Marktl am Inn heißt es, durch die Gassen zu schlendern und das Geburtshaus von Josef Ratzinger, dem späteren Papst Benedikt XVI., und der Benediktsäule einen Besuch abzustatten. → S. 178

• **Dann geht es weiter nach Altötting.** Zahllose Wallfahrer machen sich Jahr für Jahr auf den Weg zur Gnadenkapelle, und auch Papst Benedikt feierte hier im Jahr 2006 unter freiem Himmel eine heilige Messe mit Tausenden von Pilgern und Gläubigen. Die Begeisterung, die der deutsche Papst seinerzeit entfacht hatte, liegt hier inmitten von Altötting noch immer in der Luft. Mit so viel spiritueller Beschwingtheit finden die fünf Tage Kurzurlaub ihr Ende und lassen doch nur eine Schlussfolgerung zu: bis zum nächsten Mal ganz im Südosten von Bayern! Denn es gibt hier noch so viel mehr zu entdecken. → S. 191

Eingerahmt von der Kulisse der sogenannten Ramsauer Dolomiten: die Bindalm am Ende des Klausbachtals

SOUVENIRS & MITBRINGSEL

So etwas wie die Schwarzwälder Kuckucksuhr haben Chiemgau, Rupertiwinkel und Berchtesgaden nicht zu bieten. Aber das macht nichts. Und wenn es am Ende doch nur ein Magnet für den Kühlschrank sein soll: Der findet sich zuhauf an Königssee und Chiemsee. Auch gern mit der Silhouette des Kini – König Ludwig II.

Leckereien für Zuhause

Zwischen Chiemgau und Berchtesgaden gibt es etliche Spezialitäten, von denen sich ein paar auch für die Zeit nach dem Urlaub gut mitnehmen lassen. Am besten funktionieren natürlich haltbare Produkte wie Liköre (z. B. der Odlschnaps aus Amerang) oder Brände wie der Kymsee Whisky aus Grabenstätt. In kleinen Dorf- und Hofläden kann man heimischen Käse (z. B. einen Heublütenkäse) oder eingeschweißte Knödel erwerben.

Lederhosen und Dirndl

Wie wäre es, in einem der vielen Trachtengeschäfte eine stilechte Lederhose oder ein Dirndl zu kaufen, die garantiert schöner aussehen als die „Trachten", die vom chinesischen Fließband kommen? Trachten Auer am Samerberg fertigt Lederhosen mit individuellen Sticks in Handarbeit *(schuh-auer.de)*. Trachten Hofer in Grassau hat eine tolle Auswahl an klassischen Dirndln und passenden Schürzen *(trachten-hofer.com)*.

Kunsthandwerkliches

Ein paar Ideen für schöne Mitbringsel: Bilder aus kleinen Ateliers von der Fraueninsel, handgefertigte Produkte, die vom Stirnband mit Bergsilhouette (z. B. von Kampenband aus Aschau) bis zur gefilzten Umhängetasche aus dem Bergsteigerdorf reichen.

Salz aus dem Bergwerk

Auch heute noch wird im Salzbergwerk in Berchtesgaden Salz abgebaut, und so liegen Souvenirs rund um das weiße Gold auf der Hand. Das reicht vom reinen Bad Reichenhaller Salz bis hin zu Bergkräutersalzmischungen.

Lesestoff

Auch Leseratten werden fündig: Vom Heimatkrimi für Erwachsene über Abenteuerbücher für Kinder („Die Fraueninsel-Bande") bis hin zu Geschichten und Biografien rund um Menschen, die in der Region gelebt haben und leben (z. B. Werner Herzog), gibt es genug Lesestoff.

DIE REGIONEN IM ÜBERBLICK

*HIER IST FÜR JEDEN WAS DABEI

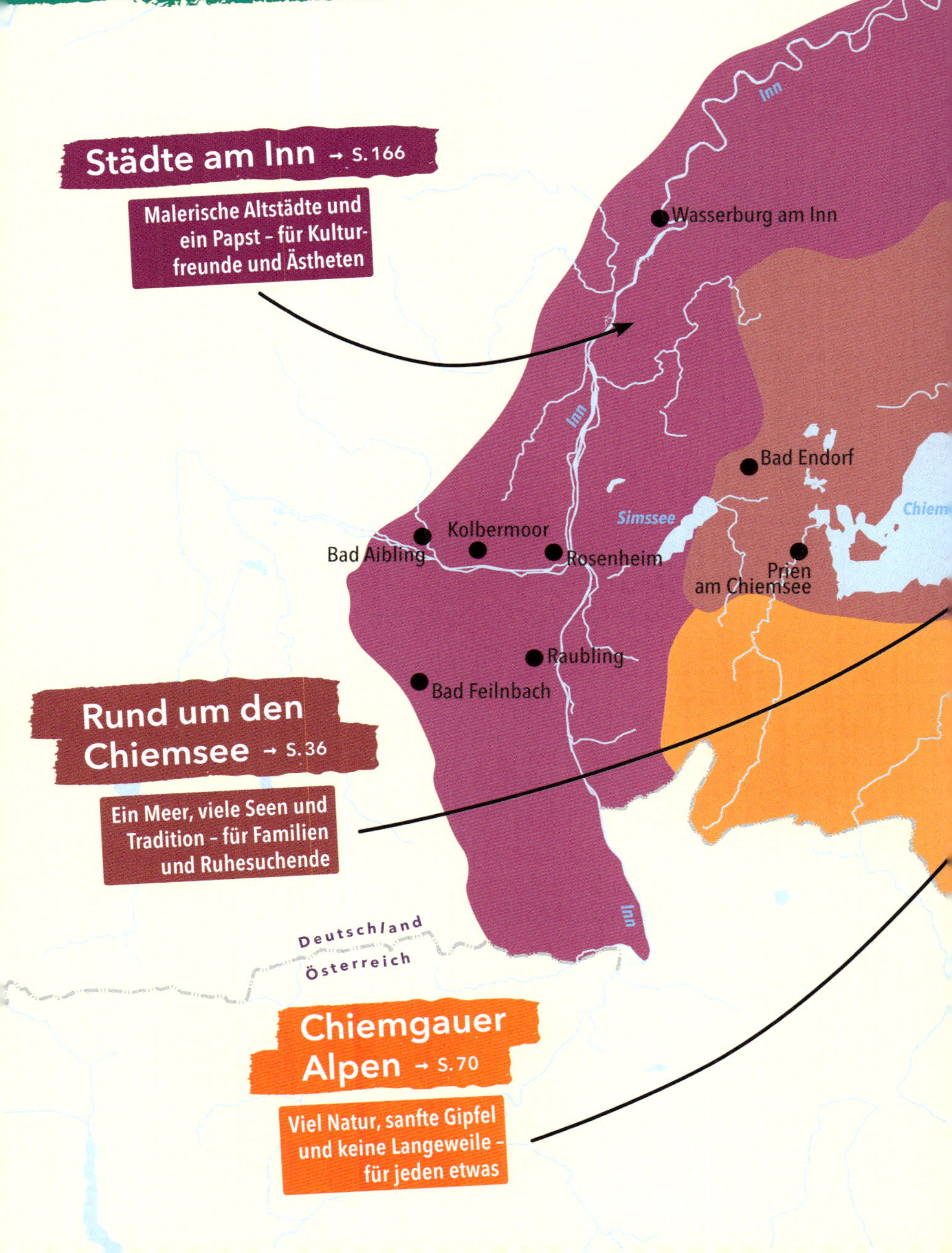

Städte am Inn → S. 166

Malerische Altstädte und ein Papst – für Kulturfreunde und Ästheten

Rund um den Chiemsee → S. 36

Ein Meer, viele Seen und Tradition – für Familien und Ruhesuchende

Chiemgauer Alpen → S. 70

Viel Natur, sanfte Gipfel und keine Langeweile – für jeden etwas

Inn
Wasserburg am Inn
Inn
Bad Endorf
Simssee
Chiem
Kolbermoor
Bad Aibling
Rosenheim
Prien am Chiemsee
Raubling
Bad Feilnbach
Inn
Deutschland
Österreich

Neuötting
Altötting
Burghausen
Burgkirchen an der Alz
Rupertiwinkel → S. 136
Zwischen Natur und Kultur – für Familien und Genießer
Tittmoning
rostberg
Traunreut
Waginger See
Waging am See
Laufen (Salzach)
Traunstein
Teisendorf
Freilassing
iegsdorf
Bad Reichenhall
Berchtesgadener Land → S. 102
Berchtesgaden
Unter dem berühmtesten Berg Deutschlands – für Bergfexe und Entdecker
Königssee

Die Fraueninsel im Chiemsee mit ihrem berühmten Benediktinerinnenkloster vor der Kulisse der Alpen

Rund um den Chiemsee

EIN MEER, VIELE SEEN UND TRADITION

Geformt von der Eiszeit ist der Chiemsee schon beim Blick auf die Karte das prägende Element des Chiemgaus. Eingebettet in die sanfte Voralpenlandschaft ist das Bayerische Meer aber nicht nur Freizeitareal und Vergnügungsort. Der Chiemsee ist tief im Bewusstsein und im Lebensgefühl verankert: der See selbst mit seinen Inseln und ihrer Geschichte; der Chiemsee mit seinem Flair, das das Beste aus den beiden Welten „Ostseepromenade" und „kleines Fischerdorf am Mittelmeer" miteinander vereint. Aber nicht nur auf und neben dem Wasser gibt es ein breites Betätigungsfeld. Etliche andere Seen, kleine Wälder, hübsche Orte, schmucke Schlösser und Kapellen, die sich im Nirgendwo verstecken sowie urige Gasthöfe mit Biergärten unter Kastanienbäumen schaffen eine Atmosphäre, in der man sich einfach nur wohlfühlen kann. Und garantiert wiederkommt.

AUF EINEN BLICK

*RUND UM DEN CHIEMSEE

MARCO POLO

OUTDOOR-HIGHLIGHTS ★

★ Schloss Herrenchiemsee und Inselrundgang
Ludwig II. unvollendetes Refugium → S. 40

★ Rund um die Eggstätt-Hemhofer Seenplatte
18 Seen und eine umfangreiche Flora und Fauna → S. 42

★ Spaziergang über die Fraueninsel
Ein Kleinod im Bayerischen Meer → S. 44

★ Im Vogelparadies Hirschauer Bucht
Zwei Vogeltürme bereichern das Eldorado für Hobby-Ornithologen → S. 46

★ Abkühlung im Gebirgsbach: Wandern an der Prien
Am längsten Wildbach Bayerns → S. 48

★ Durch das Moorgebiet der Kendlmühlfilzen
Wenn das Moor langsam erwacht → S. 50

Taufkirchen
Garching an der Alz
Alz
Schnaitsee
24
Förgenthal
Tyrlaching
Frabertsham
Trostberg
Obing
Altenmarkt an der Alz
21
Stein an der Traun
Seeon
2
Traunreut
Alz
Traun
Seebruck
26
30
25
4
Matzing
Otting
25 km, 25 Min.
Schloss Herrenchiemsee und Inselrundgang
Spaziergang über die Fraueninsel
Chieming
1
imsting Bahnhof
23
29
Chiemsee
2
Traunstein
3
7
16
3
1
5
Prien am Chiemsee
25 km, 25 Min.
4
Im Vogelparadies Hirschauer Bucht
Surbe
31
Winkl
5
Übersee
Siegsdorf
6
8
Bernau am Chiemsee
10
Durch das Moorgebiet der Kendlmühlfilzen
9
6
Staudach

Schloss Herrenchiemsee und Inselrundgang ★

Herrenchiemsee ist die größte Insel im Chiemsee und vor allem für ihr Königsschloss berühmt, das Ludwig II. nach einem berühmten Vorbild erbauen ließ – und es in einem Punkt sogar übertraf. Ein ausgiebiger Streifzug über die Insel, die nicht nur mit ihrem berühmten Schloss Geschichte geschrieben hat.

Vorbild Schloss Versailles

Unvollendet und doch eine Augenweide. Nur wenige Räume wurden im Schloss Herrenchiemsee auf der größten Insel des Chiemsees überhaupt fertiggestellt, und sein Erbauer König Ludwig II. weilte nur wenige Tage in dem prunkvollen Bau, der Schloss Versailles bei Paris nachempfunden war. Die Führung durch den majestätischen Spiegelsaal und die königlichen Gemächer ist trotzdem eindrucksvoll. Prunk und Glanz, den König Ludwig II. aber selber nur selten in Anspruch genommen hat. Nur etwa zehn Tage seines Lebens weilte er auf Schloss Herrenchiemsee. Dem König galt es, einen entsprechenden Empfang gestalten zu können, und so waren die Bediensteten Stunden damit beschäftigt, die vielen Kerzen der Kronleuchter im langen Spiegelsaal, der sogar größer als sein französisches Vorbild ist, anzuzünden.

Über die größte Chiemsee-Insel

Aber nicht nur das Schloss Herrenchiemsee selbst ist beeindruckend. Schon der Weg dorthin ist ein Highlight: die Fahrt mit der kleinen Bahn vom Priener Bahnhof bis zum Hafen, das Ablegen des alten Schaufelraddampfers in Prien am Chiemsee und die relativ kurze Überfahrt zur Insel, bei der sich kurz schon einmal ein Blick auf das Schloss erhaschen lässt. Ludwig ließ es sich schließlich nicht nehmen, auf der bewaldeten Insel trotzdem einen schönen Ausblick zu genießen. So wurde vom

Schloss gen Osten und gen Westen jeweils eine breite Schneise geschlagen. Dort befindet sich heute auch die riesige Brunnenanlage, die zum Schlosspark gehört und vor allem in den Sommermonaten, wenn die vielen kleinen und großen Beete blühen, eine wahre Augenweide ist.
Insider-Tipp Besonders spannend für Kinder ist das recht große Wildgehege, in dem sich allerlei Damwild tummelt. Das liegt etwas versteckt, aber nur wenige Schritte vom Schlossvorplatz entfernt.

Historisch in vielerlei Hinsicht

Nur ein paar Meter von der Bootsanlegestelle entfernt tagte im Auftrag der Ministerpräsidenten der westdeutschen Länder im Sommer 1948 für knapp zwei Wochen im Alten Schloss der Verfassungskonvent, bei dem schließlich das deutsche Grundgesetz erarbeitet wurde.

Die Tour im Überblick

Einfacher Spaziergang rund um Herrenchiemsee und zum Schloss, 9 km, 2 Std.

Buslinie 481 bis zum Hafen in Prien, Haltestelle Prien, Hafen | Parkplätze am Hafen | Überfahrt mit dem Schiff (chiemsee-schifffahrt.de, €€) | Besuchsmöglichkeiten siehe www.herrenchiemsee.de

Der Ausflug ist ganzjährig möglich
Einfache Wanderausrüstung
47.872561, 12.393574 (Start und Ziel)

DOWNLOAD GPX-Track

Die Arbeiten am Neuen Schloss Herrenchiemsee wurden mit dem Tod Ludwig II. eingestellt, vieles blieb unvollendet (li.). Lang gezogene Blumenbeete zieren den Schlosspark (re.)

Rund um die Eggstätt-Hemhofer Seenplatte ★

Mit dem Fahrrad lässt sich die Eggstätt-Hemhofer Seenplatte am besten erkunden. Bequem geht es vom Bahnhof in Bad Endorf einmal um und durch die Seenlandschaft, die nur einen Steinwurf vom Chiemsee entfernt ist. Trotz ihrer Nähe zu den Bergen gibt es auf der Strecke kaum Höhenmeter zu bewältigen. Dafür locken eine vielfältige Natur und im Sommer etliche Badespots.

Fürs ganze Jahr

Gleich 18 Seen bilden im Nordwesten des Chiemsees die Eggstätt-Hemhofer Seenplatte, die teils miteinander verbunden sind und zu allen Jahreszeiten zu einer Vielzahl von Aktivitäten einladen. Einsame Badebuchten oder Fahrten mit dem SUP im Sommer, mythische Wanderungen im nebligen Herbst und frostigen Winter oder das Erwachen der Natur im Frühling. Die Seen sind unmittelbare Überbleibsel der letzten Eiszeit und oft nur wenige Meter tief, sodass sie im Sommer schon früh Badetemperatur erreichen. Zum Eislaufen werden die Seen im Winter nicht offiziell freigegeben, das Befahren erfolgt also auf eigene Gefahr.

Aktivitäten (fast) jeder Art

Rund um und durch die Seenplatte gibt es ein breites Netz von Wanderpfaden und Fahrradwegen. Viele der Seen können umwandert werden, einige lassen sich sogar miteinander kombinieren – im Sommer wie im Winter. Die weiten Wälder der Umgebung laden zu Ausflügen ein, wobei die Strände und Badeplätze natürlich keine Geheimtipps mehr sind. Mit ein wenig Gespür lassen sich aber selbst am heißesten Sommertag noch kleine, wenig frequentierte Stellen finden. Aber Vorsicht: eventuelle Betretungsverbote aus Naturschutzgründen unbedingt beachten, um die heimische Tier- und Pflanzenwelt nicht zu stören. Mit dem SUP dürfen die Seen übrigens nicht befahren werden. Die Flora und Fauna ist auf der Eggstätt-Hemhofer Seenplatte nämlich besonders üppig vertreten. Großflächige Seerosenfelder, seltene Orchideen, unzählige Enten und andere Vogelarten sind hier zu Hause. **Insider-Tipp** Um die heimische Tier- und Pflanzenwelt näher kennenzulernen, empfiehlt sich die Teilnahme an einer geführten Wanderung.

Rund um die Seenplatte

Wer die Seenplatte einmal komplett umrunden will, tut das am besten mit dem Fahrrad. Mit einer Länge von knapp 27 km ist das überschaubar, und trotz der nahen Berge gibt es nur wenige Höhenmeter, die überwunden werden müssen. Dabei macht die Rundtour immer wieder Abstecher direkt zu den Seen, besucht Schloss Hartmannsberg oder führt im Sommer zu vielen kleinen Badebuchten.

Die Tour im Überblick

Einfache Fahrradtour rund um die Eggstätt-Hemhofer Seenplatte, ca. 27 km, 2 Std.

Start am Bahnhof in Bad Endorf | Buslinie 491, 434, Haltestelle Bahnhof Bad Endorf oder per Bahn bis Bad Endorf | Parkplätze am Bahnhof oder rund um die Seen | Andere Startpunkte möglich

Vor allem von März bis Oktober, im Sommer in Verbindung mit Badestopps

Trekkingrad, Helm, Brotzeit

47.905159, 12.302092 (Start und Ziel)

DOWNLOAD GPX-Track

Die Seenlandschaft der Eggstätt-Hemhofer Seenplatte erstreckt sich nordwestlich des Chiemsees und umfasst 18 Einzelseen (li.). Rund um die Seen verlaufen schöne Wanderwege (re.)

Spaziergang über die Fraueninsel ★

Egal ob sommerlicher Sundowner direkt am Seeufer oder winterlicher Abstecher zum Christkindlmarkt: Das Flair auf der Fraueninsel, die offiziell Frauenchiemsee heißt, ist einzigartig. Ein Streifzug durch die Gassen, zu den kleinen Bootshäusern und ins Kloster auf der zweitgrößten Insel des Chiemsees.

Künstlerkolonie

Die unweit von Herrenchiemsee gelegene kleinere Insel im Chiemsee, ehemals von Künstlern als kleine Kolonie gegründet, erfreut sich äußerster Beliebtheit und das nicht ohne Grund: Frisch geräucherter Fisch direkt aus dem See, ein altes Kloster, in den schmucken Häusern versteckte Galerien mit Bildern lokaler Maler und kleine Biergärten laden zu einer Inselerkundungstour ein, bei der es noch weit mehr zu entdecken gibt.

Auf der zweitgrößten Insel des Chiemsees

Ja, die Insel ist alles andere als ein Geheimtipp, aber trotzdem einer der schönsten Orte im ganzen Chiemgau, wenn nicht in ganz Bayern. In den Sommermonaten sind es die überall blühenden und duftenden Rosen, die neben den oben genannten Highlights ein besonderes Flair, das irgendwo zwischen Gardasee, Mittelmeer, Ostseepromenade und typisch bayerischem Biergarten einzuordnen ist, versprühen.

Und ab und an reicht es auch, die ganzen Highlights links und rechts liegen zu lassen. So ist es ein großer Genuss, einfach mit einem kühlen Bier (natürlich gibt es auch eine eigene Inselbrauerei) am Wasser zu sitzen, die Füße im Chiemsee baumeln lassen und das bunte Treiben zu beobachten.

Insider-Tipp Noch schöner wird das, wenn die Tagesbesucher mit dem letzten Schiff zurück an

Das Postkartenmotiv schlechthin: die kleine Fraueninsel mit dem Kloster Frauenwörth (li.). Bis heute haben sich auf der Insel dörfliche Strukturen erhalten (re. o. und u.)

Land gebracht werden und ein paar der knapp 300 Einwohner der Insel zusammenkommen, um den Tag ausklingen zu lassen, während im Westen die Sonne untergeht. Die Übernachtungsmöglichkeiten sind allerdings begrenzt, wobei sich die Preise für die exklusive Lage noch im Rahmen bewegen.

Christkindlmarkt auf der Fraueninsel

An zwei Wochenenden im Dezember verwandelt sich die komplette Fraueninsel in einen überaus beliebten Christkindlmarkt, der zu den schönsten der ganzen Region zählt. Unzählige funkelnde Lichter verleihen der kleinen Insel dann noch einmal einen ganz anderen Charakter, und an den vielen kleinen Buden gibt's köstliche Leckereien. Eine Reihe von Konzerte rundet das Programm des Christkindlmarkts auf der Fraueninsel ab.

Die Tour im Überblick

Einfache Spazierrunde über die Insel Frauenchiemsee, ca. 2,5 km, 1 Std.

Buslinie 9520 bis Gstadt am Chiemsee, Haltestelle Gstadt | Es gibt mehrere kleine Parkplätze in der Breitbrunner Straße und am Dorfplatz (Parkplatz Rappl) | Überfahrt mit dem Schiff (chiemsee-schifffahrt.de, €) | Infos zur Besichtigung des Klosters auf www.schloesser.bayern.de

Der Ausflug ist ganzjährig möglich
Keine spezielle Ausrüstung notwendig
47.876258,12.425875 (Start und Ziel)

DOWNLOAD GPX-Track

Im Vogelparadies Hirschauer Bucht ★

Die Hirschauer Bucht im Südosten des Chiemsees ist ein Eldorado für Vogelbeobachter und Hobby-Ornithologen. Eine leichte Wanderung führt zu zwei Beobachtungstürmen, wo sich das Leben im und am See gut beobachten lässt. Direkt am Chiemseestrand lassen sich mit etwas Glück weitere tierische Chiemseebewohner antreffen.

Spielplatz für Ornithologen

Unzählige Vogelarten haben sich am Chiemsee niedergelassen. Knapp 300 sind mittlerweile erfasst, die Hirschauer Bucht wurde sogar als großes Naturschutzgebiet ausgezeichnet. Direkt nebenan mündet die Tiroler Ache in den Chiemsee, und so herrschen hier perfekte Bedingungen, die sich in einer riesigen Artenvielfalt niederschlagen.

Graugänse, Löffelenten, Rohrweihen, Rotschenkel, aber auch verschiedene Reiherarten sind von den beiden Vogeltürmen aus gut zu beobachten. Im Frühling und im Herbst sind dank der durchziehenden Zugvögel noch einmal deutlich mehr Arten in der Hirschauer Bucht anzutreffen. Wichtigste Mitbringsel dafür sind ein gutes Fernglas und viel Zeit. **Insider-Tipp** Am frühen Morgen und am Abend, kurz bevor die Sonne untergeht, sind die Bedingungen am besten und das Gezwitscher und Geschnatter am lautesten.

Wanderung durch die Hirschauer Bucht

Die Wanderung zu den beiden Vogeltürmen startet entweder an der Bushaltestelle Hirschauer Bucht, in Grabenstätt oder direkt am Vogelturm unweit des Wirtshauses zur Hirschauer Bucht. Vom Vogelturm führt der Weg nun zunächst etwas vom Ufer entfernt zur Bundesstraße und quert einen Kanal, an dem sich gern Bachstelzen tummeln. Wenige Hundert Meter begleitet der Weg den Verlauf der stark befahrenen Straße, bevor er auf breite Felder abbiegt und einen wunderbaren Blick von oben auf die Hirschauer Bucht bietet. Der zweite Vogelturm ist schnell erklommen, und das installierte Fernrohr ermöglicht es, das Leben in der Bucht direkt aus der Nähe zu beobachten.

Am Chiemsee-Ufer entlang

Zurück auf dem Weg geht es bald in schattige Wälder, in denen die Kante steil zum Chiemsee abbricht. Immer wieder gibt es Pfade, die nach unten führen, doch mit etwas Geduld geht es einfacher. Bald säumt das Chiemsee-Ufer unmittelbar den Weg, und im dichten Schilf sind bunte Libellen und kleine Frösche zu Hause. Wer ein wenig Ruhe und ein gutes Gespür mitbringt, kann vielleicht auch eine Ringelnatter auf ihrer Jagd beobachten.

Die Tour im Überblick

Einfache Wanderung durch die Hirschauer Bucht, ca. 6 km, 1½ Std.

Buslinie 9520, 9586 bis zum Wirtshaus zur Hirschauer Bucht, Haltestelle Hirschauer Bucht | Mit dem Auto Zufahrt direkt bis zum Wirtshaus Hirschauer Bucht möglich, Parkplätze vor Ort

Die Wanderung ist ganzjährig möglich

Einfache Wanderausrüstung, Fernglas, Kamera und Teleobjektiv

47.857991,12.518981 (Start und Ziel)

DOWNLOAD GPX-Track

Die Sand- und Schlammbänke der Hirschauer Bucht sind ein Traum für Ornithologen (li.). Besonders in den Abendstunden tummeln sich viele Vögel am Delta der Tiroler Ache (o.)

Abkühlung im Gebirgsbach: Wandern an der Prien ★

Knapp 20 km hat die Prien auf ihrem Weg aus den Chiemgauer Alpen, das Priental hinab und in Richtung ihrer Mündung am Chiemsee schon zurückgelegt. Zwischen Aschau im Chiemgau und Frasdorf zeigt sie sich als besonders schönes Idyll. An heißen Sommertagen bietet sich hier sogar eine Abkühlung im frischen Bergwasser an.

Die wilde Prien

Die Prien entspringt am Spitzstein inmitten der Chiemgauer Alpen oberhalb des Bergsteigerdorfs Sachrang mit vielen kleinen Quellen und schlängelt sich durch das gesamte Priental bis zu ihrer Mündung in den Chiemsee. Der Fluss, anfangs kaum mehr als ein schmales Rinnsal, ist einer der längsten Wildflüsse der bayerischen Alpen und vor allem im Abschnitt zwischen Frasdorf und Aschau im Chiemgau besonders schön.

Rundwanderung zwischen Aschau und Frasdorf

Ein Abstecher inklusive erfrischender Abkühlung in den Sommermonaten lässt sich mit einer Rundwanderung über die kleine Ortschaft Leitenberg verbinden. Los geht es im nordwestlich gelegenen Frasdorfer Ortsteil Unterprienmühle. Dann folgt der Weg immer dem Fluss, bis eine große Lichtung und kurz darauf ein lang gezogener Kiesstrand erreicht wird, der zum Niederlassen und Ausruhen einlädt. Wenn es besonders heiß ist, lockt auf der anderen Flussseite ein baumelndes Seil zu einem kühnen Sprung ins kühle Nass. Man sollte sich allerdings darauf gefasst machen, dass selbst an heißen Sommertagen das Bergwasser ziemlich frisch bleibt. Aber selbst die Abkühlung der Füße sorgt für eine kräftige Erfrischung und Belebung der müde Beine. Und noch etwas: keinesfalls eine Picknickdecke und Brotzeit vergessen!

Tierische Begegnungen?

Wer sich ruhig verhält, hat dazu die Chance auf die eine oder andere tierische Begegnung: Wasseramseln sind häufig anzutreffen, Bach- und Gebirgsstelzen lassen sich an ihrem federnden Schwanz erkennen, der schillernde Eisvogel mit seinem blau-orangen Gefieder dagegen an seinem obligatorischen lang gezogenen Pfiff, mit dem er sein Revier abfliegt. Kaum zu Gesicht zu bekommen sind die Biber, die sich in einiger Entfernung einen stattlichen Biberbau angelegt haben, um Nacht für Nacht ihrer Sägetätigkeit nachzugehen.

Insider-Tipp Ab Mitte März verwandelt sich das ganze Gebiet in ein wahres Bärlauch-Eldorado, und es duftet überall nach dem köstlichen Kraut, das bis zu seiner Blüte geerntet werden kann. Verarbeitet wird der Bärlauch zu einem deftig-scharfen Pesto, oder er dient als Beigabe zum Salat.

Die Tour im Überblick

Einfache Rundwanderung von Unterprienmühle nach Leitenberg und an der Prien entlang, ca. 3,5 km, 1 Std.

Buslinie 494, Haltestelle Stelzenberg, dann ca. 10 Min. bis zum Ausgangspunkt an der Unterprienmühle direkt an der Kreisstraße | Mit dem Auto bis zur Unterprienmühle, wenige Parkplätze vor Ort

Die Wanderung ist ganzjährig möglich

Einfache Wanderausrüstung, Brotzeit und im Sommer Badekleidung

47.808208, 12.299429 (Start und Ziel)

DOWNLOAD GPX-Track

Die Prien ist einer der längsten Wildbäche Bayerns mit wildromantischen Ufern und glasklarem Wasser (li.). Viele verwunschene Stellen laden zu einem Badestopp ein (re.)

Durch das Moorgebiet der Kendlmühlfilzen ★

Vom Sonntagnachmittagsspaziergang bis zur ausgewachsenen Rundtour im Moor: Die Kendlmühlfilzen ist das größte Hochmoor in Südostbayern und eine Folge der zunehmenden Verlandung des Chiemsees. Durch das Moor führen mehrere Wege, die sich auf einer spannenden Wanderung miteinander kombinieren lassen.

Zwischen Alpen und Chiemsee

Die Kendlmühlfilzen ist ein riesiges Moorgebiet zwischen dem Chiemsee, dem kleinen Rottau am Fuß der Gedererwand und dem Ort Grassau. Das Schutzgebiet erstreckt sich über eine Fläche von etwa 330 ha und ist vor allem für seine artenreiche Moorlandschaft bekannt. Um dieses Naturjuwel zu erkunden, bieten sich ganzjährig verschiedene, gut markierte Wanderwege an.

Moorerlebnisweg

Familien mit Kindern finden auf dem Moorerlebnisweg die größte Abwechslung. Mit rund 800 m ist er nicht sonderlich lang, dafür bietet er neben einem Baumbalancierweg auch eine Picknickstation und einen großen Spielplatz. Darüber hinaus ist diese Strecke teilweise barrierefrei.

Moorrundweg und Aussichtsturm

Die Kendlmühlfilzen ist die Heimat vieler Vogelarten, darunter von seltenen Spezies wie dem Schwarzstorch oder dem Kranich, die hier immer wieder Station machen. Ornithologen kommen hier voll auf ihre Kosten, vor allem im Frühling und Herbst, wenn Zugvögel Rast in der Region machen. Auf dem frisch sanierten Vogelbeobachtungsturm gibt es den besten Blick in die Kendlmühlfilzen hinein. Nicht wundern: Beim Spaziergang oder bei der Wanderung durch die Kendlmühlfilzen stößt man immer wieder auf alte Gleise. Die sind stille Zeugen des Torfabbaus, der früher als wichtiges Brennmaterial galt. Mit kleinen Waggons wurde der abgestochene Torf aus dem Moor transportiert. Am Museum Torfbahnhof im nördlichen Teil der Kendlmühlfilzen gibt es einen Einblick in diese beschwerliche Arbeit. **Insider-Tipp** Am schönsten ist es aber, im ganz frühen Morgengrauen zum Vogelturm zu spazieren, um das Erwachen des Moors zum Sonnenaufgang zu erleben. Mit etwas Glück lassen sich sogar Rehe erspähen. Wenn die Sonne den Himmel in immer kräftigeres Orangerot färbt, langsam die Nebelschwaden emporsteigen, die Vögel im Moor nach und nach erwachen und sich das blühende Wollgras sanft im Wind wiegt, lässt sich der neue Tag kaum perfekter begrüßen.

Die Tour im Überblick

Einfache Wanderung durch die Kendlmühlfilzen, ca. 4,4 km (einfach), 1 Std.

Museum Salz & Moor, Klaushäusl 11, Grassau | Buslinie 9505 bis Klaushäusl, Haltestelle Klaushäusl, Museum Salz & Moor | Parkplätze direkt vor Ort

Die Wanderung ist ganzjährig möglich, besonders schön ist sie im Frühjahr und Herbst

Einfache Wanderausrüstung, Brotzeit

47.784938,12.427214 (Start), 47.798749,12.447968 (Ziel)

DOWNLOAD GPX-Track

Heute wird der Natur in der Kendlmühlfilzen wieder weitestgehend freie Hand gelassen (li.). Wunderschöne Birkenhaine und kleine Bachläufe prägen das Moorgebiet (re.)

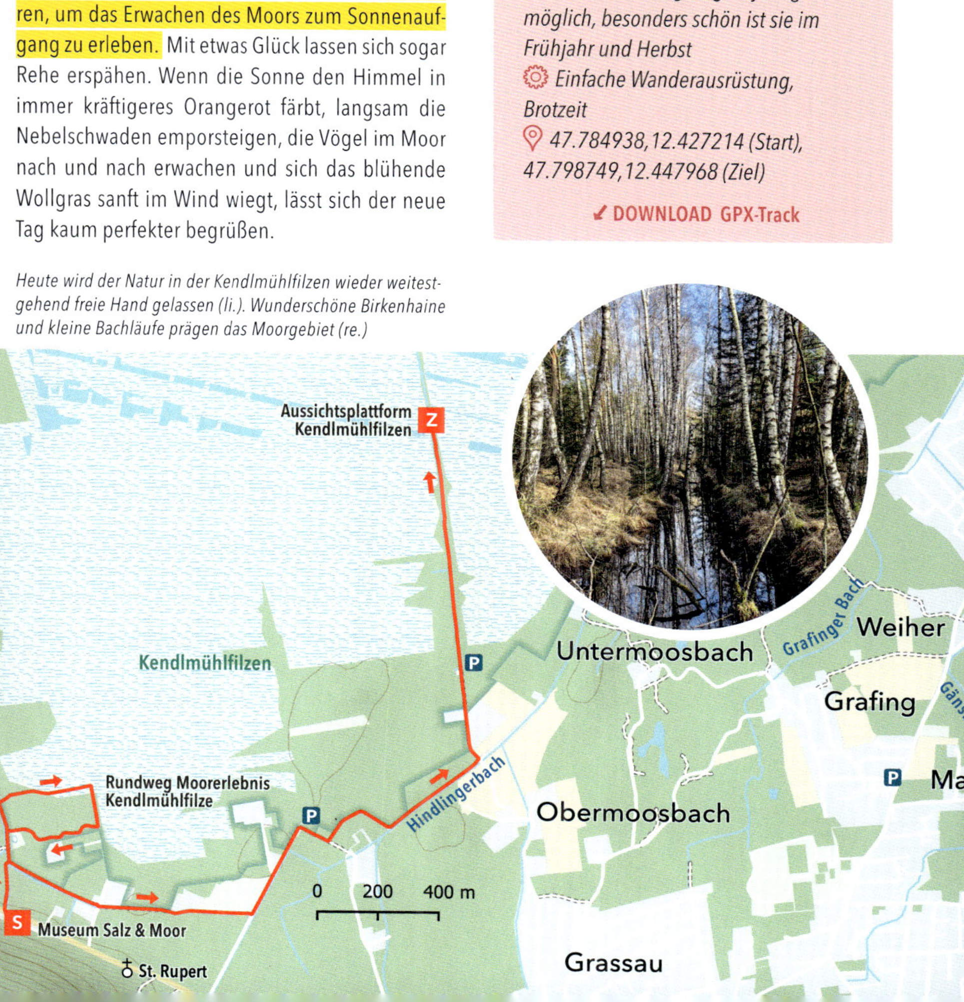

MEHR ERLEBEN

*WEITERE ABENTEUER & AUSFLÜGE

Rund um den Chiemsee bietet sich eine Vielzahl an Wassersportaktivitäten an, Verleiher von Equipment gibt es zuhauf

Willkommen am Chiemsee. Rund um das Bayerische Meer gibt es eine Vielzahl von Aktivitäten, die teilweise aufs Wasser führen, teilweise am Wasser stattfinden oder irgendwo rund um den größten See Bayerns erlebt werden können – Bergblicke inklusive.

AM OSTUFER DES CHIEMSEES

Rund um den Chiemsee

1 Beliebte, einfache Radtour, die auf 60 km Länge einmal den Chiemsee umrundet, 4 Std.

Einmal den Chiemsee komplett mit dem Fahrrad umrunden: Ein Großteil der etwa 60 km langen Strecke führt direkt am Seeufer entlang, und gerade im Sommer lohnt sich dann eine kurze Abkühlung im Bayerischen Meer. Etliche Möglichkeiten bieten sich dafür an. Und nicht nur das: Zahlreiche Aussichtspunkte über den See und auf die Chiemgauer Berge machen die Radtour wahrscheinlich zu einer der schönsten in ganz Deutschland. **Insider-Tipp** Besonders schön ist der Abstecher zum Strand bei Unterhochstätt, wo zur Schneeschmelze im Frühjahr eine Bank mitten im See steht.

Start z. B. in Chieming, prinzipiell rund um den Chiemsee überall möglich April–Okt. Fahrrad (Trekkingbike, Mountainbike, E-Bike), Helm 47.890434, 12.536296 (Vorschlag, Start/Ziel flexibel)

Nichts für Anfänger

2 Kitesurfen auf dem Chiemsee oder den Surfern vom Ufer aus zuschauen

Wenn der Wind mit kräftigen Böen über den Chiemsee bläst und die Segelboote schon längst die Segel gestrichen haben, kommen die Kite- und Windsurfer aus ihren Verstecken. In Seebruck, Chieming, Übersee und Bernau am Chiemsee gibt es ausgewiesen Kitespots. Für Anfänger sind die unbeständigen Wetterbedingungen, gerade auch im Sommer, allerdings nicht geeignet, weswegen es keine Kurse am Chiemsee gibt. Manchmal reicht aber eben auch das Zuschauen vom Ufer aus, wenn die Profis wilde Manöver und Sprünge mit ihren Schirmen vollführen.

Einstieg z. B. in Chieming, Übersee, Grabenstätt, Bernau-Felden, Seebruck Ganzjährig Kite-

Der Chiemsee bietet vor allem an den wenigen Starkwindtagen sowie bei Föhn gute Surfbedingungen.

surf-Ausrüstung 47.877701, 12.530031 (Vorschlag, Start/Ziel flexibel)

Wenn der Frühling dem Winter die Kehle durchschneidet

3 Traunsteiner Schwertertanz

Am Ostermontag verwandelt sich die Traunsteiner Innenstadt in ein mittelalterlich anmutendes Spektakel. Dann wird dort in kunstvollen, mittelalterlichen Gewändern der Schwertertanz aufgeführt. Er symbolisiert den Kampf zwischen Winter und Frühling, besiegelt zugleich das Ende des Winters und feiert den Einzug des Frühlings. Knapp 30 Protagonisten nehmen an dem Schwertertanz teil, dessen Wurzeln sich bis ins Jahr 1530 zurückverfolgen lassen. Das Fest beginnt mit dem Einzug der Schwertkämpfer in ihren historischen Gewändern, die sich anschließend stilecht „bekämpfen". Die Choreografien sind genau aufeinander abgestimmt, und der Schwertkampf endet immer mit dem Sieg des Frühlings (symbolisiert durch den Tänzer im roten Gewand), der dem Winter symbolisch die Kehle durchschneidet.

Mit dem Zug bis Bahnhof Traunstein | Mit dem Auto bis zum Parkplatz Zentrum in Traunstein
Ostermontag Kamera 47.869552, 12.648713

Seit einigen Jahren sind am Chiemsee immer wieder Flamingos anzutreffen

Rosa Farbtupfer im Wintergrau

4 Flamingos am Chiemsee zwischen Irschener Winkel und Hirschauer Bucht

Regelmäßig gibt es ganz besondere Gäste am Chiemsee: Flamingos. Woher sie kommen, konnte bis heute nicht ganz geklärt werden, aber in unregelmäßigen Abständen tauchen sie immer wieder auf. Am wahrscheinlichsten ist, dass sie dem Zoo in Salzburg entflogen bzw. entflohen sind. Zwischen den vielen Zugvögeln sind sie in den Wintermonaten immer wieder rund um den Chiemsee anzutreffen, wo sie mit ihrem pinken Gefieder und ihrer einzigartigen Körperhaltung sofort ins Auge fallen.

Buslinie 482 bis Bernau-Felden, Haltestelle Schifffahrt Bernau-Felden oder Wirtshaus zur Hirschauer Bucht, Haltestelle: Hirschauer Bucht/Grabenstätt | Parkplätze ausreichend vorhanden
Nov.–Mai Fernglas, Teleobjektiv

Im Moorgebiet der Kendlmühlfilzen wurde in früherer Zeit Torf gewonnen, um ihn als Brennstoff zu nutzen

47.829974, 12.380441 oder 47.858011, 12.519159 (Start/Ziel)

Sportlich mit Aussicht

5 Langlaufen und Skaten auf den Loipen rund um Traunstein

Egal ob Skaten oder klassisches Langlaufen: Die Loipen vor den Toren von Traunstein bieten insgesamt knapp 24 Pistenkilometer und ein grandioses Bergpanorama. Konzipiert wurde die Loipe am Hochberg von Tobias Angerer, der in den Jahren 2006 und 2007 den Gesamtweltcup im Skilanglauf gewonnen hat. Sie eignet sich für Anfänger, aber auch Fortgeschrittene. **Insider-Tipp** Mit etwas Glück dreht Tobias Angerer selber gerade seine Runden, denn auch wenn seine aktive Karriere längst vorbei ist, so lebt er seine Leidenschaft fürs Langlaufen natürlich weiter aus.

Mit dem Auto bis Hinterwelln, wenige Parkplätze direkt in Hinterwelln | Jan., Feb. (bei ausreichender Schneelage) | Langlaufski oder Skatingski | 47.829628, 12.663778 (Start/Ziel)

AM SÜDUFER DES CHIEMSEES

Kein Moor ohne Moorleiche

6 Einfacher Rundweg am Museum im Torfbahnhof in der Kendlmühlfilzen, 2,8 km, ½ Std.

Das Museum Torfbahnhof befindet sich im nördlichen Teil der Kendlmühlfilzen, einem ausgedehnten Moor zwischen dem Chiemsee sowie den Orten Rottau und Grassau. Hier wurde früher Torf abgebaut, der als Brennstoff genutzt wurde. Im ganzen Moorgebiet finden sich heute noch Gleise, die zum Torfbahnhof führen, der heute ein Museum beherbergt. Dort stehen heute noch viele alte Geräte, die einen Einblick in die mühevolle Arbeit geben. Und es gibt eine Moorleiche zu entdecken, bei der es sich allerdings um eine Nachbildung handelt.

Hackenstraße 180, Grassau, Buslinie 9505 bis Rottau, Haltestelle Rottau, und zu Fuß bis zum Torfbahnhof (ca. 2,5 km) | Mit dem Auto bis zum Torfbahnhof | diverse Parkmöglichkeiten vor Ort | museum-torfbahnhof.de | € | Anfang Mai–Ende Sept. | 47.813197, 12.427247 (Start/Ziel)

Mit der Flotte der Chiemsee Schifffahrt lässt sich der See wunderbar vom Wasser aus erkunden

Der Georgiritt im April gilt vielen als schönster Feiertag im ganzen Chiemgau

Inselhopping à la Bavaria

7 Mit dem Schiff oder Boot über den Chiemsee, 4 Std.

Am einfachsten ist eine Rundtour mit den Schiffen der Chiemsee Schifffahrt von Prien aus. Aber auch in Übersee, Felden, Gstadt am Chiemsee, Seebruck und Chieming legen die Passagierschiffe ab. Sie steuern die Inseln Herrenchiemsee und die Fraueninsel sowie die anderen Uferorte an. So kann man zwischendrin von Bord gehen, um die jeweiligen Orte zu erkunden und später weiterzufahren. Rund um den Chiemsee gibt es dazu etliche Verleihstationen für kleine und große Boote, vom Elektroboot bis zum Segelschiff. **Insider-Tipp** Mit einem ausgeliehenen Boot ist es auch möglich, die kleine Krautinsel anzufahren.

Mit der Bahn bis Prien-Stock am Hafen | Mit dem Auto bis Prien, Parkplatz Hafen Stock S2, Osternacher Str. 120 | chiemsee-schifffahrt.de | €€ Ganzjährig Windjacke 47.860554, 12.366407 (Start), 47.872815, 12.425023 (Ziel)

Dirndldrahn und Schuhplattler

8 Auf dem Dorffest in Übersee

Wohl beinahe jeder noch so kleine Ort im Chiemgau beginnt das Frühjahr mit kleinen und großen Dorf- und Volksfesten jeder Art, z. B. das Dorffest in Übersee. Oft sind die Feste eng mit den örtlichen Trachtenvereinen verknüpft, die mit traditionellen Tänzen wie dem Auftanz oder dem Mühlradl und Schuhplattler-Auftritten die Feste bereichern. Blasmusik und das ein oder andere Bier – ob Maß oder Halbe – sorgen für ausgelassene Stimmung, die am Abend an der Bar noch lange nicht ausklingt. Einen Überblick über die Dorffeste liefern die Veranstaltungskalender der Orte im Internet.

Mit dem Zug bis Bahnhof Übersee, Buslinie 9509 bis Haltestelle Übersee-Buchwald August 47.811625, 12.47773

Hoch zu Ross

9 Herausgeputzte Pferde beim Georgiritt in Grassau

Die Georgiritte sind Wallfahrten, die alljährlich rund um den Gedenktag des heiligen Georg am 23. April stattfinden. In feierlichen Prozessionen machen sich oft Hunderte Pferde und prächtig geschmückte Kutschen, begleitet von vielen Schaulustigen, auf

Bei einer Ballonfahrt mit Chiemseeballooning bietet sich ein atemberaubendes Panorama über das Voralpenland

den Weg. Vor allem Kinderherzen schlagen bei dem Anblick der stattlichen Pferde höher. Im Chiemgau finden die Ritte regelmäßig in Traunstein, Tittmoning und Ruhpolding statt. Ein ganz besonderes Ereignis ist auch der Georgiritt in Grassau.

Buslinie 9509 bis Grassau, Haltestelle Grassau, Kirchplatz | wenige Parkplätze im Ort, Parkmöglichkeiten auf dem Feld *Rund um den 23. April* *47.779333, 12.450815 (Start/Ziel)*

Fahren, nicht fliegen!

10 Eine Ballonfahrt von Bernau über den Chiemsee und das Chiemgauer Voralpenland, 4 Std.

Entspannt über Chiemsee und Chiemgau dahingleiten lässt sich bei einer Ballonfahrt mit Chiemseeballooning. Allerdings ist hier Frühaufstehen angesagt, denn am frühen Morgen sind die Bedingungen oft am besten. Sanft geht es im ersten Morgenlicht in die Lüfte, und wenn die Sonne dann langsam über den Horizont wandert und die Berge erglühen, entstehen Momente, die garantiert lange im Gedächtnis bleiben. **Insider-Tipp** Aber es lauert ein böses Fettnäpfchen: in Gegenwart eines Ballonfahrers niemals sagen, dass der Ballon fliegt. Nach überstandener Jungfernfahrt wartet dann eine Taufe der besonderen Art.

Mit der Bahn bis Bernau am Chiemsee | Parkplätze am Bahnhof | chiemseeballooning.de | €€€ *Ganzjährig* *47.810761, 12.376232 (Start/Ziel)*

AM WESTUFER DES CHIEMSEES

Wenn es Sterne regnet

11 Sterne schauen vom Aussichtsturm auf der Ratzinger Höhe, 1,1 km, 25 Min.

Der Erlebnisweg Ratzinger Höhe im Westen von Rimsting ist tagsüber nicht nur ein schöner Ausflugstipp für Familien, auf dem sich an 14 Stationen spielerisch die Eiszeit und die landschaftliche Formung des Chiemgaus nachvollziehen lässt. Vom 16 m hohen Aussichtsturm lassen sich Anfang August perfekt die Perseiden beobachten. Der Meteoritenschauer sorgt für etliche Sternschnuppen, die sich teils lang über den Nachthimmel ergießen und mit den Bergen im Hintergrund ein eindrucksvolles Erlebnis bieten, bei dem nur ein wenig Geduld gefragt ist.

Direkt am Marktplatz gewährt das Heimatmuseum Prien spannende Einblicke in die Geschichte des Chiemgaus

Buslinie 9414, Haltestelle Ratzinger Höhe | Mit dem Auto bis Bach bei Rimsting, Parkplätze vor Ort Aug. Warme Jacke 47.866111, 12.299766 (Start), 47.867497, 12.293225 (Ziel)

Flanieren und Entdecken in Prien

12 Spaziergang durch Prien am Chiemsee mit Abstechern zum Marktplatz und zur Uferpromenade, 2,5 km, 1 Std.

Während sich die Gemeinde Prien auf eine relativ große, wenig zusammenhängende Fläche verteilt, so ist das bei der Innenstadt anders. Der kleine Ort am Chiemsee-Ufer – natürlich mit Hafen – verfügt über eine beschauliche Innenstadt mit einem kleinen Marktplatz und eine Uferpromenade, die zum Flanieren einlädt. Alte, aufgehübschte Häuser mit Malereien prägen das Stadtbild, während direkt am See fast schon mediterranes Flair vorherrscht. Zahlreiche Restaurants in Bestlage laden dazu ein, das bunte Treiben aus nächster Nähe zu beobachten.

Mit Bahn oder Buslinie 481, 484, 488 nach Prien, Haltestelle Bahnhof, Prien | wenige Parkmöglichkeiten am Bahnhof, zahlreiche Parkplätze am Hafen Am schönsten im Frühling und Frühsommer 47.858156, 12.345010 (Start/Ziel)

Einblicke ins Moor

13 Einfacher Rundweg über den Moorlehrpfad Burger Moos für die ganze Familie, 3,5 km, 1 Std.

Wenige Kilometer nördlich von Rosenheim bietet der Moorlehrpfad Burger Moos interessante und spannende Einblicke in das Leben im Moor. Auf 14 Schautafeln wird die Vielfalt im Sumpf bildlich dargestellt und erläutert. Da geht es nicht nur um Moorleichen, die über Jahrhunderte konserviert wurden, oder fleischfressende Pflanzen, sondern auch um die einheimische Tierwelt. Nahe des Hofstätter Sees geht es auf 3,5 km Länge knapp eine Stunde auf eine Reise durch das Moor.

Buslinie 435, Haltestelle Haidbichl, Prutting | Mit dem Auto bis Forst am See am Hofstätter See, Parkmöglichkeiten beim Strandhaus am Hofstätter See | moorlehrpfad-burgermoos.de Ganzjährig Einfache Wanderausrüstung 47.897142, 12.174187 (Start/Ziel)

Die alten Gleise in der Moorstation Nicklheim verweisen auf den einstigen Torfabbau

Auch die Kreuzotter ist in in der Nicklheimer Filze zu Hause. Das Tier ist in der Regel aber sehr scheu

Wo Kreuzottern und Eisvogel wohnen

14 Einfacher Rundweg zur Moorstation Nicklheim in der Nicklheimer Filze, 4,5 km, 1 Std.

Der Rundweg durch die Nicklheimer Filze ist ein spannendes Erlebnis für die ganze Familie. Vor den Toren von Rosenheim stehen nicht nur die Bewohner des Moors im Mittelpunkt. Auf schmalen Pfaden und über hölzerne Stege geht es durch die sumpfige Landschaft. Schautafeln und die Moorstation erzählen über das vielfältige Leben hier. Mit etwas Glück lassen sich vom Beobachtungsturm seltene Bewohner wie der Eisvogel erblicken. Zeuge des Torfabbaus sind die immer noch existierenden Schienen, über die heute teilweise sogar Wanderwege führen.

Buslinie 9578, Haltestelle Nicklheim | Zahlreiche Parkplätze vor Ort | fuizler.net Ganzjährig Wasserdichte Schuhe 47.791483, 12.069151 (Start), 47.793293, 12.058592 (Ziel)

Von der Stadt in die Berge

15 Einfache bis anspruchsvolle Tour auf dem Rosenheimer Radmarathon mit Strecken zwischen 67 und 270 km Länge

Einmal im Jahr – in der Regel Ende Juni – veranstaltet der Radsportverein Rosenheim den Rosenheimer Radmarathon, bei dem über 2000 Teilnehmer mitmachen und der es durchaus in sich hat. Sechs verschiedene Touren mit Längen zwischen 67 und 270 km können absolviert werden. Sie führen einmal quer durch das westliche Chiemgau. Die sportlichen Strecken unternehmen knackige Abstecher in die Berge, bei denen mehrere Hundert Höhenmeter zusammenkommen. Aber früh buchen lohnt sich, denn die Veranstaltung ist oft schon Monate im Voraus ausverkauft.

Buslinie 490, Haltestelle Weko, Rosenheim | Parkplätze beim Einrichtungshaus Weko | rosenheimer-radmarathon.de | €€€ Juni Rennrad 47.819171, 12.116845 (Start/Ziel)

Das Kneipptretbecken der Kneippanlage Halfing erfreut sich bei Wanderern und Radfahrern großer Beliebtheit

Premiumblick auf die Insel Herrenchiemsee

16 Abtauchen und Entspannung im Prienavera Erlebnisbad

Ja, so richtig outdoor ist das nicht, aber trotzdem soll hier das Schwimmbad in Prien, samt groß dimensioniertem Saunabereich, nicht fehlen. Denn im badewannenwarm temperierten Außenbecken lässt es sich selbst dann aushalten, wenn es in Strömen regnet oder sogar Schnee liegt. **Insider-Tipp** Nur von hier gibt es einen der ganz seltenen Blicke vom Festland hinüber zu Insel und Schloss Herrenchiemsee. Noch schöner ist der Außenbereich im Sommer, wenn die großzügige Liegewiese entsprechend ihrem Zweck genutzt werden kann.

Seestr. 120, Prien am Chiemsee | Buslinie 481, Haltestelle Prien-Stock | Parkplätze vor Ort | www.prienavera.de | €€ Ganzjährig Badebekleidung 47.863913, 12.366846 (Start/Ziel)

Im Storchengang durchs kühle Nass

17 Die Kneippanlage Halfing liefert eine perfekte Erfrischung an heißen Sommertagen

Gerade für Radfahrer und Wanderer bietet das moderne Kneippbecken in Halfing eine willkommene Erfrischung. Nach einer ausgiebigen Fahrradtour oder Wanderung geht's wie ein Storch durch das selbst an heißen Tagen klirrend kalte Wasser. Das belebt nicht nur den Körper mit seinen ermüdeten Waden, sondern auch den Geist. Dazu gibt es in unmittelbarer Nähe Möglichkeiten zum Baden am Halfinger Naturerlebnisweiher – wenn der Gang durchs kalte Wasser der Kneippanlage dann doch zu viel des Guten sein sollte.

Bussardstraße am südwestlichen Ortsausgang von Halfing | Buslinie 492, Haltestelle Halfing, Abzw. Bussardstraße | Parkplätze gegenüber am Badesee Ganzjährig Handtuch 47.945133, 12.273696 (Start/Ziel)

Der idyllische Simssee mit seinem wunderbaren Bergblick eignet sich ideal für einen Ausflug mit dem SUP-Board.

An Fronleichnam folgen in den Orten des Chiemgaus feierliche Prozessionen der gewandelten Hostie

SUPen mit Traumkulisse

18 Mit dem Stand-Up-Paddleboard auf dem Simssee

SUPs boomen regelrecht, und wer einmal auf dem ruhigen Simssee vor den Toren Rosenheims mit der prächtigen Alpenkulisse gemächlich vor sich hingepaddelt ist, weiß warum. Der lang gestreckte See bietet sich für eine ausgedehnte Ausfahrt mit dem Stand-Up-Paddle-Board perfekt an. Nur Vorsicht am Südufer, das nicht befahren werden darf. Dort liegt ein Naturschutzgebiet, in dem seltene Vogelarten brüten und zu Hause sind. Im Biergarten direkt am Ufer gibt's das Bier der Simsseer Brauerei, das nur wenige Kilometer weiter gebraut wird.

Buslinie 498, Haltestelle Baierbach | Mit dem Auto bis Badeplatz Baierbach, Parkplätze am Strandbad Baierbach Mai–Sept. SUP, Verleih vor Ort 47.865511, 12.219532 (Start/Ziel)

Zum Toten Meer im Chiemgau

19 In den Chiemgau Thermen in Bad Endorf mit riesigem Outdoorbereich

Die Chiemgau Thermen in Bad Endorf haben nicht nur einen großen Innenbereich mit unzähligen Saunen und einer Höhle aus Salz, die Totes-Meer-Salzgrotte. Wer sich draußen wohler fühlt, findet im Sommer nicht nur auf der riesigen Liegewiese Platz, sondern kann in den riesigen Außenbecken schwimmen und sich im Strömungskanal treiben lassen. Eine spezielle Attraktion ist der Außenbereich in der Vorweihnachtszeit, wenn der Dampf des warmen Wassers nach oben steigt und weihnachtliche Lichter am Abend für eine besonders magische Atmosphäre sorgen.

Ströbinger Str. 18, Bad Endorf | Mit dem Zug bis Bad Endorf und 10 Minuten zu Fuß zur Therme | Parkplätze vor Ort | chiemgau-thermen.de | €€ Ganzjährig Badebekleidung 47.901313, 12.299694 (Start)

Böllern gegen böse Geister

20 Fronleichnamsprozession in Rimsting

Im überwiegend katholischen Oberbayern zählen die Fronleichnamsprozessionen zu den wichtigsten Veranstaltungen im kirchlichen Jahreskalender. Dabei wird die Hostie – die Gegenwart des Leib Christus – gefeiert, und lange Prozessionszüge, die von Gebirgsschützen, Trachtenvereinen und vielen weiteren begleitet werden, ziehen

Die ehemalige Benediktinerabtei Kloster Seeon ist heute ein Kultur- und Bildungszentrum

Auf einem bewaldeten Hügel thront das fast kreisrunde und von tiefen Gräben umgebene Ameranger Schloss

beispielsweise durch Rimsting. Nicht erschrecken: Die Gebirgsschützen tragen ihre Gewehre und Karabiner nicht umsonst mit sich herum. Das Böllern – so wird das Schießen bezeichnet – ist ein uralter Brauch, mit dem böse Geister und der Leibhaftige selbst vertrieben werden sollen.

Buslinie 9520 oder 491 nach Rimsting, Haltestelle Rimsting Nord | Wenige Parkmöglichkeiten im Ort Fronleichnam Ohrstöpsel 47.878513, 12.337429

AM NORDUFER DES CHIEMSEES

Auf der Klosterrunde

21 Die Seeoner Seen entdecken, den Griessee umrunden und baden, 2,5 km, 1 Std., einfach

Nördlich des Chiemsees bietet die Seeoner Seenplatte ein weiteres Wandergebiet mit vielen Tourenmöglichkeiten. Das genau zwischen den beiden größten Seen gelegene Kloster Seeon ist heute nicht nur ein Tagungshotel, sondern zugleich Veranstaltungsort für Konzerte und Ausstellungen. Nur Mönche gibt es heute keine mehr. Die schönste Wanderung führt relativ kurz (ca. 2 km) rund um den Griessee. Der Moorsee ist komplett von Wald umgeben und erwärmt sich im Sommer schnell.

Buslinie 9522, Haltestelle Thalham, Obing | Mit dem Auto bis Strandbad Griessee, Parkplätze am Strandbad | € Ganzjährig Badebekleidung im Sommer 47.990337, 12.441071 (Start/Ziel)

Erst ein Kräuterbitter und dann zum Schloss

22 Odl-Schnaps und einfache Wanderung zum Ameranger Schloss, 3,3 km, 1 Std.

Odl ist der bayerische Begriff für Gülle oder Jauche. Klingt nicht appetitlich, und doch lässt sich hier eine Ausnahme machen. Sepp Stein aus Amerang fiel irgendwann zu Beginn dieses Jahrtausends ein Benediktiner-Rezept für einen Kräuterbitter in die Hände. Mit dem produziert er seit 2005 seinen Odl-Schnaps, der 21 Bio-Kräuter beinhaltet und vielfach prämiert wurde. Aber warum der Name? Ganz einfach, denn – so Sepp: „Wenn man ihn genau anschaut, weiß man, warum er so heißt." Verbinden lässt sich der Abstecher zum Odl-Schnaps mit einer Runde um Amerang und zum gleichnamigen Schloss ganz in der Nähe.

Der Langbürgener See ist der größte der 18 Seen der Eggstätt-Hemhofer Seenplatte

Forellenweg 8, Amerang | Mt Bahn oder Buslinie 9480 bis Amerang, Haltestelle Bahnhof | Parkplätze im Zentrum von Amerang | odlgrube.de
Ganzjährig *Einfache Wanderausrüstung*
47.991071, 12.308474 (Start), 47.981792, 12.306717 (Ziel)

Uferwandern und etwas Kultur

23 Einfache Wanderung zu jeder Jahreszeit rund um den Langbürgener See, 10 km, 2½ Std.
Der Langbürgener See gehört zur Eggstätt-Hemhofer Seenplatte und ist ein Überbleibsel der letzten Eiszeit, als die Gletscher noch weit ins Chiemgau reichten. Die Rundwanderung um den See ist knapp 10 km lang und führt stets am Ufer entlang. Winzige Badestellen und eine größere Bucht laden im Sommer zur Abkühlung ein. **Insider-Tipp** Das idyllisch gelegene Schloss Hartmannsberg kann heute für standesamtliche Trauungen gebucht werden. Sonst finden in dem restaurierten Schloss auf der schmalen Landzunge des Langbürgener Sees Ausstellungen und kleine Konzerte statt.
Buslinie 9511, Haltestelle Stetten, Rimsting | Mit dem Auto bis Parkplatz Stettener See *Ganzjährig* *Badebekleidung im Sommer*
47.895716, 12.355710 (Start/Ziel)

Alte Gemäuer mit Aussicht

24 Einfache Wanderung zur Burgruine Kling für die ganze Familie, 10,7 km, 3 Std.
Zugegeben, viel ist vom ehemaligen Schloss Kling westlich von Schnaitsee nicht mehr übrig. Nur mehr die Stützmauern, die in den 1970er-Jahren freigelegt wurden, sind heute noch zu besichtigen. Dabei war das Schloss einst eines der größten Pflegegerichte Bayerns, bevor es als herzogliches Jagdschloss genutzt wurde. Bei einer Rundtour ab Schnaitsee lassen sich die Überreste der Burgruine Kling entdecken. Die Wanderung ist etwas über 10 km lang, und etwa 190 hm müssen überwunden werden. Wer an der Burgruine angekommen ist, dem wird schnell klar, warum die Erbauer einst diesen Platz ausgesucht haben.
Kling 35, Babensham | Buslinie 9413, Haltestelle Schnaitsee, Dorfplatz | Parkplätze am Rathaus
Ganzjährig *Einfache Wanderausrüstung*
48.071216, 12.370518 (Start) *48.071713, 12.329792 (Ziel)*

Weit ragt der Dampfersteg Seebruck ins Wasser hinein – mit den Chiemgauer Alpen als Kulisse

Die Alz ist ist Abfluss des Chiemsees im Norden. Von hier starten schöne Floßfahrten

In den Chiemsee laufen

25 Fotomotive und traumhafte Fernblicke im Strandbad Seebruck, 1,8 km (einfach), ½ Std.

Ein Strandbad im Süden Bayerns? Am Bayerischen Meer, wie der Chiemsee auch genannt wird, darf das natürlich nicht fehlen. Das Flanieren entlang der kleinen Halbinsel, über den langen in den See ragenden Steg und am Ufer entlang – natürlich immer mit dem fast schon ans Meer erinnernden Fernblick über den Chiemsee und auf die Chiemgauer Gipfel im Süden – steht dem Flanieren in einem Strandbad an der Ostsee in nichts nach. Im Sommer verwandelt sich das Strandbad Seebruck in ein absolutes Paradies für große und vor allem kleine Wasserratten. **Insider-Tipp** Im Winter zum Strand? Unbedingt! An klirrend kalten Wintertagen ist der Gegensatz von sanften Chiemseewellen und den schneebedeckten Bergen im Hintergrund besonders imposant.

Am Chiemseepark 9, Seeon-Seebruck | Buslinie 9520, Haltestelle Unterhochstätt/Campingplätze | Mit dem Auto bis Yachthafen Unterhochstätt, Chieming, wenige Parkplätze direkt an der Hauptstraße · Ganzjährig · Badebekleidung im Sommer · 47.931071, 12.478580 (Start/Ziel)

Gemütliche Schipperei

26 Mit dem Kajak oder dem Floß auf der Alz

Beinahe unmittelbar am einzigen Ausfluss des Chiemsees im Norden in Seebruck kann eine Kajak- oder Schlauchboottour auf der Alz starten. Bis Truchtlaching folgt die Route dem Lauf des sanften und breiten Flusses, der sich wunderbar durch die Landschaft windet. Wer nicht selbst paddeln möchte oder in einer größeren Gruppe unterwegs ist, kann auch eine Floßfahrt buchen. Bis zu 30 Personen passen auf ein Floß, mit dem es sich gemütlich knapp zwei bis zweieinhalb Stunden lang auf der Alz schippern lässt.

Buslinie 9520, Haltestelle Hotel Post Seeon-Seebruck | Mit dem Auto bis Seebruck, Parkplätze beim Strandbad Seebruck | €€–€€€ · 1. Juli (vorher Brutzeit und daher Befahren verboten) bis 31. Dez. · Badebekleidung im Sommer, Schlauchboot-Verleih vor Ort · 47.935496, 12.481424 (Start), 47.960848, 12.498984 (Ziel)

Am 6. November, dem Gedenktag des hl. Leonhard, werden vielerorts Wallfahrten mit Tiersegnung unternommen

Ein Dank an die Pferde

27 Zum Leonhardiritt in Guntersberg

Die Leonhardifahrten ähneln den Georgiritten im Frühjahr. Sie werden zu Ehren der Pferde Anfang November und nach dem Einbringen der Ernte abgehalten. Stolze Kutscher präsentieren ihre prächtigen Gespanne, die mit aufwendigem Schmuck, oft inspiriert von der zurückliegenden Ernte, ausstaffiert sind. Nicht weniger herausgeputzt sind die Mitfahrer in den Pferdekutschen, die sich in ihre prächtigen Festtagstrachten geworfen haben. Meist starten die feierlichen Umzüge direkt im Anschluss an einen Gottesdienst, bei dem den Pferden für ihre Arbeit gedankt wird und sie eine Weihe erfahren. Der Leonhardiritt in Guntersberg bei Höslwang zählt zu den ältesten in ganz Bayern. 2022 feierte er sein 400. Jubiläum.

Buslinie 434, Haltestelle Eberloh, Halfing | Wenige Parkmöglichkeiten rund um Guntersberg Ende Oktober bis Anfang November Schal, Mütze und Kamera 47.933180,12.293744

Kletterei im Flachland

28 Kletterturm Gschwendt mit großem Innen- und Außenbereich

Satte 13,5 m ist die Außenkletterwand des Kletterturms Gschwendt in Edling im nördlichen Chiemgau vor den Toren von Wasserburg hoch. Auch wenn die berühmten Gipfel der Chiemgauer Alpen wie die Kampenwand oder der Hochfelln eine knappe Stunde entfernt sind, lässt sich hier an den eigenen Kletterfertigkeiten feilen. Oben angekommen, warten – gutes Wetter vorausgesetzt – sogar echte Bergblicke, die besonders bei Föhn im Herbst imposant sind. Material kann vor Ort ausgeliehen werden, bei Kletterkursen lassen sich Kletter- und Sicherungstechniken erlernen.

Am Sonnenpoint 8, Edling | Buslinie 437, Haltestelle Edling Hochhaus, dann 1 km Fußweg | Parkplätze direkt vor Ort | kletterturm-gschwendt.de | €€–€€€ Ganzjährig Ausrüstung ist vor Ort ausleihbar 48.070552, 12.150187 (Start/Ziel)

Der sonst zunehmend seltene Große Brachvogel kann das ganze Jahr über am Chiemsee beobachtet werden

Morgengruß vom Steg

29 Den Sonnenaufgang in Gstad am Chiemsee beobachten

Direkt auf einem der beiden weit in den Chiemsee hineinragenden Stege mit Blick auf die Fraueninsel den neuen Tag zu begrüßen, hat nicht nur etwas Magisches. Es fühlt sich bisweilen auch an, als baumelten die Füße nicht nur im Bayerischen Meer, sondern irgendwo im mediterranen Raum. Das sanfte Wasser umspielt die Zehen, während sich im Hintergrund die Färbung des Himmels von einem Farbrausch in den nächsten wandelt und die Sonne schließlich aus den leichten Wogen emporsteigt. Auch an frostig kalten Tagen im Winter lohnt sich das morgendliche Frühaufstehen.

Buslinie 9520, Haltestelle Gstadt am Chiemsee | Es gibt mehrere kleine Parkplätze in der Breitbrunner Straße oder am Dorfplatz Rappl
Ganzjährig *Warme Kleidung, Kamera*
47.885051, 12.421106 (Start/Ziel)

Unterwegs mit Profis

30 Geführte Vogeltour zum Beobachtungsturm Seebruck, ca. 1,5 km, 2 Std.

Eine weitere Möglichkeit der eindrucksvollen Vogelwelt des Chiemsees näherzukommen, bietet der Vogelbeobachtungsturm in Seebruck. Einmal im Monat (immer sonntags) bieten Ornithologen und Vogelprofis Führungen an und geben spannende Einblicke in die Vogelwelt und das Leben der verschiedenen Arten, die am Chiemsee zu Hause sind oder zumindest während ihres Zugs im Frühling oder Herbst hier Station machen. Die Teilnahme an den Führungen ist kostenlos.

Buslinie 9520, Haltestelle Hotel Post, Seeon-Seebruck | Mit dem Auto bis Seebruck, Parkplätze beim Strandbad Seebruck | seeon-seebruck.de/vogelbeobachtungstermine-am-beobachtungturm-seebruck | € *Ganzjährig* *Fernglas, Kamera mit Teleobjektiv* *47.931964, 12.479196 (Start), 47.931631, 12.473299 (Ziel)*

DER SCHÖNSTE SONNENUNTERGANG

Picknickdecke und Cocktailschirmchen

31 Sonnenuntergang im Strandbad Übersee

Entspannt in die Liege zurücklehnen, einen Cocktail schlürfen und der Sonne dabei zuschauen, wie sie den Tag verlässt. Das geht kaum besser als im Strandbad in Übersee am Ostufer des Chiemsees. Der Spot ist der wahrscheinlich beliebteste Punkt im ganzen Chiemgau. Ist das Strandbad aber einmal zurückgelassen, wird es im Nordteil der kleinen Halbinsel mit jedem Meter ruhiger.

Buslinie 9509, Haltestelle Feldwies, Dampfersteg | Mit dem Auto bis Seewirt-Strandhaus, Übersee, zahlreiche Parkplätze vor Ort *Ganzjährig* *Picknickdecke* *47.842273, 12.477887 (Start/Ziel)*

LOKALE SPEZIALITÄTEN

*UND WO DU SIE PROBIEREN KANNST

Ein Klassiker der deftigen Almhüttenküche nach einer ausgiebigen Wanderung: Kaspressknödel, serviert in einer klaren Brühe

Ganz Bayern ist bekannt für seine Vielfalt an Bieren mit einer hohen Brauereiendichte und seine deftige Küche, für die vor allem der typische Schweinebraten steht. Doch auch darüber hinaus gibt es einige Leckereien zu entdecken, die nicht ganz zum Klischee passen wollen.

Fangfrisch aus dem Chiemsee

1 Geräucherter Steckerlfisch

Steckerlfische, auf Holzspieße gesteckt und über Stunden geräuchert, sind am Chiemsee eine beliebte Spezialität. Je nach Holzart entwickeln sie ein eigenes Aroma. Forellen, Saiblinge, Brassen, Barsche und Renken werden zart durchgegart und sind eine wahre Delikatesse. Die Fischer der Fraueninsel ziehen frühmorgens los, fangen die Fische und räuchern sie direkt im Buchenfeuer.

ℹ *Am besten schmecken die Steckerlfische inmitten des Chiemsees auf der Fraueninsel* | **Chiemseefischerei Thomas & Florian Lex** | *Haus 31, Frauenchiemsee* | *chiemseefischerei-lex.de* | *€€*

Biervielfalt entdecken

2 Von Jager Weisse bis zum Schnabulierer

Craftbier ist seit Jahren in aller Munde, und etliche Mikrobrauereien versuchen seitdem den alteingesessenen Brauereien den Kampf anzusagen – so auch im Chiemgau. Zum Repertoire gehören meistens Standardbiere wie Helles, Dunkles und Weißbier. Aber zugleich versuchen sich die Braumeister auch an ausgefalleneren Kreationen.

ℹ *Ein Tipp für Craftbier ist die* **Camba Brauerei** *in Seeon, wo übrigens am ersten Donnerstag im Monat ganzjährig ein Biergartenfest stattfindet* | *Gewerbering 3, Seeon-Seebruck* | *camba-bavaria.de* | *€€–€€€*

Fehlt auf keiner Alm

3 Kaspressknödel

Kaspressknödel (aus dem Bayerischen übersetzt am ehesten: gepresster Käseknödel) gehören wahrscheinlich in beinahe jedem Restaurant und erst recht auf jeder Alm im deutschen und österreichischen Alpenraum auf die Speisekarte – ob als Einlage einer köstlichen Rinderbrühe oder als Schmankerl über einem frischen Salat.

ℹ *Besonders gut schmeckt der Kaspressknödel im Biergarten der* **Schlosswirtschaft** *auf Herrenchiemsee | Schloßhotel 5, Herrenchiemsee | schlosswirtschaft-herrenchiemsee.de | €€–€€€*

Kross und saftig

4 🍴 Frischer Schweinebraten

Und ja, natürlich darf auch ein guter Schweinebraten nicht fehlen. Die eingeschnittene krosse Schwarte, das zart-saftige Fleisch, das in einem Sud mit Kümmel und dunklem Bier langsam gegart wurde und auf der Zunge förmlich zergeht. Dazu werden Semmelknödel und Krautsalat serviert. Ein gutes Bier darf ebensowenig fehlen.

ℹ *Sehr zu empfehlen im* **Wirtshaus SEEside Kupferschmiede** | *Trostberger Str. 1, Chieming/ Arlaching | seeside-kupferschmiede.de | €€*

Hier findest du alles

6 🍴 Georgimarkt & Michaelimarkt

Zu Ostern und Ende September verwandelt sich Grassau am Eingang des Achentals in einen riesigen Markt, auf dem es neben handgefertigten Produkten auch jede Menge Leckeres aus der Region gibt.

ℹ *Im Zentrum von Grassau vom Kirchplatz bis zur Bahnhofstraße | grassau.de | €–€€€*

Schmankerl für Fisch-Fans

5 🍴 Chiemsee-Renke

Die Renke ist der wohl beliebteste Fisch, den die 16 Fischereien rund um das Bayerische Meer fangen. Sie wird nur leicht mit Salz, Pfeffer und etwas Zitrone gewürzt sowie mit Kräutern befüllt. Auf das Mehlieren wird bewusst verzichtet. Anschließend wird der Fisch in der Pfanne in etwas Öl etwa 15 Minuten gebraten, sodass er noch etwas glasig ist. Zum Schluss wird er in Butter geschwenkt und mit Kartoffeln serviert.

ℹ *Vorbildlich im Restaurant* **Chiemseefischer** | *Hagenau 2, Grabenstätt | hotel-chiemseefischer.de | €€*

Die Haidenholzalm auf dem Weg zum Geigelstein. Zur Weidezeit werden hier almübliche Speisen angeboten

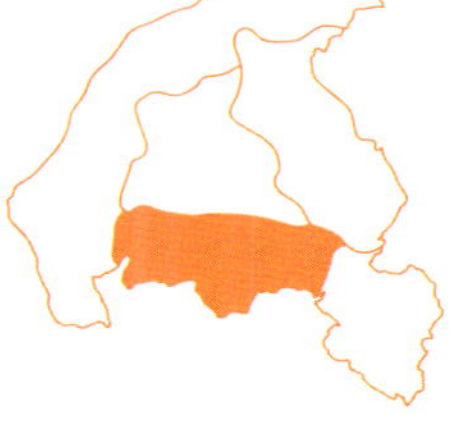

VIEL NATUR, SANFTE GIPFEL UND KEINE LANGEWEILE

Und plötzlich ragen da Berge auf. Auch wenn sich die erste Welle mit steilen Felsen regelrecht über dem Flachland auftürmt, so ist das für die Chiemgauer Alpen doch nicht charakteristisch. Zwar kratzen die höchsten Gipfel der Chiemgauer Alpen zwischen dem Inntal und Bad Reichenhall an der 2000er-Marke, doch sind sie nicht die großen Felskolosse, die zu allen Seiten abweisend wirken. Oft sind die Berge bis oben grün, und bis weit oben grasen Kühe, die es besser kaum haben könnten. Zwischendrin zerschneiden sanfte Täler die Bergwelt, von der ein großer Teil zu Fuß oder mit dem Rad erkundet werden kann. Unten sind es kleine Dörfer mit hübschen Kirchen und einer Vielzahl von gelebten Traditionen, die sie manchmal klischeehaft erscheinen lassen und wo sich doch die tiefe Zufriedenheit der Bewohner spüren lässt. Genau deswegen vielleicht?

AUF EINEN BLICK

*CHIEMGAUER ALPEN

Traunwalchen
Waging am See
Waginger See
Traun
Kammer
dermoning
MARCO POLO
OUTDOOR-HIGHLIGHTS ★
★ Drei-Seen-Wanderung in Bayerisch-Kanada
Vom einfachen Spaziergang bis zur Gipfeltour → S. 74
★ Sonnwendfeuer im Chiemgau
Wenn die Bergspitzen und Gipfel brennen → S. 76
★ Viele Wege auf den Geigelstein
Der Blumenberg des Chiemgaus → S. 78
★ Der Schmugglerweg durch die Klobensteinschlucht
Vom österreichischen Kössen bis Schleching auf der deutschen Seite → S. 80
★ Zum Schoßrinn-Wasserfall im Priental
Röhrende Hirsche und eine eiskalte Badewanne → S. 82
★ Hinauf auf die Spitzen der Kampenwand
Wann i mit meiner Wamp'n kannt … → S. 84
Erlstätt
Schönram
Vachendorf
Bernhaupten
Steinhögl
35 km, 25 Min.
Aufham
Inzell
Ruhpolding
Bad Reichenhall
Drei-Seen-Gebiet
Weitsee
Schneizlreuth
Unterjettenberg
-Seen-Wanderung Bayerisch-Kanada ★
Unken
ÖSTERREICH

Drei-Seen-Wanderung in Bayerisch-Kanada ★

Bayerisch-Kanada – so wird das Dreiseengebiet zwischen Ruhpolding und Reit im Winkl immer wieder bezeichnet. Das liegt nicht nur am Indian Summer, wenn die Bäume rund um die Seen im Herbst eine wahre Farbenpracht entfalten und in den schönsten Rot-, Orange- und Gelbtönen leuchten, sondern vor allem auch an der landschaftlichen Ursprünglichkeit dieser Seenlandschaft.

Das Dreiseengebiet

Malerisch liegen die drei Seen in ein lang gezogenes Tal eingebettet. Dabei sind es eigentlich nicht nur drei Seen, sondern gleich vier, denn zu dem größeren Weitsee und dem Mittersee und Lödensee, die beide miteinander verbunden sind, gesellt sich weiter nordöstlich der Förchensee.

Die Seen selbst sind ein Ausflugsziel für das ganze Jahr. Und mit den Jahreszeiten verändert sich auch die Gegend. So haben die Seen im Herbst nach trockenen und langen Sommern einen niedrigen Wasserstand, sodass es vorkommen kann, dass Mittersee und Lödensee voneinander getrennt werden. Im Frühling dagegen, direkt nach der Schneeschmelze, sind die Seen so voll, dass der Wanderweg tief unter Wasser steht und nicht begehbar ist. Im Sommer dagegen sind es weniger die Wanderer, die rund um die Seen anzutreffen sind, sondern die Badegäste (und Kühe!). Bei der Abkühlung unbedingt die ausgewiesenen Badestellen beachten, denn die drei Seen liegen mitten im Naturschutzgebiet Chiemgauer Alpen.

Im Winter verwandelt sich das Dreiseengebiet nicht nur in ein wahres Kälteloch, sondern oft genug auch in eine Winterwunderwelt. Hier, an einem der entlegensten Punkte Deutschlands, ist es meist noch ein paar Grad kälter als anderswo, die Seen frieren zu und der Schnee hält sich ein

Weitsee, Mittersee und Lödensee bilden eine der schönsten Seenlandschaften Bayerns (li.). Der Uferweg kann nach der Schneeschmelze im Frühjahr überspült sein (re.)

bisschen länger auf den Bäumen und verzückt die Langläufer und Skater, die auf den Loipen rund um die Seenlandschaft unterwegs sind.

Um die Seen oder auf die Gipfel

Die einfachste Wanderung startet am Westzipfel des Mittersees und führt einmal um den Mitter- und Lödensee herum, im Herbst oft direkt am Ufer entlang, im Frühjahr auf dem befestigten Wanderweg über den Seen. Bänke, kleine und große Steine oder Treibholz laden rund um das Wasser zu einer ausgiebigen Rast ein. Wer lieber die Berge rund um Bayerisch-Kanada erkunden will, für den finden sich zahlreiche Gipfelziele wie der Seekopf, Hörndlwand und Gurnwandkopf, das Dürrnbachhorn oder der Sulzgrabenkopf. **Insider-Tipp** Letzteren ziert eines der schönsten Gipfelkreuze in den bayerischen Alpen.

Die Tour im Überblick

Einfache Wanderung um den Mittersee und den Lödensee, ca. 6 km, 1½ Std.

Buslinie 9506 zum Westende des Mittersees, Haltestelle Weitsee Badeplatz | Zahlreiche Parkplätze sowohl am Weitsee als auch am Mittersee

Die Wanderung ist oft ganzjährig möglich, in den Wintermonaten am besten mit Langlaufski

Einfache Wanderausrüstung, Brotzeit

47.688865, 12.574496 (Start und Ziel)

DOWNLOAD GPX-Track

Sonnwendfeuer im Chiemgau ★

Kurz vor der Jahresmitte glühen die Bergspitzen und Gipfel. Auch in Bayern werden Bergfeuer und Sonnwendfeuer entzündet, die sich nicht nur vom Tal aus besonders gut beobachten lassen, sondern manchmal auch ganz aus der Nähe. Beispielsweise auf dem Schachenberg im Priental zwischen Aschau und Sachrang.

Johannisfeuer zur Sonnenwende

Die Beantwortung der Frage, wo die Tradition herkommt, ist nicht ganz einfach. Die Nationalsozialisten haben im 20. Jh. versucht, die Feuer rund um die Sommersonnenwende als uralte heidnische Bräuche für sich zu deuten. Die Tradition ist zwar eine sehr alte, aber die Hintergründe für die heutigen Sonnwendfeuer sind wohl andere.

Denn die Sonnwendfeuer – nicht nur in Bayern, Tirol, dem Salzburger Land und im übrigen Alpenraum – werden auch oft auch als Johannisfeuer bezeichnet. Der Johannistag wird zur Geburt von Johannes dem Täufer Jahr für Jahr am 24. Juni gefeiert. In der Bibel steht geschrieben, dass Johannes Jesus sechs Monate vorausging. Der Johannistag liegt also genau sechs Monate vor Weihnachten. In diesen Zeitraum (eigentlich schon kurz vorher) fällt dazu die Sonnenwende, die Tage werden wieder kürzer, die Nächte länger. Dieser wichtige Wendepunkt im Jahr wurde schließlich mit Sonnwendfeuern bzw. Johannisfeuern gefeiert, und darauf ist dieser Brauch heute noch zurückzuführen. Dank der Bemühungen zahlreicher Trachtenvereine und Heimatpfleger wird diese Tradition weiter am Leben gehalten.

Daneben gibt es an vielen Orten in Bayern Petersfeuer, bei denen rund um den Peter-und-Paul-Tag am 29. Juni eine Peter-Puppe aus Stroh auf einem riesigen Haufen Holz verbrannt wird. **Insider-Tipp** Sehr schön ist das Peter-und-Paul-Feuer in

Sachrang, wo riesige Flammen vor der beeindruckenden Kulisse des Kaisergebirges brennen. Abgerundet wird die Feier mit Auftritten und Tänzen des örtlichen Trachtenvereins.

Feuer auf dem Schachenberg

Etwas Besonders ist es aber, direkt bei einem Sonnwendfeuer auf dem Berg dabei zu sein und die besondere Atmosphäre rund um den längsten Tag des Jahres zu erleben. Der Schachenberg südlich von Aschau ist nur knapp über 1000 m hoch und schon in einer knappen Stunde erklommen. Hier steht ein riesiger Holzstapel, der mit Beginn der Dämmerung entzündet wird und weithin sichtbar ist. Noch lange nach dem Abstieg zurück ins Tal lodert das große Feuer auf dem weithin sichtbaren Gipfel. Das Sonnwendfeuer findet nicht regelmäßig statt, besser vorher bei der Touristinformation anfragen.

Die Tour im Überblick

Einfache Wanderung auf den Schachenberg, ca. 2,7 km (einfach), ca. 1 Std.

Buslinie 482, Haltestelle Grattenbach im Priental | Wenige Parkplätze direkt in Grattenbach neben dem Wanderweg

Die Wanderung ist ab März bis November möglich, bei geringer Schneelage auch im Winter

Einfache Wanderausrüstung, Stirnlampe, leichte Daunenjacke und Mütze

47.719831,12.291319 (Start), 47.712658,12.294432 (Ziel)

DOWNLOAD GPX-Track

Faszinierendes Spektakel: Rund um den 29. Juni werden überall in der Region Holzscheite aufgetürmt und in Brand gesetzt (li.). Auch an den Gipfeln werden Feuer entzündet (re.)

Viele Wege auf den Geigelstein ★

Der Geigelstein ist mit seinen 1808 m der höchste Berg der Chiemgauer Alpen, der komplett auf deutscher Seite liegt. Inmitten des gleichnamigen Naturschutzgebiets bildet er ein beliebtes Ausflugsziel während des ganzen Jahres. Reizvoll sind vor allem die Aufstiege von Sachrang sowie von Schleching über die Haidenholzalm.

Im Chiemgau (fast) ganz oben

Die ersten Enziane des Sommers leuchten am Wegesrand, während der Gipfel des Geigelsteins nicht mehr fern ist. Sie zeugen davon, weshalb der Geigelstein auch als der Blumenberg des Chiemgaus bezeichnet wird. Das hätte auch anders kommen können. Lange wurde diskutiert, am Geigelstein eine Skischaukel zu installieren, um das weitläufige Wandergebiet im Winter ganz den Skifahrern zu überlassen. Die nutzen den Geigelstein zwar heute auch, und doch dürften die Skitourengeher weit weniger in die Natur eingreifen als ein richtiger Skizirkus das tun würde. Mit dem Beschluss, das Gebiet rund um den Geigelstein zum Naturschutzgebiet zu erklären, war die Sache 1991 endgültig vom Tisch, und die Natur dankt es. Die erst 2014 stillgelegte Seilbahn zur Wuhrnsteinalm auf der Ostseite verweist noch immer auf die Pläne.

Hinauf auf den Geigelstein

Ob mit Ski oder zu Fuß oder mit dem Mountainbike. Es gibt viele Möglichkeiten, um zum Gipfel auf 1808 m zu gelangen. Und ebenso viele Wege. Der beliebteste führt von Sachrang vorbei an der Talalm zur Priener Hütte (man kann hier auch übernachten), hinter der der Gipfelhang in einer weit ausholenden Kurve überwunden wird. **Insider-Tipp** Der schönere Weg ist etwas versteckter. Er startet im Sachranger Ortsteil Huben und überwindet schnell viele Höhenmeter, bevor er eine Weile durch den

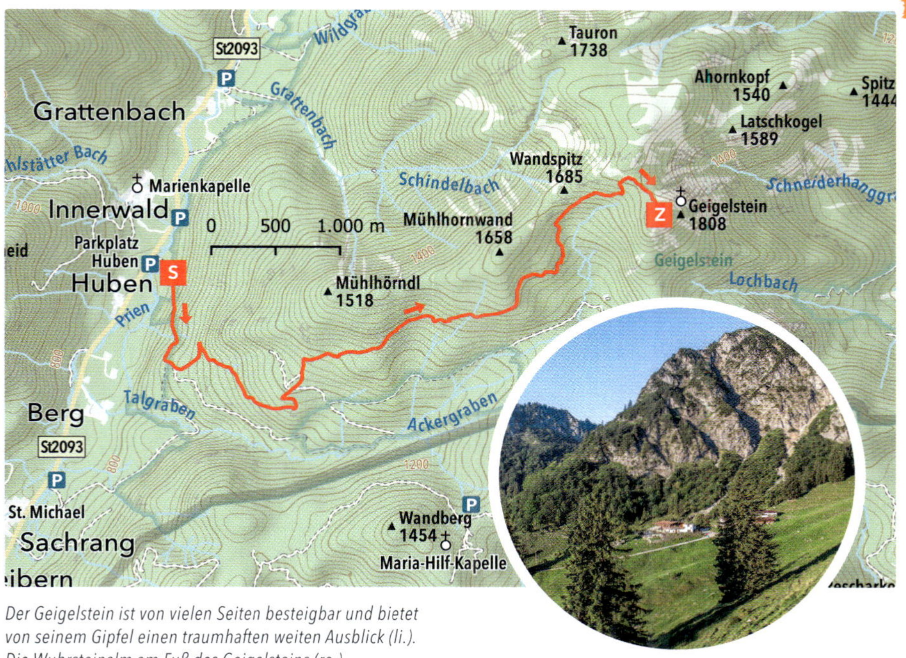

Der Geigelstein ist von vielen Seiten besteigbar und bietet von seinem Gipfel einen traumhaften weiten Ausblick (li.). Die Wuhrsteinalm am Fuß des Geigelsteins (re.)

Wald führt, um schließlich auf die herrlich gelegene Schreckalm zu stoßen. Nach kurzer Rast geht es weiter über die Sulzingalm, und zuletzt trifft der Weg auf den Aufstieg, der von der Priener Hütte auf den Gipfel führt. Ebenso schön ist der Aufstieg von Schleching im Achental über die Haidenholzalm und die Rossalm. In einem großen Bogen gelangt man über den Gipfel des Geigelsteins, hinab zur Wuhrsteinalm und zurück nach Schleching.

Die Oberkaser Mare

Aber nicht nur als Blumenberg, Wander- und Skitourenziel ist der Geigelstein bekannt. Der Roman „Harte Tage, gute Jahre: Die Sennerin vom Geigelstein" erzählt die wahre Geschichte der Oberkaser Mare, die im jungen Alter von 17 Jahren auf den Berg ging, auch die Winter dort verbrachte und dort bis zu ihrem Tod im Juli 2017 blieb.

Die Tour im Überblick

Einfache Wanderung von Huben bei Sachrang auf den Geigelstein, ca. 7 km (einfach), 3½ Std.

Buslinie 482 bis Huben im Priental, Haltestelle Geigelstein Aufstieg | Es gibt genügend Parkplätze direkt vor Ort

Die Wanderung ist von Mai (teils Altschnee!) bis Oktober möglich
Einfache Wanderausrüstung und feste Schuhe, Stöcke empfehlenswert, Getränke und Brotzeit nicht vergessen
47.707365, 12.283702 (Start), 47.707485, 12.334448 (Ziel)

DOWNLOAD GPX-Track

Der Schmugglerweg durch die Klobensteinschlucht ★

Knapp zwei Stunden dauert die einfache Wanderung über den Schmugglerweg von Kössen nach Schleching durch die Klobensteinschlucht. Zwei Stunden mit spannenden Tiefblicken und luftigen Hängebrücken, garniert mit Mythen und Geschichte.

Auf Schmugglers Spuren

Ein gespaltener Felsklotz, Zucker und Kaffee in jeder Hosentasche und eine explosive Sprengung. Die Wanderung auf dem 2021 neu eröffneten Schmugglerweg durch und über die Klobensteinschlucht zwischen Kössen auf österreichischer und Schleching auf deutscher Seite steckt voller Entdeckungen. Parallel zur Tiroler Ache führt die Route zunächst auf einem breiten Weg von Kössen bis zur Teufelsstiege, einer neu errichteten Treppe, und hinauf zum Schmugglerweg. Hoch über dem Fluss geht es im schattigen Wald tiefer in das sich verengende Tal hinein bis die erste der beiden neu errichteten Plattformen erreicht ist, von der sich ein Blick in die gewaltige Tiefe und auf die Kössener Schichten – Gesteinsformationen auf der anderen Uferseite – eröffnet.

Insider-Tipp Wer vor dem Abzweig zur ersten Plattform auf dem Hauptweg weitergeht, kann sich die Beine in einem natürlichen Kneippbecken vertreten. Die Tour führt nun vorbei an der Holzdrift und zur zweiten Plattform. In über 50 m Höhe ragt sie über die Schlucht, und der Blick nach unten zur alten Hängebrücke ist irgendetwas zwischen beeindruckend und furchteinflößend zugleich. Während unten voll besetzte Schlauchboote und Kajaks am Strand unterhalb des Klobensteins und der Kapelle anlanden, heißt es für die Wanderer erst in vielen Kehren bis nach unten abzusteigen.

Hängebrücken über der Schlucht

Die „alte" Hängebrücke wurde zwar erst nach dem verhängnisvollen Hochwasser des Jahres 2013 neu errichtet, doch auch vorher befand sich hier bereits eine Hängebrücke. Auf der anderen Flussseite angekommen, geht es hinauf zum Gasthaus Klobenstein und zum zweigeteilten Felsblock – dem Klobenstein, hinter dem eine stattliche Wallfahrtskirche aufragt. Der Legende nach soll sich der Stein plötzlich gespalten haben, als er drohte, auf eine gottesfürchtige Frau zu stürzen. So wurde sie vor dem sicheren Tod bewahrt.

Nur wenige Minuten später wird die 2020 neu errichtete Hängebrücke über die Entenlochklamm erreicht. Kaum zu glauben: Die heute etwa 12 m breite Schlucht wurde im Jahr 1907 mit Sprengungen verbreitert, denn die vormals nur 3,40 m breite Engstelle war oft genug der Grund, dass die Ortschaft Kössen nach Unwettern komplett unter Wasser stand. Wieder auf der anderen Talseite angekommen, geht es weiter bis ins Bergsteigerdorf Schleching, wo die Wanderung über den Schmugglerweg ihr Ende findet.

Die Tour im Überblick

Einfache Wanderung von Kössen nach Schleching auf dem Schmugglerweg, ca. 8 km (einfach), 2½ Std.

Buslinie 9509 nach Kössen (Österreich), Haltestelle Kössen, Veranstaltungszentrum Kaiserwinkl | ausreichend Parkplätze vor Ort | Rückweg mit dem Bus von Ettenhausen nach Kössen

Die Wanderung ist von Mai bis Oktober möglich

Einfache Wanderausrüstung, Brotzeit

47.669809, 12.396870 (Start), 47.705301, 12.384676 (Ziel)

DOWNLOAD GPX-Track

Der spektakuläre und geschichtsträchtige Schmugglerweg folgt dem Verlauf der Tiroler Ache (li.). Über eine Hängebrücke geht es zur Wallfahrtskirche Maria Klobenstein (o.)

Zum Schoßrinn-Wasserfall im Priental ★

Das Priental, das sich von Aschau im Chiemgau gen Süden bis zur deutsch-österreichischen Grenze erstreckt, beherbergt gleich drei Wasserfälle. Die Schoßrinn ist der bekannteste der drei Wasserfälle und stürzt sich mit einer Fallhöhe von knapp 75 m über eine überhängende Felswand in die Tiefe.

Tosende Wassermassen

Vor allem zur Schneeschmelze oder nach starken Regenfällen ist das sehr beeindruckend. Ist die Schoßrinn im Sommer und Herbst bei trockenen Perioden kaum mehr als ein kleines Rinnsal, so sind es dann tosende Wassermassen, die sich unaufhörlich den Weg ins Tal bahnen und den Besuchern der Schoßrinn dann schon bei Erreichen der kleinen Bank am Ende des Wanderwegs die Gischt ins Gesicht schleudern. Die Wanderung zum Wasserfall ist einfach und ganzjährig gut machbar. Von Hainbach startet der nur knapp zwanzigminütige Fußweg, der über breite Wiesen und zuletzt direkt neben dem rauschenden Bergbach bis zur Schoßrinn führt.

Auf dem Grenzenlos-Wanderweg

Um die Tour noch etwas zu verlängern, lohnt sich die Kombination mit dem Grenzenlos-Wanderweg, der aus dem kurzen Abstecher eine etwas längere Rundtour macht. Diese startet ebenfalls in Hainbach und führt erst parallel zur Prien in Richtung Aschau im Chiemgau. An der nächsten Brücke wird der kleine Fluss, der nach starken Regenfällen auch schon mal gefährliches Temperament entfalten kann, überquert. Bevor auf der Straße die ersten Häuser erreicht werden, geht es nach links in den Wald hinein. Nach starken Regenfällen entsteht hinter den Häusern dort übrigens der dritte Wasserfall, der nicht weniger

Aus fast 75 m Höhe stürzt das Wasser in die Tiefe (li.). Mit etwas Glück lassen sich im Priental auch Hirsche entdecken (re. o.). Der Ort gilt als Frauenkraftplatz (re. u.)

beeindruckend als die Schoßrinn selbst ist. Dieser ist allerdings nicht zugänglich.

Baden unterm Wasserfall?

Im Wald geht es nun einfach zurück, und mit etwas Glück lassen sich selbst am helllichten Tag Hirsche entdecken. Zuletzt kommt man an offenen Wiesen vorbei bis zum Schoßrinn-Wasserfall, der schon von Weitem zu sehen ist. **Insider-Tipp** An heißen Sommertagen verwandelt sich das Becken direkt unterhalb der Schoßrinn beinahe in eine Badewanne. Auch wenn das Wasser direkt von den Bergen kommt, so erwärmt es sich hier dank der Sonneneinstrahlung etwas und bietet eine tolle, wenngleich immer noch kalte Abkühlung. Kleine Pfade führen auch direkt hinter den Wasserfall. Bitte aufpassen, denn der Fels ist hier sehr rutschig.

Die Tour im Überblick

Einfache Wanderung entlang der Prien und zum Schoßrinn-Wasserfall, ca. 4,6 km, 1¼ Std.

Buslinie 482 bis Hainbach im Priental, Haltestelle Hainbach | ausreichend Parkplätze vor Ort

Die Wanderung ist ganzjährig möglich
Einfache Wanderausrüstung und feste Schuhe, Getränke und Brotzeit nicht vergessen
47.734677,12.304430 (Start), 47.739433,12.297750 (Ziel)

DOWNLOAD GPX-Track

Hinauf auf die Spitzen der Kampenwand ★

„I gangat gern auf d'Kampenwand, wann i mit meiner Wamp'n kannt", sagt der bairische Schüttelreim. Die einmalige Silhouette der Kampenwand lässt jeden erstaunt zu ihr hinaufblicken. Und wenn man nur auf der Autobahn vorbeifährt. Noch schöner ist der Blick von oben hinab auf den Chiemsee und ins Chiemgauer Alpenvorland.

Mit Gondelhilfe oder zu Fuß

Einmal ganz oben auf der Kampenwand zu stehen, das nehmen sich Woche für Woche etliche Wanderer und Bergsteiger vor, die die Kampenwand zu einem der am meisten frequentierten Berge in den bayerischen Alpen machen. Das liegt nicht zuletzt an der Seilbahn, die von Aschau mit ihren nostalgischen Kabinen Wanderer und Touristen gleichermaßen bis zur Bergstation unweit der Sonnenalm bringt. Von hier ist der Gipfel in einer knappen Stunde erreichbar, wenn auch nicht gänzlich ohne Schwierigkeiten. Zumindest eine mit einem Stahlseil gesicherte Stelle sorgt bei wenig erfahrenen Bergsteigern für etwas Nervenkitzel und Schweiß auf der Stirn.

Schweißtreibend wird es auch für all jene, die die Kampenwand ohne gondeltechnische Hilfestellung besteigen wollen. Von Aschau, vom benachbarten Bernau oder aus dem Achental und dem Priental führen etliche Wege hinauf zu diesem berühmten Bergstock mit seinen vielen kleinen Türmen und Spitzen. Der kürzeste Weg ist jener ab Hintergschwendt und vorbei am Sulten zum Sultensattel über die Steinlingalm und steil hinauf zu den Felsen, durch die beeindruckenden Kaisersäle und zum Ostgipfel. Ganz andere Wege beschreiten Felskletterer, die die ganze Kampenwand von Westen nach Osten überklettern. Das geht allerdings nur mit hinreichender Klettererfahrung und am besten einem einheimischen Bergführer.

An schönen Tagen herrscht nicht nur rund um den Gipfel ein sehr reger Verkehr, und wer Einsamkeit am Berg sucht, ist dann eher fehl am Platze. **Insider-Tipp** Wer aber schon vor Sonnenaufgang startet oder erst dann, wenn die letzten Touristen mit den Gondeln ins Tal gefahren sind, kann auch die Kampenwand ganz für sich allein haben. Und natürlich einen umwerfenden Ausblick hinab zum Chiemsee genießen.

Das größte Gipfelkreuz Bayerns

Übrigens: Auf dem 1664 m hohen Ostgipfel der Kampenwand steht seit 1950 das höchste Gipfelkreuz der bayerischen Alpen, das in einer wahren Heldenleistung hier hinaufbefördert wurde. Es misst 12 m und hat ein Gewicht von 54 Zentnern. An einigen Tagen im Jahr wird das imposante eiserne Kreuz auch in der Nacht beleuchtet.

Die Tour im Überblick

Einfache Wanderung auf die Kampenwand, ca. 4,7 km (einfach), 2½ Std.

Buslinie 9429 (Juni–Okt.), Haltestelle Hintergschwendt, ansonsten Buslinie 482, Haltestelle Außerkoy (ca. 1 Std. bis Hintergschwendt) | Ausreichend Parkplätze in Hintergschwendt | Infos zur Seilbahn unter kampenwand.de

April–Nov., je nach Witterungslage

Einfache Wanderausrüstung, Stöcke empfehlenswert. Brotzeit oder Einkehr in der Steinlingalm

47.779251,12.360907 (Start), 47.755987,12.368252 (Ziel)

DOWNLOAD GPX-Track

Der Sonnenuntergang taucht die markante Silhouette der Kampenwand mit dem weithin sichtbaren Gipfelkreuz in ein mildes Licht (li.). Die Ostseite der Kampenwand (o.)

MEHR ERLEBEN

*WEITERE ABENTEUER & AUSFLÜGE

In mehreren Kaskaden ergießen sich die leicht zu erreichenden tosenden Weißbachfälle in die Weißbachschlucht

Von beschaulichen Gipfeln über urige Almhütten bis hin zu tosenden Wasserfällen. Die Chiemgauer Alpen stehen etwas im Schatten der großen Felsriesen, die sich rund um Berchtesgaden auftürmen. Sie ermöglichen es dafür vielen, ihre Gipfel zu erreichen, von Klein bis Groß, von Jung bis Alt. Ob mit Seilbahnunterstützung, zu Fuß oder mit dem (E-)Bike.

ZWISCHEN INZELL UND CHIEMSEEUFER

Auf der Spur des weißen Goldes

1 Einfache Wanderung auf dem Salinen-Rundweg zwischen Inzell und Weißbach, 2,1 km (einfach), 1 Std.

Die Soleleitung von Bad Reichenhall transportierte einst das in Berchtesgaden abgebaute Salz bis nach Traunstein, wo es weiterverarbeitet wurde. Der Salinen-Rundweg folgt ebendieser Trasse, die als älteste Pipeline der Welt gilt. Besonders spannend ist der Abstecher zum Solehochbehälter bei Weißbach an der Alpenstraße, dem ehemals höchsten Punkt der Soleleitung. Über die Himmelsleiter geht es über unzählige Stufen steil bergab ins Tal bis zum rauschenden Weißbach.

Buslinie 9526 bis Inzell, Haltestelle Café Zwing | Mit dem Auto bis zum Wanderparkplatz Zwing
April–Okt. *Einfache Wanderausrüstung*
47.741225, 12.751576 (Start), 47.729573, 12.759871 (Ziel)

Eiszeitliche Hinterlassenschaften

2 Einfache Wanderung zu den Weißbachfällen und zum Gletschergarten, 3 km, 1 Std.

Ein Gletscher bedeckte einst das Tal zwischen Weißbach an der Alpenstraße und Inzell. Bis weit hinein in das Chiemgauer Alpenvorland reichten die Eismassen. Oberhalb der Straße bieten sich spannende Einblicke in die Kräfte des Eises, die hier glatt geschliffene, beinahe polierte Felsen hinterlassen haben. Auf der anderen Seite der Deutschen Alpenstraße stürzen sich die Weißbachfälle in zwei spektakulären Kaskaden in die Tiefe. **Insider-Tipp** Besonders im frühen Sommer zur Schneeschmelze präsentieren sich die Weißbachfälle besonders eindrucksvoll.

Die Schnappenkirche wurde 1637 bis 1640 in 1100 m Höhe auf dem Schnappenberg erbaut

Direkt neben dem Gipfel des 1674 m hohen Hochfelln lädt ein Gasthof zur Einkehr

Buslinie 9526 bis Inzell, Haltestelle Café Zwing | Mit dem Auto bis zum Wanderparkplatz Zwing April–Okt. Einfache Wanderausrüstung 47.741225, 12.751576 (Start), 47.736617, 12.755135 (Ziel)

Exklusiver Chiemseeblick

3 Einfache Wanderung von Marquartstein zur Schnappenkirche, 2,5 km (einfach), 1½ Std.

Schon von Weitem, selbst von der Autobahn ist sie erkennbar. Hoch oben weit über dem Achental, irgendwo in den nördlichen Ausläufern des Hochgern leuchtet hell ein kleiner weißer Fleck. Knapp zwei Stunden dauert die Wanderung von Marquartstein bis hinauf zur Kapelle, die, einmal dort angekommen, erstaunlich groß ist. Direkt vor der Kirche gibt es einen kleinen Rastplatz mit einem Premiumblick auf den Chiemsee und das ganze Chiemgau. Bei gutem Wetter reicht die Sicht sogar bis nach München.

Buslinie 9505 bis Marquartstein, Haltestelle Rathaus | Mit dem Auto bis zum Wanderparkplatz Hochgern April–Okt., in schneearmen Wintern auch ganzjährig Einfache Wanderausrüstung, Stöcke empfehlenswert 47.754896, 12.472636 (Start), 47.763012, 12.481767 (Ziel)

Die Aussichtsterrasse des Chiemgaus

4 Mit der nostalgischen Seilbahn auf den Hochfelln und einfache Wanderung, 7,5 km (einfach), ca. 3,5 Std.

Der Hochfelln gilt als der Aussichtsgipfel des Chiemgaus, und er hält, was er verspricht: den Chiemsee zu Füßen und die hohen Berge des Alpenhauptkamms im Rücken. Hoch geht's vom Ort Bergen entweder zu Fuß in knapp drei bis vier Stunden oder mit der über 50 Jahre alten Seilbahn. Deren erster Fahrgast war übrigens niemand Geringerer als ein Elefant, der die Tragkraft der Bahn demonstrieren sollte. Der Hochfelln ist darüber hinaus der höchste Punkt des über 300 km langen SalzAlpenSteigs, der in 18 Etappen vom Chiemsee bis zum Hallstätter See führt. Von der Bergstation sind es dann noch 200 m bis zum Gipfel.

Buslinie 9514 bis Bergen, Haltestelle Hochfellnbahn, Bergen | Parkplätze direkt an der Talstation | hochfellnseilbahn.de | €€€ Ganzjährig (mögliche Betriebspause wegen Revision beachten!) Einfache Wanderausrüstung 47.797822, 12.590678 (Start), 47.762329, 12.559275 (Ziel)

Vor allem die Loipen im Dreiseengebiet auf dem Weg von Reit im Winkl nach Ruhpolding sind ein echtes Highlight

Spaß für Groß und Klein

5 Im Freizeitpark Ruhpolding, 4 Std.

In diesem etwas anderen Freizeitpark stehen Märchen im Mittelpunkt. Die Anlage ist nicht nur für die Kleinen ein Erlebnis, auch die Erwachsenen kommen auf ihre Kosten. Während die liebevoll gestalteten Märchenfenster Kinderaugen begeistern, kommen bei den actionreichen Attraktionen auch die Großen nicht zu kurz. Der Spaß steht im Mittelpunkt, aber auf eine andere, ganz angenehme Art und Weise. Keine grellen Blinklichter oder dröhnende Musik, stattdessen sind die einzelnen Stationen liebevoll in die Landschaft eingebettet. Übrigens: Der Rekord des Autors beim Biathlon-Spiel liegt bei knapp unter 17 Sekunden, Tagesbestzeit natürlich. Viel Erfolg beim Versuch, das zu schlagen.

Vorderbrand 7, Ruhpolding | Buslinie 9532 bis Haltestelle Freizeitpark Ruhpolding | Mit dem Auto bis Freizeitpark Ruhpolding, ausreichend Parkplätze vor Ort | freizeitpark.by | €€ Ende März/April–Anfang Nov. 47.740600, 12.613063 (Start)

Skifahren wie die Profis

6 Mit den Langlaufski auf den Loipen zwischen Reit im Winkl und Ruhpolding, einfach

Ganz-Jahres-Highlight Drei Seen: Im Winter verwandelt sich das Wanderparadies in ein Eldorado für Langläufer und Skater. Unweit der Arena bei Ruhpolding, wo Jahr für Jahr Biathlon-World-Cup-Rennen stattfinden, lassen sich rund um Weitsee, Mittersee und Lödensee über 12 km präparierte Loipen erkunden. Und im Gegensatz zum Rest des Jahres ist in den Wintermonaten die kleine Hütte am Mittersee sogar bewirtschaftet.

Insider-Tipp für alle, die mit Ski nichts anfangen können: Auf dem Weitsee gibt es im Winter von Einheimischen freigeräumte Eisflächen zum Eishockeyspielen oder Schlittschuhlaufen.

Buslinie 9506, Haltestelle Lödensee, Ruhpolding | Mit dem Auto bis Lödensee, Parkplätze direkt neben der Bundesstraße Dez.–Feb.
Langlaufski oder Skatingski, Stöcke
47.692754, 12.601935 (Start)

Wagemutige leihen sich an der Hochalm am Sonntagshorn einen Schlitten und tosen damit hinab ins Tal

Eine Bergfahrt wie anno dazumal: Die Hochplattenbahn führt von Marquartstein auf 1040 m Höhe

Rasante Rodelgaudi statt Fußmarsch

7 Mittelschwere Tour mit Schneeschuhen auf das Sonntagshorn und mit dem Rodel zurück, 5,2 km (einfach), 5 Std.

Vom Heutal auf der österreichischen Seite geht es im Winter mit Schneeschuhen auf das Sonntagshorn – mit 1961 m Höhe der höchste Gipfel der Chiemgauer Alpen, der allerdings zur Hälfte auf österreichischer Seite liegt. Skitourengeher fahren mit den Ski ab und müssen dabei aufpassen, sich nicht gegenseitig über den Haufen zu fahren. **Insider-Tipp** Schneeschuhgeher genießen auf der Hochalm einen Kaiserschmarrn, leihen sich einen Schlitten aus und rodeln mit dem rasant zurück ins Tal.

Der Heutal Shuttlebus verkehrt nur im Sommer | Mit dem Auto bis Heutal, ausreichend Parkplätze direkt an der Straße | € (Rodel) Dez.–Feb. Winterwanderausrüstung, Lawinenausrüstung, Schneeschuhe 47.662463, 12.664061 (Start), 47.682162, 12.695764 (Ziel)

ACHENTAL

Mit der Gondel gondeln

8 Eine Fahrt mit der Hochplattenbahn zur Staffnalm, 2 Std.

Bei der Fahrt mit der Hochplattenbahn von Marquartstein hinauf zur Staffnalm können leicht Nostalgiegefühle aufkommen. In den Zweiersesseln geht's ganz gemächlich aufwärts, und oben locken die Einkehr in der Alm und etliche Wandermöglichkeiten. Beispielsweise auf die nahe gelegene Hochplatte, die über die Hochplattenalm in einer knappen Stunde einfach erreicht werden kann. Etwas anspruchsvoller ist dann schon der Weg auf den Friedenrath, denn hier heißt es zunächst erst einmal den Abzweig zu finden. Kurz vor dem Gipfelkreuz mit tollem Rundumblick muss einmal am Fels Hand angelegt werden.

Buslinie 9505, Haltestelle Rathaus Marquartstein (ca. 2 km bis zur Talstation) | Mit dem Auto bis Marquartstein, Parkplatz Hochplattenbahn | hochplattenbahn.de | €€ Ganzjährig (etwaige Betriebspause wegen Revision beachten!) Einfache Wanderausrüstung 47.760994, 12.435661 (Start), 47.767401, 12.417753 (Ziel)

Spritziger Paddelspaß: Begleitet von einem erfahrenen Guide geht es im Schlauchboot die Tiroler Ache hinunter

Die steilen Kalkwände am Klobenstein halten einige Herausforderungen für Kletterer bereit

Wildwasser light

9 Einfache Raftingtour von Kössen nach Schleching auf der Tiroler Ache, 2 Std.

Vom österreichischen Kössen im Kaiserwinkl geht es mit dem Schlauchboot auf der Großache hinunter Richtung Klobensteinschlucht. Oben schauen die Wanderer von den Hängebrücken des Schmugglerwegs hinab, während unten durch leichte Stromschnellen navigiert wird. Auf deutscher Seite heißt die Großache Tiroler Ache und führt weiter bis zur Mündung in den Chiemsee. Zahlreiche Anbieter in Kössen wie z. B. Sport und Natur bieten geführte Raftingtouren an.

Buslinie 9509 bis Kössen, Haltestelle Hüttwirt, Rückweg mit dem Shuttle | Mit dem Auto bis Kössen, Parkplätze vor Ort | Anbieter: Sport und Natur, sportundnatur.at | €€€ Mai–Okt. Ausrüstung wird gestellt 47.662978, 12.416767 (Start), 47.703062, 12.396413 (Ziel)

Auf der Alm da gibt's Musik

10 Auf dem alljährlichen Chiemgau Alm Festival hoch über dem Achental, 1,5 km (einfach), 1 Std.

Im Juni und Juli verwandeln sich die Almen oberhalb des Achentals in kleine Freilichtbühnen, auf denen aufgespielt wird. Dabei sind hier die verschiedensten Stilrichtungen zu finden. Von Alm-Jazz, rockigen Bands bis zur „klassischen" Almmusik mit Akkordeon und Bläsern ist alles dabei. Die kleinen Konzerte sind jeweils mit einer kurzen, oft einfachen Wanderung verbunden und kosten keinen Eintritt. Da schmeckt die Jause auf der Hütte, z. B. auf der Hefter Alm, gleich noch besser.

Buslinie 9505 bis Grassau, Haltestelle Kucheln | Mit dem Auto bis Grassau, Parkplatz Hinterm Bichl Juni, Juli Einfache Wanderausrüstung 47.777803, 12.436813 (Start), 47.776199, 12.419033 (Ziel)

Klettern in allen Schwierigkeiten

11 Ein Abstecher zum Klettergarten am Klobenstein im Achental

Genau auf der Grenze zwischen Bayern und Tirol gibt es oberhalb des Klobensteins und der gleichnamigen Schlucht einen Klettergarten mit weit

Warten auf den magischen Moment, wenn auf dem Spitzstein die Sonne aufgeht …

über 100 verschiedenen Routen in allen Schwierigkeitsgraden. Einsteiger finden direkt zu Beginn relativ leichte Passagen, die auch von Kindern bewältigt werden können. Ambitionierte Kletterer hingegen kommen im oberen Teil des Klettergartens am Klobenstein mit Routen bis zum zehnten Schwierigkeitsgrad voll auf ihre Kosten.

Klobensteiner Straße, Kössen | Buslinie 9509 bis Kössen, Haltestelle Klobenstein | Mit dem Auto bis Klobenstein (sehr wenige Parkmöglichkeiten) | € (Klettergarten) April–Okt. Kletterausrüstung, Helm 47.689715, 12.395501 (Start), 47.690681, 12.398163 (Ziel)

ZWISCHEN ASCHAU UND SACHRANG

Werner Herzogs Wasserfall

12 Einfache Wanderung von Sachrang zum Wasserfall in Berg, 1,5 km (einfach), 30 Min.

Bis zu seinem 13. Lebensjahr lebte Regisseur Werner Herzog im Sachrang inmitten der Chiemgauer Alpen. Im Ortsteil Berg verbrachte er einen großen Teil seiner frühen Jahre in einfachsten Verhältnissen. Direkt hinter „seinem Haus" befindet sich ein eindrucksvoller Wasserfall, den der schon vor knapp 30 Jahren in die USA ausgewanderte Filmemacher heute noch tief in seinem Herzen trägt. **Insider-Tipp** In der Herzog-Biografie „Jeder für sich und Gott gegen alle" erfährt der Leser viel vom Sachrang der Nachkriegsjahre.

Buslinie 482 bis Haltestelle Berg | Mit dem Auto bis Geigelstein Parkplatz, Sachrang März–Nov. Einfache Wanderausrüstung 47.692556, 12.267552 (Start), 47.697702, 12.278602 (Ziel)

Morgengruß par excellence

13 Einfache Wanderung von der Goglalm zum Sonnenaufgang auf den Spitzstein, 2 km (einfach), 1 Std.

Frühes Aufstehen lohnt sich besonders im Herbst und im Frühjahr, denn dann muss man nicht schon um 2 Uhr aufstehen. Knapp 2,5 Stunden dauert der Aufstieg von Sachrang bis zum Gipfel des Spitzsteins, wo sich mit prächtiger Kulisse und Blick auf das orangeleuchtende Kaisergebirge

Sehnsuchtsziel professioneller Kletterer: der Zwölferturm an der Gedererwand

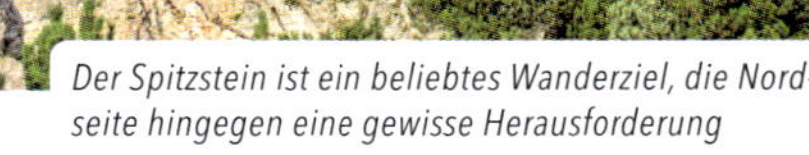

Der Spitzstein ist ein beliebtes Wanderziel, die Nordseite hingegen eine gewisse Herausforderung

wunderbar der neue Tag begrüßen lässt. Schneller geht's bei einer Übernachtung im Spitzsteinhaus oder beim Start von der Goglalm. Von dort dauert es nur eine knappe Stunde bis zum Gipfel und dem magischen Moment, wenn die Sonne irgendwo hinter Mühlhörndl und Geigelstein über den Horizont hervorblinzelt. Da schmeckt der Kaffee aus der Thermoskanne gleich doppelt so gut.

Buslinie 482 bis Sachrang, Haltestelle Sachrang Ort (plus 2½ Std. Aufstieg) | Mit dem Auto bis zur Goglalm, Parkplätze am Schweiberer Lift und direkt oberhalb der Goglalm April–Okt. Einfache Wanderausrüstung, Stöcke empfehlenswert, Stirnlampe, warme Jacke 47.701285, 12.238598 (Start), 47.710897, 12.246917 (Ziel)

Die ruhige Nachbarin

14 Einfache Bergwanderung von Hintergschwendt auf die Gedererwand, 2,8 km (einfach), 3 Std.

Die Gedererwand ist so etwas wie die kleine Schwester der benachbarten Kampenwand. Doch während es nebenan immer sehr geschäftig zugeht, so ist es an der Gedererwand meist ruhig. Von Hintergschwendt dauert es knapp zwei Stunden bis zum einsamen Gipfel unweit des Trubels. Dabei wird kurz vor Erreichen des Ziels der Zwölferturm passiert. Der neigt sich Jahr für Jahr um wenige Millimeter weiter nach Norden. Noch vor 100 Jahren soll es möglich gewesen sein, mit einem beherzten Sprung nach drüben zu gelangen. Davon ist allerdings dringend abzuraten!

Buslinie 9429 (nur Juni–Ok.), Haltestelle Hintergschwendt, ansonsten Buslinie 482, Haltestelle Außerkoy (ca. 1 Std. bis Hintergschwendt) | Mit dem Auto bis zum Wanderparkplatz Hintergschwendt/ Aigen, Aschau i. Chiemgau Mai–Okt. Einfache Wanderausrüstung, Stöcke empfehlenswert 47.780014, 12.360837 (Start), 47.767048, 12.381577 (Ziel)

Durch die stille Nordwand

15 Mittelschwere Tour mit Klettersteig auf den Spitzstein, 4,7 km (einfach), 4–5 Std.

Der Spitzstein ist ein beliebter Ausflugsgipfel, und auf dem Normalweg herrscht selten Ruhe. Ganz anders ist das bei dem wenig bekannten Aufstieg über den Klettersteig auf der Nordseite. Der war

Die Hänge rund um den Geigelstein sind heute ein Naturschutzgebiet und ein attraktives Wanderziel

jahrelang gesperrt und wurde erst 2017 wieder instand gesetzt und für den geneigten Bergsteiger freigegeben. Der Klettersteig ist relativ kurz und technisch weitestgehend einfach, aber doch lohnenswerter als der Aufstieg von Süden. **Insider-Tipp** Kinder ohne Klettersteigerfahrung können hier ihre ersten Eindrücke sammeln. Zusätzliche Sicherung mit einem Seil ist empfehlenswert.

Buslinie 482 bis Sachrang, Haltestelle Sachrang Ort | Mit dem Auto bis Wanderparkplatz Schweibern Mai–Okt. Einfache Wanderausrüstung, Klettersteigausrüstung bei Unerfahrenen, Sicherungsseil bei Kindern 47.688847, 12.256174 (Start), 47.710950, 12.246929 (Ziel)

Natur verbindet – Schutzgebiet statt Skigebiet

16 Mittelschwere Wanderung zu den Bergsteigerdörfern Sachrang und Schleching und im Naturschutzgebiet Geigelstein, ca. 15 km, 6 Std.

Als Mitte der 1970er-Jahre Pläne für eine Skischaukel am und über den Geigelstein die Runde machten, um das kleine Skigebiet auf der Achentaler Seite attraktiver zu machen, formierte sich in den Orten Schleching und Sachrang Widerstand, der darin mündete, dass das große Gebiet rund um den Geigelstein im Jahr 1990 zum Naturschutzgebiet erklärt wurde, in dem heute eine riesige Artenvielfalt anzutreffen ist. Überdies sind beide Orte seit 2017 Bergsteigerdörfer des Alpenvereins und ab dem Frühjahr 2024 auch über einen Freundschaftsweg ganz offiziell miteinander verbunden.

Buslinie 482 bis Sachrang, Haltestelle Sachrang Ort | Mit dem Auto bis Geigelstein Parkplatz, Sachrang Mai–Okt. Einfache Wanderausrüstung, Stöcke empfehlenswert 47.692556, 12.267552 (Start), 47.704575, 12.380073 (Ziel)

Die Prien flussaufwärts

17 Einfache Tour auf dem Prientalradweg bis nach Sachrang, 18 km (einfach), 1½ Std.

Direkt neben der Autobahn am Pendlerparkplatz startend, führt der Weg nach Unterprienmühle und von dort immer an der Prien, einem der längsten Wildbäche der bayerischen Alpen, entlang. Er passiert Aschau im Chiemgau und führt hoch über der sich verengenden Aschauer Klamm ins Priental hinein und bis ans Talende nach Sachrang, wo die Prien an den Hängen des Spitzsteins entspringt. Auf der rund 18 km langen Strecke werden knapp 150 hm überwunden, ein E-Bike ist also nicht unbedingt nötig.

Gleich neben dem Moorbadeplatz in Aschau kann man sich in der Kneippanlage wunderbar die Füße vertreten

ⓘ *Buslinie 496 bis Frasdorf, Haltestelle Stelzenberg | Mit dem Auto bis zum Park+Ride-Parkplatz Autobahnausfahrt Frasdorf* ⏲ *Mai–Okt.* ⚙ *Trekkingrad oder Mountainbike, Helm* ⚲ *47.804809, 12.292213 (Start), 47.690819, 12.263481 (Ziel)*

Wo sich Berg und Moor vereinen

18 Entspannt treiben lassen im Moorbad in Aschau

Zurücklehnen und im warmen und großen Moorwasserbecken ganz entspannt treiben lassen oder auf den großen Liegewiesen zur Ruhe kommen. Das geht im Aschauer Moorbad unweit vom beliebten Ausflugsziel Café Pauli. Direkt vor dem Eingang des Moorbads befindet sich außerdem eine Kneippanlage, in der sich das warme Wasser aus dem Moor mit dem kalten Wasser, das direkt von den Bergen kommt, vermischt.

Insider-Tipp Die Kuchen im Café Pauli sind ein Gedicht und Goethe ebenbürtig! Mindestens!

ⓘ *Buslinie 482 bis Haltestelle Schwimmbad Aschau i. Chiemgau | Mit dem Auto bis Moorbad in Aschau i. Chiemgau, Parkplätze direkt am Moorbad, weitere beim Café Pauli | aschau.de/moorbad* ⏲ *Mai–Sept.* ⚙ *Badebekleidung* ⚲ *47.790031, 12.331520 (Start/Ziel)*

Eiersuche im Schnee

19 Von Aschau zur Ostereiersuche auf der Kampenwand, 2 Std.

Die Ostereiersuche unweit der Bergstation der Kampenwandbahn ist fester Bestandteil des jährlichen Veranstaltungskalenders und nicht nur für die Kleinen eine schöne Sache. Auf über 1000 m Höhe liegt zu Ostern nicht selten noch Schnee, und so ist das Eiersuchen etwas ganz anderes als unten im Tal, wo schon die ersten Frühblüher für bunte Farbtupfer sorgen. Eine tolle Aussicht hinab auf das Priental, Aschau und den Chiemsee gibt es inklusive.

ⓘ *Buslinie 482 bis zur Haltestelle Kampenwandbahn, Hohenaschau | Ausreichend Parkplätze an der Talstation | kampenwand.de/veranstaltungen/ostereiersuche | €€* ⏲ *Ostern* ⚙ *Winterwanderausrüstung* ⚲ *47.765103, 12.325327 (Start), 47.753206, 12.352182 (Ziel)*

Mit etwas Glück kann man Zeuge sein, wenn sich am Schachenberg Steinadler in die Lüfte schwingen

Grenzüberschreitende Andacht

20 Bayerisch-Tirolerische Wallfahrt an der Ölbergkapelle in Sachrang

Schon vor langer Zeit kamen Wallfahrer sowohl von der bayerischen als auch von der österreichischen Seite zur Ölbergkapelle in Sachrang. Seit nunmehr über 50 Jahren wird die Tradition wieder gelebt, und Jahr für Jahr treffen sich am dritten Sonntag im September Wallfahrer, um dort einen Gottesdienst unter Leitung des Bischofs zu feiern. Herausgeputzte Vereine aus Österreich und Bayern begleiten den Festzug, und die Böllerschützen der Schützenvereine beider Länder sorgen dafür, dass es im Tal ordentlich kracht.

Buslinie 482 bis Sachrang oder Wildbichl, Haltestelle Sachrang Süd oder Grenzhub, Naturdorf Abzweig | Parkplätze vor Sachrang (Geigelstein Parkplatz und Kaiserblick Stubn) | aschau.de/oelbergkapelle 3. So im Sept. 47.683399, 12.255841 (Start)

Wo sich Adler in die Lüfte schwingen

21 Am Schachenberg die Steinadler über dem Priental beobachten, 2,7 km (einfach), 2 Std.

Schon seit ein paar Jahren sind rund um das Priental Adler anzutreffen. Das Paar hat schon erfolgreiche Brutversuche hinter sich und mit etwas Glück lassen sich die majestätischen Tiere am Nachmittag beobachten, wenn sie sich vom Geigelstein und der Mühlhörndlwand kommend über dem Schachenberg von der Thermik in die Lüfte emporheben lassen. Achtung, Gleitschirmflieger: Zur Brutzeit gibt es strenge Flugverbotszonen, um unnötigen Stress für die prächtigen Raubvögel zu vermeiden.

Buslinie 482 bis Grattenbach, Haltestelle Grattenbach | Wenige Parkplätze direkt in Grattenbach April–Okt. Einfache Wanderausrüstung, Stöcke empfehlenswert 47.719868, 12.291242 (Start), 47.712659, 12.294381 (Ziel)

Eine schöne Wanderung führt rund um den von Mooren umgebenen Bärnsee bei Aschau

Im Wildpark Wildbichl kann man auch Luchsen zum Greifen nah kommen

Alpentiere zum Greifen nah

22 Zu Besuch im Wildpark Wildbichl bei Steinbock, Gams, Uhu, Luchs und Esel

Genau auf der Grenze zwischen Bayern und Tirol erstreckt sich der Wildpark Wildbichl. Hier ist nicht nur Rotwild und Damwild zu Hause. Auch zwei Luchse können in dem kleinen Wildpark aus nächster Nähe beobachtet werden, sofern sie sich nicht gerade in ihre Höhle zum Schlafen zurückgezogen haben. Flinke Gämsen, emsige Nutrias und wenig schüchterne Uhus zeigen sich kleinen und großen Augen. Manchmal ist der Esel des Parks mit seinem ohrenbetäubenden Iaaa bis ins nahe gelegene Sachrang zu hören.

Gränzing 30, Niederndorferberg, Österreich | Buslinie 482 bis Wildbichl, Wildbichl Wildpark | Parkplätze vor Ort | wildpark-wildbichl.com | € März–Nov. 47.676887, 12.255207 (Start)

Eifrigen Nagern auf der Spur

23 Bibertour rund um den Bärnsee bei Aschau im Chiemgau, 4 km, 1 Std.

Wer rund um den Bärnsee bei Aschau wandern möchte, dem bieten sich dafür mehrere Optionen: eine kurze und eine lange. Letztere umrundet den See in einer knappen Stunde komplett, allerdings ohne direkten Uferkontakt, denn das ist als Zuhause vieler seltener Vogelarten streng geschützt. Wer Glück hat, hört zumindest den markanten Schrei des Eisvogels. **Insider-Tipp** Biber zu Gesicht zu bekommen, ist etwas schwieriger und klappt am ehesten in den frühen Morgenstunden. Zumindest seine Hinterlassenschaften in Form gefällter Bäume sind nicht zu übersehen.

Buslinie 482 bis Aschau i. Chiemgau, Haltestelle Schwimmbad | Mit dem Auto bis Moorbad in Aschau i. Chiemgau, Parkplätze direkt am Moorbad, weitere beim Café Pauli Ganzjährig Einfache Wanderausrüstung 47.790031, 12.331520 (Start/Ziel)

Hoch am Himmelszelt

24 Zum Sternegucken auf den Laubenstein bei Aschau, 7,4 km (einfach), 4½ Std.

Um die Sterne am Firmament zu bestaunen darf es nicht zu hell sein, dafür ist der Laubenstein ober-

Geschützt über Brücken und Stege führt ein Premiumwanderweg durch die Klausenbachklamm

Der Gipfel des Seekopfs belohnt mit einem herrlichen Panoramablick auf das Dreiseengebiet

halb von Aschau eine gute Adresse. Die weitläufige Gipfelkuppe ist von Aschau über die Hofalm in knapp zwei Stunden einfach zu erreichen, und unweit des Gipfelkreuzes lässt es sich bequem machen, um die Milchstraße oder die Sternschnuppenschauer im August zu beobachten. Eine warme Jacke nicht vergessen, denn auch in den Sommermonaten sind die Nächte in den Bergen kühl.

Buslinie 482 bis Aschau i. Chiemgau, Haltestelle Schlosseinkehr | Viele Parkplätze an der Festhalle *April–Sept.* *Einfache Wanderausrüstung, warme Jacke* *47.766781, 12.322806 (Start), 47.757174, 12.288529 (Ziel)*

RUND UM REIT IM WINKL

Über Planken durch die Schlucht

25 Einfache Wanderung von Reit im Winkl durch die Klausenbachklamm, 2,2 km (einfach), 1 Std.

Durch die Klausenbachklamm bei Blindau, einem Ortsteil von Reit im Winkl, führt eine leichte Wandertour, die direkt an die vielen kleinen und größeren Wasserfälle heranführt. Über zahlreiche Stufen gelangt man wieder aus der Schlucht heraus und weiter zur Klausenbergalm, wo eine verdiente Brotzeit wartet. Zurück nach Reit in Winkl geht es entweder auf gleichem Weg oder über die Zwerchenfellalm und steil hinab zum Großen Steinbach, der zum Ausgangspunkt führt.

Buslinie 9505 bis Reit im Winkl, Ortsteil Blindau, Haltestelle Blindau | Großer Wanderparkplatz *März–Okt.* *Einfache Wanderausrüstung, Stöcke empfehlenswert* *47.661127, 12.478921 (Start), 47.646818, 12.468547 (Ziel)*

Bayerisch-Kanada von oben

26 Einfache Wanderung zwischen Ruhpolding und Reit im Winkl auf den Seekopf, 1,5 km (einfach), 2½ Std.

Der Seekopf ist nur knapp über 1100 m hoch und relativ unscheinbar. Auf den gängigen Wanderkarten wird er gern übersehen, zumal kein durchgängig markierter Weg auf seinen Gipfel führt. Der Pfad bis zum Gipfel, vor allem der Einstieg unweit des Förchensees, ist etwas versteckt, aber letztlich doch leicht zu finden. Oben wartet dann der wohl beste Ausblick, den es auf das Dreiseengebiet, auch bekannt als Bayerisch-Kanada, gibt.

Perfekte Erholung für die Füße nach einer langen Wanderung: die Kneippanlage in Reit im Winkl

Die Nähe zum Wasserfall sorgt am Hausbachfall-Klettersteig für eine Extraportion Nervenkitzel

Insider-Tipp Im Herbst, wenn die Blattfärbung schon eingesetzt hat, lohnt die Tour besonders.

Buslinie 9506 bis Ruhpolding, Haltestelle Seehaus | Viele Parkplätze direkt neben der Bundesstraße Mai–Okt. Wanderausrüstung, Stöcke empfehlenswert 47.700576, 12.613614 (Start), 47.705024, 12.622369 (Ziel)

Eistonne für die Beine

27 Besuch der Kneippanlage im Barfußpark in Reit im Winkl

Nicht nur eine Erfrischung, sondern auch gut für die Gesundheit: Gerade nach einer sommerlichen Bergtour tut eine Abkühlung im Kneippbecken besonders gut. Das kalte Wasser, das direkt aus den umliegenden Bergen kommt, sorgt für den Eistonnen-Effekt und eine schnellere Regeneration. Das Kneippbecken ist Teil des Barfußparks in Reit im Winkl, in dem sich verschiedene Untergründe barfuß fühlen lassen. An lauen Sommerabenden sorgen Alphornbläser für eine feierliche Atmosphäre.

Am Grünbühel, Reit im Winkl | Buslinie 9505 bis Reit im Winkl, Haltestelle Rathaus | Im Ort selbst wenige Parkmöglichkeiten (z. B. beim Freibad) | reitimwinkl.de/barfusspark Ganzjährigg 47.678758, 12.471724 (Start), 47.679883, 12.468927 (Ziel)

Mitten im Wasserfall

28 Mittelschwere Tour zum Hausbachfall-Klettersteig bei Reit im Winkl, 1 km (einfach), ½ Std.

Der Klettersteig am Hausbachfall bei Reit im Winkl ist technisch gar nicht so einfach wie es mit der Bewertung C für den erfahrenen Klettersteiggeher scheinen mag. Der fast schon zu leicht bewertete Steig hat es in sich und sollte nicht unterschätzt werden. Es warten spannende Passagen, die direkt am Wasserfall entlang oder darüber führen. Die Mühen und die ständige Nässe lohnen sich allerdings in Form einer spannenden Klettertour, die man beim Abstieg auf der anderen Seite des Hausbachfalls noch einmal Revue passieren lassen kann.

Buslinie 9505 bis Reit im Winkl, Haltestelle Rathaus | Im Ort selbst wenige Parkmöglichkeiten (z. B. beim Freibad) April–Okt. Klettersteigausrüstung, Helm 47.678758, 12.471724 (Start), 47.682992, 12.468599 (Ziel)

DER SCHÖNSTE SONNENUNTERGANG

Wenn die Sonne im Meer versinkt

29 **Mittelschwere Wanderung zum Sonnenuntergang von Weißbach auf den Gamsknogel, 4,5 km (einfach), 5 Std.**

Vor allem im Sommer ist der Sonnenuntergang am Gamsknogel ein tolles Erlebnis, denn dann scheint es, als würde der glutrote Feuerball mitten im Chiemsee versinken. Zum Gipfel geht es entweder über den Zwiesel und den etwas ausgesetzten Grat – oder etwas länger, dafür aber etwas leichter über die Kohleralm und die Westseite. Stirnlampe nicht vergessen.

Mit dem Auto bis Weißbach an der Alpenstraße, Ortsteil Jochberg, Großer Wanderparkplatz *Mai–Okt.* *Wanderausrüstung, Stöcke empfehlenswert, Stirnlampe, warme Jacke*

47.737234, 12.805135 (Start), 47.755318, 12.804793 (Ziel)

LOKALE SPEZIALITÄTEN

*UND WO DU SIE PROBIEREN KANNST

Ein Klassiker und immer wieder gern bestellt: kross gebratenes paniertes Schnitzel, garniert mit Bratkartoffeln

Urige Wirtshäuser und Biergärten mit typisch bayerischer Küche finden sich in den Chiemgauer Alpen in vielen Orten. Aber darüber hinaus gibt es noch mehr Kulinarisches zu entdecken. Vom wiederbelebten Bier bis zum Brot direkt aus dem Holzofen.

Bayerische Bierbraukunst

1 Das Bier aus Hohenaschau

Seit 2021 ist das Hohenaschauer Helle – das wohl typischste aller bayerischen Biere und mittlerweile auch im Rest des Landes bekannt – endlich wieder erhältlich, nachdem es knapp 30 Jahre im Winterschlaf war. Mit dem Dominikus Bockbier hat sich ein Starkbier dazugesellt, um über die Fastenzeit zu kommen. Die liebevoll designten Etiketten ziert die stilisierte Silhouette der Kampenwand. Und natürlich die Gams.

ℹ *Die Biere aus dem* **Brauhaus Hohenaschau** *sind erhältlich u. a. im Getränkemarkt Aschau | Feuerhausstr. 1, Aschau | brauhaushohenaschau.de | €*

Fürstliche Leckereien

2 Riesige Windbeutel

Riesige Windbeutel mit unterschiedlichsten Füllungen stehen in Ruhpolding im Rampenlicht. Die luftig leichten Gebäckstücke passen gerade so auf den Teller und sind nicht nur mit süßen Füllungen (unterschiedlichste Marmeladen oder Eis), sondern auch mit salzig-herzhaften Füllungen erhältlich. Ein Windbeutel mit Lachs, Speck oder Käse?

ℹ *Bei der* **Windbeutelgräfin** *in Ruhpolding gibt das Gebäck bereits seit mehr als 100 Jahren | Brander Str. 23, Ruhpolding | windbeutelgraefin.de | €€*

Schnitzel gut, alles gut

3 Schnitzel mit Bratkartoffeln

Es wird kräftig geklopft, das Schnitzel, anschließend in Ei gewendet und mit Semmelbröseln paniert, bevor es in reichlich Butterschmalz in der Pfanne auf beiden Seiten goldbraun gebrutzelt wird. Dazu schmecken Bratkartoffeln, Kartoffelsalat, zur Not auch Pommes Frites.

Nur wenige Meter vom Taubensee entfernt steht die **Taubenseehütte**, *in der Wirtin Annemarie die Kochlöffel schwingt. Und das bei einer sagenhaften Aussicht | 1–1,5 Std. Aufstieg von Schleching oder Kössen | tauben see.at | €€*

Mit Hand und viel Liebe

4 Frisches Brot aus dem Holzofen

Wie das duftet! Frisch gebackenes Brot aus dem Holzofen, kräftig im Geschmack, mit Gewürzen oder ohne, alles mit den besten Zutaten aus der Region. Das schmeckt bestens zum Frühstück (z. B. mit guter Butter drauf!) oder man nimmt es einfach pur mit für eine Brotzeit während einer Wanderung.

Denise und Max haben sich mit **Pfundsbrot** *ihren Traum vom eigenen rollenden Bäckerladen erfüllt | Müllner-Peter-Weg 3, Sachrang | 2. Samstag im Monat, aktuelle Termine bei @pfundsbrot auf Instagram | €€*

Hier findest du alles

6 Prientaler Bergbauernladen

Vom frisch geräucherten Chiemseefisch über Heublütenkäse bis hin zu Bio-Fleisch vom Almochsen und Eiern von glücklichen Hühnern reicht das Angebct. Außerhalb der Öffnungszeiten gibt es einen Verkaufsautomaten.

Hans-Clarin-Platz 3, Aschau i. Chiemgau | prientaler-bergbauernladen.de | freitags von 9–16 Uhr | €€

Nascherei von der Alm

5 Chiemgauer Almnussen

Vor allem rund um die Almabtriebe im Herbst werden die kleinen Gebäckstücke von den Sennerinnen oft nach einem über Generationen weitergegebenen Familienrezept zubereitet. Almnüsse sind kleine süße Schmalzgebäcke, die im heißen Fett ausgebacken und schließlich mit einer Portion Puderzucker bestäubt werden.

Am besten schmecken die Almnussen z. B. auf der **Oberauerbrunstalm**, *die von Schleching in einer knapp einstündigen einfachen Wanderung erreicht werden kann | oberauerhof.de/alm | €–€€*

Herbstliche Farben am Königssee: Die mächtigen Felsen der Berchtesgadener Alpen fallen fast senkrecht ab

Berchtesgadener Land

UNTER DEM BERÜHMTESTEN BERG DEUTSCHLANDS

Wer zum ersten Mal vom Pass Hallthurm – ob mit dem Zug oder dem Auto – in Richtung Berchtesgaden fährt, wird den Anblick vor allem bei gutem Wetter nicht vergessen. Stolz wie kein zweiter thront König Watzmann mit seiner Familie über dem Talkessel. Mit 2713 m Höhe ist die Mittelspitze immerhin der höchste Berg Deutschlands, der komplett auf deutschem Staatsgebiet liegt. Daneben der Kleine Watzmann, dazwischen die vielen Kinder, alle zu Stein erstarrt – umrahmt von Hochkalter, der Reiteralpe und dem Hohen Göll. Allesamt Berge, die viele Geschichten zu erzählen haben. Und Geschichten, die auch heute noch geschrieben werden: ganz unten vom Königssee bis hinauf auf 2713 m. Hier finden sich die wohl schönsten Fotospots im deutschen Alpenraum.

AUF EINEN BLICK
*BERCHTESGADENER LAND

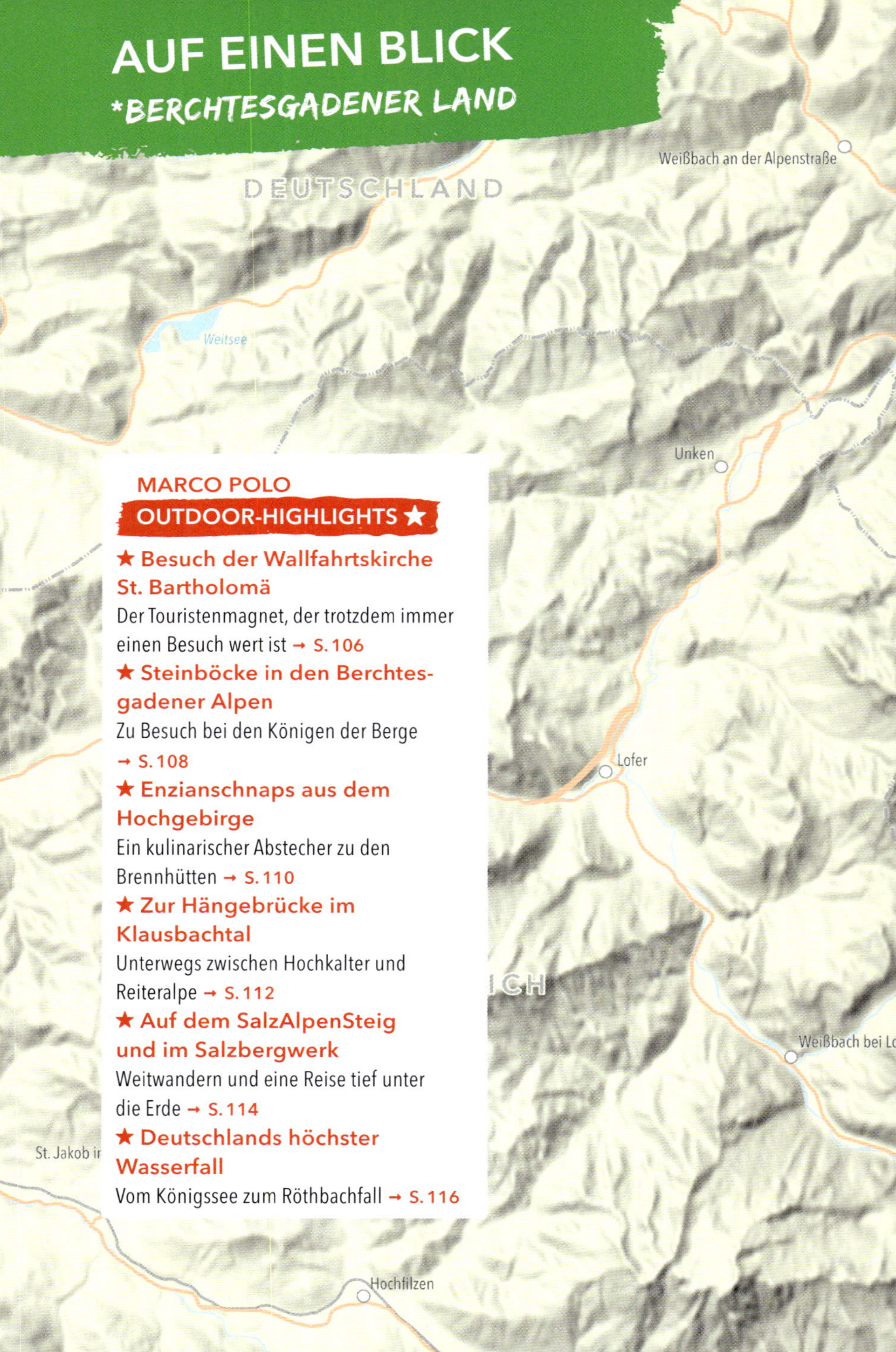

MARCO POLO
OUTDOOR-HIGHLIGHTS ★

★ Besuch der Wallfahrtskirche St. Bartholomä
Der Touristenmagnet, der trotzdem immer einen Besuch wert ist → S. 106

★ Steinböcke in den Berchtesgadener Alpen
Zu Besuch bei den Königen der Berge → S. 108

★ Enzianschnaps aus dem Hochgebirge
Ein kulinarischer Abstecher zu den Brennhütten → S. 110

★ Zur Hängebrücke im Klausbachtal
Unterwegs zwischen Hochkalter und Reiteralpe → S. 112

★ Auf dem SalzAlpenSteig und im Salzbergwerk
Weitwandern und eine Reise tief unter die Erde → S. 114

★ Deutschlands höchster Wasserfall
Vom Königssee zum Röthbachfall → S. 116

Weißbach
Glanegg
Salzburg
Haslach
A10
ÖSTERREICH
Niederalm
Bad Reichenhall
Großgmain
28
Saalachsee
Salzach
13
Oberalm
Untersberg
Marktschellenberg
31
Hallein
20 km, 25 Min.
35 km, 30 Min.
Unterjettenberg
Bischofswiesen
Unterau
Oberau
16
17
Enzianschnaps aus dem Hochgebirge
15
29
Berchtesgaden
14
27
32
1
18
13 km, 15 Min.
33
34
4
5
6
Oberschönau
35
23
Hintersee
19
4
21
30
Auf dem SalzAlpenSteig und im Salzbergwerk
Ramsau bei Berchtesgaden
6
Unterschönau
20
24
22
3
5
25
26
Königssee
Zur Hängebrücke im Klausbachtal
1
2
7
8
10
12
Steinböcke in den Berchtesgadener Alpen
Besuch der Wallfahrtskirche St. Bartholomä
2
11
Königssee
9
3
Deutschlands höchster Wasserfall
Hohlwegen

Besuch der Wallfahrtskirche St. Bartholomä ★

Die Halbinsel St. Bartholomä liegt inmitten des Königssees und ist über das ganze Jahr ein beliebtes Ausflugsziel. Trotz der vielen Besucher finden sich nur wenige Meter abseits der berühmten Kapelle mit den Zwiebeltürmchen ruhige Wege, auf denen man die Schönheit der Natur ganz auf sich wirken lassen kann.

Highlights so weit das Auge reicht

Eine Bootsfahrt, die ist lustig. Und die über den Königssee darf bei einem Urlaub im Südosten Deutschlands nicht fehlen. Bereits seit mehr als 100 Jahren verkehren die Schiffe auf dem Königssee mit elektrischen Motoren und befördern beinahe ununterbrochen Touristen, aber auch Bergsteiger, die die legendäre Watzmann-Ostwand durchsteigen oder im Steinernen Meer wandern wollen, nach St. Bartholomä und weiter zur Saletalm.

Katastrophale Wallfahrt

Bereits am 24. August 1134 wurde die Kapelle auf der Halbinsel St. Bartholomä eingeweiht, Ende des 17. Jhs. aber abgerissen und als Neubau mit der heutigen Form wieder errichtet. Wie bei so vielen prächtigen Bauwerken im oberbayerischen Alpenraum war es König Ludwig II., der die Kapelle St. Bartholomä Mitte des 19. Jhs. auf Staatskosten restaurieren ließ. Jahr für Jahr begeben sich nicht nur Heerscharen von Touristen auf die Halbinsel im Königssee. Am 24. August zur Almer Wallfahrt, der ältesten Wallfahrt Europas von Maria Alm über das Steinerne Meer zum Königssee, kommen bis zu 2000 Pilger in St. Bartholomä zusammen.

Am 23. August 1688 kam es zu einem tragischen Unglück, bei dem 70 Wallfahrer ihr Leben verloren. Ein Gewittersturm soll die Ursache gewesen sein, als ein voll besetztes Boot nahe der Falkensteinwand kenterte und die Menschen an Bord ertranken. Neuen Erkenntnissen zufolge spielte sich das Unglück aber am Ufer gegenüber von St. Bartholomä ab und war wohl eher auf den Leichtsinn angeheiterter Fährleute zurückzuführen.

Tour über den Rinnkendlsteig

Von St. Bartholomä aus bieten sich kleine und größere Rundtouren an. Spektakulär ist die knapp einstündige Wanderung zur Eiskapelle am Fuß der Ostwand. Die schönste Tour, allerdings durchaus anspruchsvoll, führt über den Rinnkendlsteig steil hinauf zur Archenkanzel und weiter bis zur Kührointalm, von der es schließlich wieder zurück nach Schönau am Königssee geht. Alternativ ist die Tour auch in entgegengesetzter Richtung lohnenswert. Sie endet dann mit einer Bootsfahrt von St. Bartholomä zurück nach Schönau. **Insider-Tipp** Hinter der Anlegestelle Kessel gegenüber von St. Bartholomä lässt sich die alte Kesselbachschlucht erkunden, in die noch ein alter, teils verfallener Pfad hineinführt.

Die Tour im Überblick

Mittelschwere Wanderung von der Halbinsel St. Bartholomä über den Rinnkendlsteig, ca. 10 km, 4½ Std.

Buslinie 843 bis zum Königssee | Parkplätze vor Ort | Mit dem Boot bis St. Bartholomä (seenschifffahrt.de/koenigssee, €€) | Infos auf www.schloesser.bayern.de

Der Besuch in St. Bartholomä lohnt sich ganzjährig, die Wanderung über den Rinnkendlsteig etwa von April bis Oktober
Wanderausrüstung, feste Schuhe, Einkehr auf der Kührointalm möglich
47.544917, 12.972583 (Start), 47.589806, 12.986028 (Ziel)

✓ DOWNLOAD GPX-Track

Einmaliger Anblick vom Wasser aus: die Wallfahrtskirche am Königssee, überragt von der Watzmann-Ostwand (li.). Die markanten Zwiebeltürme von St. Bartholomä (o.)

Steinböcke in den Berchtesgadener Alpen ★

Steinböcke sind wohl die majestätischsten Tiere in den Alpen. In den Berchtesgadener Alpen können sie an vielen Stellen angetroffen und oft sogar aus nächster Nähe beobachtet werden. Im Nationalpark Berchtesgaden locken mehrere Wanderungen mit Steinbock-Begegnungen. Garantiert sind sie freilich nicht.

Beinahe ausgerottet

Die Geschichte der Steinböcke in den Alpen ist eine schöne und traurige zugleich. Der Alpensteinbock wurde seit jeher mystifiziert und entsprechend bejagt, um alles nur Denkbare – vom Horn bis zum Kot – irgendwie zu verwerten. Das führte dazu, dass der Steinbock zu Beginn des 19. Jhs. im Alpenraum quasi komplett ausgerottet war.

Rund um den 4061 m hohen Gran Paradiso in den italienischen Westalpen gab es eine letzte Population von etwa 100 Tieren, die ab 1821 unter strengen Schutz gestellt wurde. Die Population wuchs bis Ende des 19. Jhs. auf knapp 3000 Exemplare. König Emanuel III. verweigerte jedoch den Export von Tieren, als sie in der Schweiz wieder angesiedelt werden sollten. Der St. Gallener Wildpark Peter und Paul beauftragte daraufhin den Wilderer Joseph Beyrard, der schließlich drei Jungtiere vom Gran Paradiso in die Schweiz schmuggelte, mit denen dann ein Aufzuchtprogramm startete.

Fünf deutsche Populationen

Heute ist die Steinbockpopulation in der Schweiz auf über 40 000 Tiere angewachsen, in Österreich leben zwischen 4500 und 5000 Exemplare, und auch in Deutschland gibt es zwischen 800 und 1000 Steinböcke, die auf fünf verschiedene Regionen aufgeteilt sind. Perfekte Bedingungen für Steinböcke gibt es in den Bayerischen Alpen nur selten, schließlich sind die geschickten Kletterer

Die Steinböcke tummeln sich im Hagengebirge und im Steinernen Meer bis hinauf zum Watzmanngipfel (li. und re. u.). Das bei Wanderern sehr beliebte Schneibsteinhaus (re. o.)

meist in hochalpinen Lagen unterwegs. Die heutigen Populationen sind daher oft eher untypisch für den Steinbock und fast ausnahmslos auf Wiederansiedlungen zurückzuführen.

Steinböcke am Schneibstein

Nach der Population im Allgäu ist die in Berchtesgaden die zweitgrößte in den deutschen Alpen. In den 1930er-Jahren wurden die Steinböcke hier wieder angesiedelt. **Insider-Tipp** Gern sehen lassen sie sich zwischen Schneibstein und Kahlersberg. Der bereits in Österreich liegende, 2276 m hohe Schneibstein ist in knapp zwei Stunden vom Carl-von-Stahl-Haus ohne größere Mühen erreichbar. Am Kamm sollte man in Richtung Kahlersberg die Blicke schweifen lassen, ob sich nicht zufällig ein großes Hörnerpaar aufspüren lässt. Noch mehr Steinböcke sind meist nicht weit entfernt.

Die Tour im Überblick

Einfache Wanderung vom Carl-von-Stahl-Haus zum Schneibstein und zur Windscharte, ca. 7,5 km, 3½ Std., Auffahrt mit der Jennerbahn oder Aufstieg von Hinterbrand (ca. 1½ Std.)

Buslinie 838, Haltestelle Hinterbrand | Mit dem Auto zur Talstation Jennerbahn, Parkplätze vor Ort | jennerbahn.de

Die Hütte ist ganzjährig geöffnet, die Tour zum Schneibstein ist als Wanderung (Mai–Okt.), aber auch als Skitour möglich
Wanderausrüstung, feste Schuhe
47.574583, 13.042417 (Start), 47.551528, 13.047333 (Ziel)

✓ DOWNLOAD GPX-Track

Enzianschnaps aus dem Hochgebirge ★

„Blau, blau, blau blüht der Enzian", heißt es in einem Lied von Heino, doch für den Enzianschnaps aus der Brennerei Grassl werden die Wurzeln des gelben Enzians verwendet. Der wächst nur im Hochgebirge zwischen 1000 und 2000 m auf den kalkreichen Böden der alpinen Wiesen. Ein Besuch bei der Brennhütte am Rossfeld.

Brennhütten in den Bergen

Die Wurzeln des gelben Enzians werden unter größter Anstrengung „geerntet", indem sie mit Hacken der Marke Eigenbau mühsam ausgegraben werden. Anschließend werden die oberen Wurzeltriebe abgeschnitten, die dann in den großen Körben landen, die auf dem Rücken direkt zu den Brennhütten gebracht werden. Rund um Berchtesgaden gibt es oft weit oben in den Bergen mehrere Brennhütten, in denen der Enzian verarbeitet wird.

Die Enzianhütte am Rossfeld

Eine der schönsten Brennhütten liegt direkt am Funtensee unweit des Kärlingerhauses, die aber nur in Verbindung mit einer mühsamen und langen Wanderung erreichbar ist. Deutlich leichter ist die Enzianhütte am Rossfeld anzusteuern, denn direkt vor ihrer Tür gibt es einen Parkplatz. Der Abstecher hierhin kann gut mit einer leichten Wanderung zur Ecker Alm kombiniert werden, wo es eine fantastische Aussicht in den Berchtesgadener Talkessel und hinüber zu den vielen Berchtesgadener Gipfeln gibt. **Insider-Tipp** Mit ein wenig Glück geht der Brenner gerade nicht seiner mühsamen Arbeit nach, sondern ist bereit, interessierten Besuchern einen kleinen Einblick in seine Tätigkeit zu geben. Inzwischen ist nur noch eine kleine Handvoll seiner Zunft damit vertraut.

Mühevolle Arbeit

In den Brennhütten werden die Wurzeln des Enzians nach dem Einsammeln verarbeitet. Zunächst wird die frische Ernte gesäubert, anschließend gehackt und dann in den Kupferkesseln eingemaischt. Nach der zweimaligen Destillation der Maische ist der Enzianschnaps genussfertig. In den Sommermonaten bleiben die Brenner so die meiste Zeit über im Hochgebirge und wandern von Hütte zu Hütte, um dort die Wurzeln des Enzians zu verarbeiten und zu veredeln.

Die Enzianbrennerei Grassl bietet mittlerweile neben Enzianschnaps in den verschiedensten Ausführungen auch weitere Produkte an. Bereits seit dem Jahr 1692 besitzt die Destillerie das Recht, in den Berchtesgadener Alpen Enzianwurzeln auszugraben und Wacholderbeeren zu sammeln. Zusammen mit weiteren Alpenkräutern und Blüten werden daraus verschiedene Ginsorten produziert.

Die Tour im Überblick

Einfache Wanderung vom Rossfeld zur Enzianhütte und der Eckeralm, ca. 2 km, 45 Min.

Buslinie 848 bis Rossfeld, Haltestelle Hennenköpfl, dann aber deutliche Verlängerung der Tour | Mit dem Auto zur Enzianhütte, Parkplätze unmittelbar neben der Straße

Die beste Zeit ist von April bis November, wenn kein Schnee liegt

Einfache Wanderausrüstung, eine Einkehr ist am Ahornkaser möglich

47.618513,13.067712 (Start), 47.614204,13.067239 (Ziel)

DOWNLOAD GPX-Track

Heimstätte des Enzianschnapses: die Brennhütte Eckerleiten am Rossfeld (li). Der Gelbe Enzian wird vielseitig genutzt (re.)

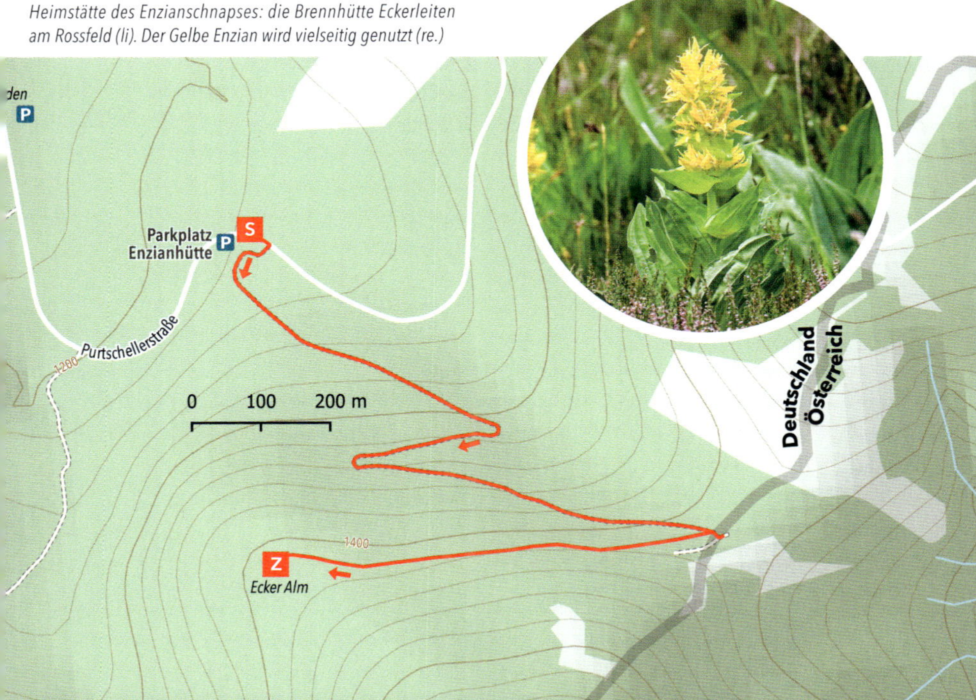

Zur Hängebrücke im Klausbachtal ★

Eine spektakuläre Hängebrücke überspannt seit 2010 das Klausbachtal im Nationalpark Berchtesgaden. Zu beiden Seiten des Tals türmen sich die Berge auf, und mittendrin gibt es einen der beliebtesten Fotospots der Region. Dazu ist die Hängebrücke im Klausbachtal vergleichsweise schnell erreicht und kann so mit weiteren Wanderzielen kombiniert werden.

Zwischen Reiteralpe und Hochkalter

Der Nationalpark Berchtesgaden ist der einzige Nationalpark der deutschen Alpen. 1976 gegründet, umfasst er heute mehr als 200 km². Auch der sagenumwobene Watzmann, der markant über Berchtesgaden und dem Königssee aufragt, liegt inmitten des Nationalparks. Das Klausbachtal trennt das Hochkaltermassiv und die Reiteralpe, ein Massiv, das zu allen Seiten steil abfällt und nur wenige Durchstiege bietet. Der Hochkalter dagegen ist der fünfthöchste Berg Deutschlands, und seine Besteigung ist sogar anspruchsvoller als die Überschreitung des Watzmanns.

Vom Hintersee ins Klausbachtal

Die Tour zur Hängebrücke beginnt unweit des Hintersees direkt am Klausbachhaus, der Informationsstelle des Nationalparks Berchtesgaden. Schon bald führt der ausgebaute Fußweg weg von der Straße, und wenige Hundert Meter später wird ein kleines Infozentrum erreicht, wo Schautafeln über den Nationalpark und die Tierwelt berichten. Nach einer knappen Stunde mit meist sanftem Anstieg gelangt man zur Hängebrücke über das Klausbachtal, die mit einer Länge von 55 m und einer Höhe von 11 m über den Klausbach führt.

Im Jahr 1999 war es ein kompletter Gipfel, der von der Reiteralpe abbrach, ins Tal donnerte und

Einigermaßen schwindelfrei sollte man schon sein, wenn man die Hängebrücke am Mühlsturzgraben überschreiten will (li.). Am Steinadler-Beobachtungsplatz im Klausbachtal (re.)

die dortige deutlich kleinere Brücke zerstörte. Glücklicherweise wurde niemand verletzt. Die kleinen, einfachen Holzbrücken wurden in den Folgejahren immer wieder durch reißende Fluten infolge von Unwettern oder der Schneeschmelze weggerissen, sodass man sich entschloss, die 2010 eröffnete Hängebrücke einzurichten. Seitdem überspannt die Brücke das Klausbachtal und beschert Besuchern spektakuläre Perspektiven.

Einkehrmöglichkeiten gibt es in der Engertalm, der Ragertalm oder der Bindalm, die mit einer Wanderung zur Hängebrücke im Klausbachtal gut kombiniert werden können.

Insider-Tipp Die Tour ist auch bei eher regnerischem Wetter im Herbst empfehlenswert, wenn die hohen Gipfel schon bezuckert sind oder dicke Wolken in den steilen Felstürmen hängen und eine eindrucksvolle Atmosphäre schaffen.

Die Tour im Überblick

Einfache Wanderung vom Hintersee zur Hängebrücke im Klausbachtal, ca. 3,6 km (einfach), 1 Std.

Buslinie 846 bis zur Nationalpark-Infostelle Hintersee Klausbachhaus, Haltestelle Auzinger, Ramsau | Parkplätze am Klausbachhaus und rund um den Hintersee

Die Wanderung ist ganzjährig möglich, die schönste Zeit ist im Herbst

Einfache Wanderausrüstung, im Winter Schneeschuhe

47.598914,12.843339 (Start), 47.579829,12.812683 (Ziel)

DOWNLOAD GPX-Track

Auf dem SalzAlpenSteig und im Salzbergwerk ★

Der SalzAlpenSteig führt vom Chiemsee bis zum Hallstätter See und folgt dabei immer der Spur des weißen Goldes. Die Etappe vom Königssee passiert nicht nur Berchtesgaden und das Salzbergwerk, sondern mehrere alte Stollen am Obersalzberg.

Vom Chiemsee zum Hallstätter See

Der SalzAlpenSteig ist ein knapp 300 km langer Fernwanderweg, der vom Chiemsee bis zum Hallstätter See im Salzkammergut der Spur des Salzes folgt. Mehrere Etappen führen auch durch die Berchtesgadener Alpen, erst in die Ramsau hinein und hinab nach Schönau am Königssee. Dort startet die Etappe, die gemütlich an der Königsseer Ache entlangführt, Berchtesgaden schließlich umrundet und hinter dem Salzbergwerk Station macht.

Das Salzbergwerk ist ein Outdoor-Highlight, das zwar nicht unter freiem Himmel ist, aber dafür tief in die Erde und die Berge hineinführt. Während heute der Tourismus die wohl wichtigste Rolle in den Bayerischen Alpen spielt, war es das Salz, das die wirtschaftliche Entwicklung der Region zwischen Königssee, Chiemsee und München maßgeblich geprägt hat – lange bevor Touristen die Berge für sich als Ausflugsziel entdeckt haben.

Das weiße Gold

Nachweislich wurde bereits zu Beginn des 12. Jhs. rund um Berchtesgaden nach dem weißen Gold gegraben. Das Salzbergwerk Berchtesgaden wurde bereits im Jahr 1517 gegründet, und auch heute wird hier noch Salz in Form eines flüssigen Abbaus gewonnen. Dabei werden in den Berg geschlagene Hohlräume mit Süßwasser geflutet. Das Wasser laugt dabei das Salz aus dem umgebenden Gestein. Aus der so gewonnenen Sole wird in den umliegenden Salinen (z. B. in Bad Reichenhall) später das Kochsalz gesiedet.

Das noch aktive Salzbergwerk Berchtesgaden am Ufer der Berchtesgadener Ache lädt zu einer Reise tief unter die Erde ein (li.). Historischer Stollen zum Salzbergwerk (re.)

Hinein in den Berg

Besucher des Bergwerks fahren mit der Grubenbahn tief in den Berg hinein – ganz wie die Bergleute früher mit ihren kleinen Loren. Dort angekommen geht es über Holzrutschen noch tiefer in die Stollen hinein, wo viel Wissen über die harte Arbeit unter Tage vermittelt wird. Das Highlight des Besuchs im Bergwerk ist die Fahrt auf einem Floß über den Spiegelsee. Der ist dabei eindrucksvoll beleuchtet, und so funkeln von der Decke die Salzkristalle, die sich im Wasser spiegeln und für eine einmalige Atmosphäre sorgen. Und das 130 m unter der Oberfläche. Vom Salzbergwerk führt der Weg weiter über den alten Stollenweg und passiert mehrere Tunnel.

Insider-Tipp Es ist möglich, den Fernwanderweg ohne Gepäck zu wandern. Das wird bequem von Unterkunft zu Unterkunft gebracht, sodass man ganz ohne schweren Rucksack unterwegs ist.

Die Tour im Überblick

Einfache Wanderung von Schönau auf einer Etappe des SalzAlpenSteigs, ca. 10 km, 3½ Std.

Buslinie 843 bis ins Zentrum von Schönau am Königssee, Haltestelle Unterstein Rathaus | Parkplätze im Ort | salzalpensteig.com, www.salzbergwerk.de | €€ (Salzbergwerk)

Die Wanderung ist von Mai bis Oktober möglich
Einfache Wanderausrüstung
47.605512, 12.986290 (Start), 47.640953, 13.06172 (Ziel)

DOWNLOAD GPX-Track

Deutschlands höchster Wasserfall ★

Vorbei am wohl berühmtesten Bootshaus in Deutschland führt diese Wanderung von der Haltestelle ganz am Ende des Königssees bis zum Obersee. Weiter geht es zu Deutschlands höchstem Wasserfall, der sich beeindruckend in die Tiefe stürzt. Eine Einkehr auf der Fischunkelalm darf natürlich nicht fehlen.

Mit dem Boot über den Königssee

Einmal mehr ist die Seelände in Schönau am Königssee Ausgangspunkt für eine grandiose Tour im Nationalpark Berchtesgaden. Wieder geht es über den Königssee (auch eine Kombination mit Highlight 1, Seite 106, ist möglich). Dieses Mal wird allerdings nicht in St. Bartholomä ausgestiegen, vielmehr steht – mit neu gewonnener Beinfreiheit – die Weiterfahrt nach Salet, der Endhaltestelle der Königssee-Schifffahrt, auf dem Programm. Übrigens: Salet wird nur während des Sommerfahrplans von Ende April bis Mitte Oktober angefahren.
Von der Schiffsanlegestelle Saletalm am Königssee führt ein einfacher Wanderweg in wenigen Minuten an der stets gut besuchten Gaststätte vorbei zum malerischen Obersee. Im kristallklaren Wasser spiegeln sich die Berge, die den kleinen Bruder des Königssees steil umrahmen. Und hier liegt es auch: Das berühmteste Bootshäuschen Deutschlands, das schon Tausende Male fotografiert und im Internet veröffentlicht wurde.

Malerischer Obersee

Dabei ist der Weg, der nun dem westlichen Seeufer folgt und den Obersee umrundet, nicht weniger schön. Kurz gewinnt er ein paar Höhenmeter, um schließlich wieder im Wald und direkt am Ufer entlang bis an die Südspitze des Sees zu führen. Hier ist die Hälfte der Strecke bewältigt, noch sind es knapp 30 weitere Minuten bis zum Fuß des gigantischen Röthbachfalls, der mit einer Fallhöhe von 470 m der höchste Wasserfall Deutschlands ist.

Buttermilch auf der Fischunkelalm

Insider-Tipp Beim Rückweg zum Obersee wartet in der urigen Fischunkelalm mit dem wohl schönsten Panorama im ganzen Nationalpark noch eine frische Buttermilch, während nebenan die Kühe gemolken werden. Nun heißt es beeilen, denn es gilt, das letzte Schiff zurück nach Schönau zu bekommen. Deutlich anspruchsvoller ist der Weiterweg vom Röthbachfall über den Röthsteig. Hier sind Trittsicherheit und Schwindelfreiheit erforderlich, führt der Weg doch direkt neben dem imposanten Wasserfall steil bergauf zur Wasseralm. Die Alpenvereinshütte ist ein wichtiger Stützpunkt im Nationalpark und vor allem für Bergsteiger interessant, die Gipfel im Steinernen Meer erklimmen wollen.

Die Tour im Überblick

Einfache Wanderung von Salet über den Obersee zum Röthbachfall, ca. 4,4 km (einfach), 1½ Std.

Buslinie 843 bis zum Königssee, Haltestelle Schönau am Königssee | Ausreichend Parkplätze vor Ort | Mit dem Boot bis Salet (seenschifffahrt.de/koenigssee, €€)

Die Wanderung ist von Mai bis Oktober möglich. Im Winterfahrplan wird der Halt Salet nicht angefahren

Einfache Wanderausrüstung

47.524852,12.973137 (Start), 47.503606,13.011099 (Ziel)

✓ DOWNLOAD GPX-Track

In zwei Hauptstufen überwindet der Röthbachfall die Röthwand und stürzt sich über 470 m in die Tiefe (li.). Der Obersee wird von mächtigen Felsmassiven eingerahmt (re.)

MEHR ERLEBEN

*WEITERE ABENTEUER & AUSFLÜGE

Der als Malerwinkel bekannte Aussichtspunkt bietet einen Panoramablick über den Königssee bis nach St. Bartholomä

Der Königssee, der von berühmten Bergen umrahmt wird, ist eines der schönsten Ziele im gesamten Alpenraum. Wie ein Fjord durchschneidet er auf einer Länge von 7,7 km die Berchtesgadener Alpen, und um ihn herum reiht sich Highlight an Highlight. Aber auch in der Ramsau gibt's viel zu entdecken, genau wie am sagenumwobenen Untersberg, wo Kaiser Barbarossa bis heute ruhen soll.

RUND UM DEN KÖNIGSSEE

Caspar David Friedrich gefällt das

1 Einfache Wanderung zum Malerwinkel am Königssee, 1,2 km (einfach), 1 Std.

Eine kurze Wanderung führt unweit des Hafens am Königssee in Schönau zum Malerwinkel. Von hier gibt es einen fantastischen Blick über den kompletten See, der an seinem Ende von der pyramidenartig aufragenden Schönfeldspitze überragt wird. Der Aussichtspunkt war Inspiration für unzählige Maler, die hier ihre Bilder angefertigt haben, und so wurde der Winkel der Maler zum Malerwinkel.

Buslinie 843 bis Schönau am Königssee, Haltestelle Königssee, Schönau am Königssee | Ausreichend Parkplätze vor Ort Ganzjährig möglich Einfache Wanderausrüstung 47.591288, 12.988243 (Start), 47.582768, 12.992793 (Ziel)

Vor allen anderen

2 Einfache Sonnenaufgangswanderung auf den Jenner, 7,4 km (einfach), 3 Std.

Der Jenner ist ein relativ einfach zu erreichender Gipfel oberhalb des Königssees. Von der Bergstation der Jennerseilbahn führt ein breiter Weg in knapp 15 Minuten bis ganz nach oben. Ganz besonders ist es aber bevor die Gondelfahrer kommen. Ganz langsam werden erst die Watzmannspitzen auf der anderen Seite des Königssees in das Licht des neuen Tages getaucht, bis die gesamten Berchtesgadener Alpen im goldenen Morgenlicht strahlen. Mit einem ausgiebigen Frühstück in der Bergstation oder auf einer der Almen und Hütten lässt sich der Tag kaum besser beginnen.

Die Eiskapelle am Watzmann ist ein gigantischer Hohlraum, der im Sommer durch Schmelzwasser entsteht

Buslinie 843 bis Schönau am Königssee, Haltestelle Königssee, Schönau am Königssee | Ausreichend Parkplätze vor Ort *Mai–Okt.* *Einfache Wanderausrüstung, Stöcke empfehlenswert* *47.591868, 12.989555 (Start), 47.591888, 12.989561 (Ziel)*

Eine Kathedrale aus Eis

3 Mittelschwere Wanderung von St. Bartholomä zur Eiskapelle am Fuß der Watzmann-Ostwand, 3,5 km (einfach), 3 Std.
Lawinen aus der höchsten Wand der Ostalpen, der Watzmann-Ostwand, speisen im Winter und im Frühjahr ein riesiges Schneefeld an deren Fuß. Mit Beginn des Sommers höhlt sich dieses durch Schmelzwasser mehr und mehr aus. Zurück bleibt eine Kapelle aus Eis, die in einer knapp einstündigen Wanderung von der Halbinsel St. Bartholomä (bis hierhin mit dem Schiff) aus erreicht werden kann. Aber Achtung! Auch wenn Instagram etwas anderes suggeriert: vom Betreten sollte abgesehen werden, denn die Eishöhle ist fragil, und tödliche Unfälle gibt es immer wieder.
Buslinie 843 bis Schönau am Königssee, Haltestelle Königssee, Schönau am Königssee | Ausreichend Parkplätze vor Ort | dann mit dem Schiff nach St. Bartholomä | € *Juni–Okt.* *Einfache Wanderausrüstung* *47.543776, 12.972735 (Start), 47.543383, 12.935000 (Ziel)*

Den Sternen so nah

4 Mittelschwere Wanderung und Sternegucken am Watzmannhaus oder der Neuen Traunsteiner Hütte, 7 km, 3 Std.
Das Watzmannhaus ist der wichtigste Stützpunkt bei Deutschlands bekanntester Bergtour. Die meisten Bergsteiger wollen früh ins Bett, denn die Watzmann-Überschreitung ist sehr lang und fordernd. Ausgeschlafen zu sein, ist daher wichtig. Die müden Wanderer verpassen allerdings den sensationellen Sternenhimmel, der über ihnen wie ans Firmament gemalt wirkt. **Insider-Tipp** Ebenfalls ein toller Ort, um Sternbilder zu entdecken und den Polarstern zu suchen, ist die Neue Traunsteiner Hütte, denn hier gibt es noch weniger Licht, das beim Sternegucken stören können.
Buslinie 846 bis Wimbachbrücke, Haltestelle Wimbachbrücke, Ramsau bei Berchtesgaden | Zahlreiche Parkplätze vor Ort *Juni–Sept.* *Wanderausrüstung, Stöcke empfehlenswert*

Ein Almabtrieb der besonderen Art: Mit Booten werden die Kühe der Fischunkelalm über den Königssee geschippert

47.602316, 12.924393 (Start), 47.571163, 12.933926 (Ziel)

Smaragdgrünes Juwel

5 Mittelschwere Wanderung über das Stahlhaus zum Seeleinsee und zur Gotzenalm, 16 km, 7 Std.

Beinahe unwirklich funkelt der Seeleinsee inmitten des Hagengebirges im Nationalpark Berchtesgaden. Wer vom Stahlhaus über den Schneibstein in Richtung Gotzenalm wandert, passiert auf etwa halber Strecke dieses Kleinod, das keinen Zufluss hat und so in einem heißen Sommer auch mal gänzlich austrocknen kann. Eine besondere Augenweide ist der Seeleinsee im Frühjahr, wenn er sich erst langsam von seiner dicken Eisschicht befreit und in der Mitte des Sees eine riesige Eisscholle Zeuge des Winters bleibt.

Buslinie 838 bis Hinterbrand, Haltestelle Hinterbrand | Parkplätze in Hinterbrand oder an der Talstation der Jennerbahn | Aufstieg Carl-von-Stahl-Haus, Übernachtung empfehlenswert Juni–Okt. Einfache Wanderausrüstung 47.595114, 13.022157 (Start), 47.537408, 12.996086 (Ziel)

E-Bike statt Mountainbike

6 Einfache E-Bike-Tour von Hammerstiel zur Kührointalm, 7 km, 1 Std.

Die Fahrt zur Kührointalm am Fuß des Kleinen Watzmanns geht natürlich auch mit dem normalen Mountainbike. Das ist jedoch gehörig anstrengend, denn vom Start in Hammerstiel geht es steil bergan, an der Schapbachalm vorbei und zur berüchtigten Benzinkehre. Dahinter wird es richtig steil, und selbst E-Biker kommen im Turbomodus ins Schwitzen. So ist es mit dem E-Bike mehr Genuss, denn die Kührointalm eignet sich nicht nur als Tagesziel, sondern auch als Ausgangspunkt für Besteigungen des Watzmanns oder Touren ins Watzmannkar.

Buslinie 843 bis Kramerlehen in Schönau am Königssee, Haltestelle Kramerlehen | Mit dem Auto bis Parkplatz Hammerstiel Mai–Okt. E-Bike, Helm 47.603683, 12.949101 (Start), 47.571082, 12.961210 (Ziel)

Wenn Kühe Boot fahren

7 Almabtrieb von der Fischunkelalm über den Königssee nach Schönau

Ein in den Alpen einmaliges Spektakel ereignet sich beim Almabtrieb für die Kühe der Fischun-

Die Klettersteige auf den Grünstein sind nur für erfahrene und absolut trittsichere Bergsteiger zu empfehlen

Das Ostwandlager am Watzmann liegt am Fuße der höchsten Wand der Ostalpen

kelalm am Obersee. Für die gibt es keinen gangbaren Weg, der sie um den Königssee herum und zurück nach Schönau in ihre Winterquartiere bringen könnte. Der Almabtrieb führt die Tiere daher direkt über den Königssee. Auf Flößen werden die festlich geschmückten Kühe über das Wasser transportiert, wo sie von vielen Schaulustigen gebührend empfangen werden. Der genaue Termin für den Almabtrieb liegt je nach Witterung zwischen Mitte September und Anfang Oktober.

Buslinie 843 bis Schönau am Königssee, Haltestelle Königssee, Schönau am Königssee | Ausreichend Parkplätze vor Ort Mitte Sept.–Anfang Okt. 47.588274, 12.989264 (Start)

Nichts für schwache Nerven

8 Die anspruchsvollen Grünstein-Klettersteige bei Schönau am Königssee, 2,2 km (einfach), 2 Std.

Der Klettersteig auf den Grünstein ist einer der schwierigsten seiner Art in Deutschland. Durch die steile Wand des Grünsteins führen gleich vier verschiedene Routen, deren Varianten es bis zum Schwierigkeitsgrad D/E schaffen. Dabei muss stellenweise sogar überhängend geklettert werden. Erfahrene Klettersteiggeher mit viel Armkraft fühlen sich in den Steigen dagegen pudelwohl. Anfänger sollten sich vor dem Grünstein aber erst einmal an anderen, einfacheren Klettersteigen versuchen.

Buslinie 843 bis Schönau am Königssee, Haltestelle Königssee, Schönau am Königssee | Ausreichend Parkplätze vor Ort Mai–Okt. Klettersteigausrüstung, Helm 47.591839, 12.989726 (Start), 47.594316, 12.965376 (Ziel)

Nur für Profis

9 Anspruchsvolle Tour von St. Bartholomä durch die legendäre Watzmann-Ostwand, 19 km, 12 Std.

Die Ostwand des Watzmanns ist mit ihren 1800 hm die höchste Felswand der Ostalpen, und sie zu bezwingen ist der Traum vieler Bergsteiger. Mehr als 100 Menschen ließen hier schon ihr Leben, womit die Watzmann-Ostwand tödlicher ist als die berüchtigte Eiger-Nordwand. Der Normalweg erfordert einen guten Kletterer bis zum III. Schwierigkeitsgrad und vor allem eine sehr gute Orientierung. **Insider-Tipp** Am besten absolviert man die Tour zusammen mit einem einheimischen Bergführer.

Bisweilen herrscht rund um die Mittelstation der Jennerbahn die reinste Murmeltierparade

In den Wintermonaten kann man der Fütterung des Rotwilds im Nationalpark beiwohnen

Buslinie 843 bis Schönau am Königssee, Haltestelle Königssee, Schönau am Königssee | Ausreichend Parkplätze vor Ort | Dann mit dem Schiff nach St. Bartholomä | Bergführer z. B. bei Outdoor Club, outdoor-club.de | Übernachtung im Ostwandlager | €€€ Juni–Okt. Kletterausrüstung, Helm, Brotzeit 47.545971, 12.970894 (Start), 47.591888, 12.989561 (Ziel)

Warnende Pfiffe

10 Einfache Tour zu den Murmeltieren auf dem Weg zum Jenner, 7,4 km (einfach), 3 Std.

Wenn es beim Wandern in der eigentlich so ruhigen Natur plötzlich lautstark pfeift, kann nur einer dafür verantwortlich sein: das Murmeltier. Eine wenig schreckhafte Population gibt es unweit der Mittelstation der Jennerbahn, die bei der Wanderung zum Jenner passiert wird. Gerade wenn Besucher mit Hunden unterwegs sind, machen sich die putzigen Nager lauthals bemerkbar, um sich vor der potenziellen Gefahr gegenseitig zu warnen.

Buslinie 843 bis Schönau am Königssee, Haltestelle Königssee, Schönau am Königssee | Ausreichend Parkplätze vor Ort Mai–Okt. Einfache Wanderausrüstung, Stöcke empfehlenswert 47.591868, 12.989555 (Start), 47.591888, 12.989561 (Ziel)

Gefräßige Meute

11 Rotwild-Wildfütterungen im Nationalpark Berchtesgaden, 1 km, ½ Std.

An zwei Punkten befindet sich im Nationalpark Berchtesgaden eine Wildfütterung. In St. Bartholomä und im Klausbachtal wird das Rotwild im Winter regelmäßig versorgt. Mit gebührendem Abstand lassen sich die Hirsche und Hirschkühe bei der Fütterung beobachten. Etwas versteckter ist dieses Ereignis am gegenüberliegenden Ufer des Königssees, das sich nur vom Schiff aus beobachten lässt und die Tiere ungestörter lässt.

Buslinie 843 bis Schönau am Königssee, Haltestelle Königssee, Schönau am Königssee | Ausreichend Parkplätze vor Ort | Dann mit dem Schiff nach St. Bartholomä | €€ Nov.–März Einfache Wanderausrüstung 47.544639, 12.972795 (Start), 47.546901, 12.966745 (Ziel)

Seltenes Schauspiel: Die Seelände in Schönau mit einer Eisdecke auf dem Königssee

Wandern auf dem Königssee

12 ❄ Einfache Tour zu Fuß oder mit Ski auf dem Eis nach St. Bartholomä, 5 km (einfach), 1½ Std.

Nein, nicht um den Königssee, sondern auf dem Königssee. Das geht, wenn auch nur sehr sehr selten, nämlich im Schnitt etwa alle zehn Jahre, wenn sich eine tragende Eisdecke auf dem See gebildet hat. Dann wird sogar ein Weg über den See markiert, der sich von Schönau bis zur Halbinsel St. Bartholomä zieht. Zuletzt war der Königssee im Winter 2006 zugefroren und Tausende Wanderer, Langläufer und sogar Radfahrer machten sich auf den Weg über die etwa 40 cm dicke Eisschicht.

ℹ Buslinie 843 bis Schönau am Königssee, Haltestelle Königssee, Schönau am Königssee | Ausreichend Parkplätze vor Ort ⏱ Ca. alle zehn Jahre im Januar oder Februar ⚙ Einfache Wanderausrüstung 📍 47.588234, 12.989141 (Start), 47.544668, 12.971990 (Ziel)

Der Legende nach ist der Untersberg die Heimat zwergähnlicher Gestalten, die Karl den Großen umsorgen

RUND UM DEN UNTERSBERG

Von Zwergen und Königen

13 🚶 Einfache Wanderung von Marktschellenberg zur Schellenberger Eishöhle, 7 km (einfach), 3½ Std.

Im sagenumwobenen Untersberg soll nicht nur Kaiser Karl der Große auf seine Wiederkehr warten. In den zahlreichen Höhlen sollen auch die Untersbergmandln leben, die die Schätze im Berg behüten. Eine der Höhlen ist die Schellenberger Eishöhle, die nach einer knapp dreistündigen Wanderung an der Toni-Lenz-Hütte vorbei von Anfang Juni bis Ende Oktober besichtigt werden kann. Bizarre Eisformationen, die einer Tropfsteinhöhle nicht unähnlich sind, können auf dem Rundweg durch die Höhle bestaunt werden. **Insider-Tipp** In der Höhle gab es vor ein paar Jahren eine aufwendige Rettungsaktion, die medial omnipräsent war.

ℹ Buslinie 840 bis Marktschellenberg, Haltestelle Eishöhle | Parkplätze direkt neben der Bushaltestelle ⏱ Juni–Okt. ⚙ Einfache Wanderausrüstung, Stöcke empfehlenswert 📍 47.704058, 13.038260 (Start), 47.591888, 12.989561 (Ziel)

Wer die Roßfeld-Panoramastraße mit dem Fahrrad bewältigen will, wird ob der 1000 hm gehörig ins Schwitzen kommen

Bergetappe der Tour de Bavaria

14 Mittelschwere Tour von Berchtesgaden über die Roßfeld-Panoramastraße, 25 km, 3 Std.

Bis auf über 1550 m Höhe führt die Roßfeld-Panoramastraße, auf deren spektakulärstem Teilstück ein wirklich großartiges Panorama hinüber ins Tennengebirge und weiter zum Dachsteinmassiv wartet. Das will sich allerdings erarbeitet werden, denn von Berchtesgaden sind es fast 1000 hm, die mit dem Rennrad überwunden werden müssen. **Insider-Tipp** Wer es nach oben geschafft hat, gönnt sich im Ahornkaser am besten eine kurze Stärkung, bevor es rasant zurück ins Tal geht.

Mit dem Zug bis Hbf. Berchtesgaden, Buslinie 840, Haltestelle Salzbergwerk Berchtesgaden | Parkplätze vor Ort *April–Okt.* *Rennrad, Helm* *47.629968, 13.005513 (Start/Ziel)*

Badeanzug nicht vergessen

15 Abkühlung im Naturbad Aschauerweiher in Bischofswiesen

Sobald das Wetter es erlaubt, also etwa von Mitte Mai bis Mitte September, öffnet das Naturbad Aschauerweiher in Bischofswiesen seine Pforten. Der riesige Schwimmteich fügt sich harmonisch in die Landschaft ein, und die Berchtesgadener Gipfel umrahmen das zauberhafte Ambiente. Für Kinder gibt es nicht nur eine Hängebrücke und eine Rutsche, sondern auch einen Sprungfelsen. Kalt wird es dagegen im Kneippbecken, das mit Wasser gespeist wird, das direkt vom Berg kommt.

Aschauerweiherstr. 85, Bischofswiesen | Mit dem flexiblen RufBus (Anmeldung unter Tel. 086 52/96 48 22) direkt bis zum Naturbad | Mit dem Auto bis Bischofswiesen, Parkplätze vor Ort | € *Ende Mai/Juni–Sept.* *Badekleidung* *47.643680, 12.984865 (Start)*

Ein Dank an die Feuerwehren

16 Das Florianiamt mit großer Prozession in Bischofswiesen

Das Florianiamt ist der traditionelle Feiertag der Feuerwehr, bei dem zu Ehren des heiligen Florian – dem Schutzpatron der Brandbekämpfer – eine feierliche Prozession abgehalten wird. Kurz vor Christi Himmelfahrt wird im Rahmen einer heiligen Messe dem ehrenamtlichen Einsatz der Freiwilligen Feuerwehr gedankt. Bei der Prozession,

Im Adlergehege Obersalzberg können die sonst so scheuen Tiere aus nächster Nähe beobachtet werden

die im Anschluss durch Bischofswiesen zieht und von Musik begleitet wird, beteiligen sich zahlreiche Löschzüge aus der gesamten Region.

Mit der Bahn oder Buslinie 841 bis Bischofswiesen, Bushaltestelle Zentrum Bischofswiesen | Parkplätze am Bahnhof ⏲ Kurz vor Christi Himmelfahrt 📍 47.651929, 12.960235 (Start/Ziel)

Das Echo der Berge

17 Besuch der Alphornbläser an der Kastensteinerwand in Bischofswiesen, 1 km, ½ Std.

Als Hoagascht werden in Bayern und Österreich kleine und zwanglose musikalische Veranstaltungen bezeichnet. Solche gibt es in den Sommermonaten Juli und August in Bischofswiesen auf der Aussichtskanzel der Kastensteinerwand, wo u. a. die Alphornbläser aufspielen. Die werden von Sängern und anderen Musikanten begleitet, und mit einer Prise Humor wird den Eigenheiten der Berchtesgadener auf den Zahn gefühlt.

Mit Bahn oder Buslinie 841 bis Bischofswiesen, Bushaltestelle Zentrum Bischofswiesen und Aufstieg zu Fuß (½ Std.) | Mit dem Auto bis Bischofswiesen, Kasteinerwand Alm, Parkplätze direkt bei der Alm ⏲ Juli, Aug. 📍 47.655023, 12.965791 (Start/Ziel)

Auge in Auge mit dem Raubvogel

18 Zu Besuch im Adlergehege Obersalzberg

In der Sommersaison öffnet das Adlergehege am Obersalzberg die Pforten für seine Besucher. Hier lassen sich verschiedenste Greifvögel und vor allem Adler aus nächster Nähe beobachten. Der Betreiber Wolfgang Czech pflegt in seiner Falknerei auch kranke und verletzte Tiere. Seine Leidenschaft beschränkt sich dabei nicht auf Greifvögel, sein Herz schlägt auch für Schlangen, von denen einige Exemplare besichtigt werden können.

Hintereck 9, Berchtesgaden | Buslinie 838 bis Obersalzberg, Haltestelle Kempinski Hotel Berchtesgaden | Ausreichend Parkplätze unmittelbar an der Straße | adlergehege-berchtesgaden.de | €€ ⏲ April–Okt. 📍 47.633420, 13.048661 (Start/Ziel)

Der Zauberwald am Hintersee entstand vor Jahrtausenden durch einen gewaltigen Felssturz

RUND UM RAMSAU

Im Schlachtfeld der Riesen

19 Einfache Wanderung von Ramsau durch den Zauberwald zum Hintersee, 1,5 km (einfach), ½ Std.

Der Sage nach bekriegten sich zwei Riesen, einer am Hochkalter und einer auf der Reiteralpe. Beide bewarfen sich mit riesigen Felsblöcken, von denen sich noch heute nicht nur einige besonders prägnante Exemplare im Hintersee befinden, sondern auch im Zauberwald zwischen dem Hintersee und Ramsau. Der wilde Bergbach schlängelt sich durch den Wald mit seinen vielen Felsblöcken, und gerade im nebligen Herbst entsteht im Zauberwald eine geradezu mystische Atmosphäre. Zu seltenen Anlässen wird der Zauberwald am Abend beleuchtet.

Mit Bahn oder Buslinie 846 bis Ramsau bei Berchtesgaden, Bushaltestelle Marxenbrücke | Wenige Parkplätze in Ramsau | Zurück mit dem Bus ab Hintersee Ganzjährig möglich (Vorsicht bei Schnee) 47.609195, 12.875586 (Start), 47.605295, 12.857772 (Ziel)

Fernglas nicht vergessen!

20 Einfache Wanderung von der Nationalpark-Infostelle Hintersee zur Greifvogel-Beobachtungsstation, 1 km (einfach), 15 Min.

In einem alten Bauernhaus, malerisch eingebettet zwischen den Felskolossen der Reiteralpe und dem Hochkalter auf der anderen Talseite, befindet sich am Eingang des Klausbachtals eine Infostelle des Nationalparks. Wechselnde Ausstellungen erzählen Wissenswertes über das Leben und die Natur im Nationalpark Berchtesgaden. Von der Infostelle ist es ein nur knapp 20-minütiger Fußmarsch bis zur Steinadler- und Bartgeier-Beobachtungsstation, bei der die Tiere mit etwas Glück in freier Natur bestaunt werden können.

Buslinie 846 bis zur Nationalpark-Infostelle Hintersee Klausbachhaus, Ramsau bei Berchtesgaden, Haltestelle Auzinger, Ramsau | Es gibt zahlreiche Parkplätze am Klausbachhaus und rund um den Hintersee Ende Sept.–Anfang Okt. Einfache Wanderausrüstung 47.598919, 12.843351 (Start), 47.591745, 12.835880 (Ziel)

Die begehbare Wimbachklamm liegt am Eingang des gewaltigen Hochtals zwischen Watzmann und Hochkalter

Das Blaueis an der Nordseite des Hochkalter ist der nördlichste Gletscher der Alpen

Wasser Marsch

21 Einfache Wanderung durch die Wimbachklamm bei Schönau am Königssee, 4,3 km (einfach), 1½ Std.

Die Wimbachklamm ist bereits seit dem Jahr 1847 für die Öffentlichkeit zugänglich und von Mai bis Oktober geöffnet. Über Brücken und Holzstege führt der Weg durch die vom steten Wasserfluss geformte Schlucht. Von den mit Moos überwachsenen Felswänden läuft unentwegt das Wasser hinab, das unter den Holzplanken zur Ramsauer Ache rauscht. Nach dem Besuch der Wimbachklamm lohnt sich der Weiterweg zum nahe gelegenen Wimbachschloss und zu den kargen Ausläufern des Wimbachgrieses.

Buslinie 846 bis Wimbachbrücke, Haltestelle Wimbachbrücke, Ramsau bei Berchtesgaden | Viele Parkplätze vor Ort Juni–Sept. Wanderausrüstung, Stöcke empfehlenswert 47.602316, 12.924393 (Start), 47.572267, 12.896566 (Ziel)

(Noch) ein echter Gletscher

22 Mittelschwere Wanderung über die Blaueishütte zum Blaueiskees im Hochkaltermassiv, 6 km (einfach), 4 Std.

Noch zählt das Blaueiskees als der nördlichste Gletscher der Alpen – noch. Denn auch am Blaueisgletscher, der vom mächtigen Hochkalter und seinen felsigen Nachbarn eingekesselt ist, schreitet die Gletscherschmelze rasch voran, und womöglich droht auch ihm bald die Aberkennung der Bezeichnung Gletscher. Von der Blaueishütte ist der Gletscher fußläufig relativ schnell erreicht. **Insider-Tipp** Die frisch gebackenen Kuchen in der Blaueishütte sind ein echter Genuss. Aber Achtung: Das Begehen ist nur etwas für erfahrene Bergsteiger, gerade im oberen Bereich erweist sich das Blaueiskees als sehr steil.

Buslinie 846 bis Hintersee, Ramsau bei Berchtesgaden, Haltestelle Hintersee Zauberwald, Ramsau | Viele Parkplätze rund um den Hintersee Juni–Sept. Wanderausrüstung, Stöcke empfehlenswert 47.604554, 12.858475 (Start), 47.572665, 12.867279 (Ziel)

Inbegriff eines romantischen Bergsees: der von steil aufragenden Gipfeln umrahmte Hintersee mit seinen Inselchen

Einmal mit Profis

23 Anspruchsvolle Tour auf dem Hirschbichlsprint vom Hintersee zum Hirschbichl, 7 km (einfach), 20 Min.

Jedes Jahr im Herbst veranstaltet der Skiklub Ramsau für Radler den Hirschbichlsprint, der vom Hintersee durch das Klausbachhaus bis zum Hirschbichl führt. Mitmachen können alle, aber eine frühe Anmeldung ist wichtig, denn die Teilnehmerzahl ist begrenzt. Wer dabei ist, für den gilt es die knapp 6,7 km lange Strecke so schnell wie möglich zurückzulegen. Klingt nicht viel. Die 350 hm und teils bis zu 24-prozentige Steigung rücken das allerdings in ein anderes Licht.

Mit Bahn oder Buslinie 846 bis Hintersee, Ramsau bei Berchtesgaden, Haltestelle Auzinger, Ramsau | Viele Parkplätze am Klausbachhaus und rund um den Hintersee | €€ Ganzjährig möglich (Vorsicht bei Schnee) Rennrad, Helm und sehr viel Kondition 47.598905, 12.843202 (Start), 47.555719, 12.796056 (Ziel)

Trockenen Fußes übers Wasser

24 Mit dem Boot über den Hintersee, 2,7 km, 40 Min.

Der Hintersee ist wahrscheinlich Deutschlands Instagram-Hotspot Nummer eins, und doch ähneln sich die Motive allesamt. Eine ganz andere Perspektive auf den türkisgrünen See mit dem unwirklich klaren Wasser und seine Umgebung bietet sich bei einer Fahrt mit dem Ruderboot oder mit dem Tretboot. Nur bloß nicht den vielen Fotografen am Ufer ins Motiv fahren oder die perfekte sich spiegelnde Wasseroberfläche zerstören …

Insider-Tipp Ganz Mutige wagen im Sommer den Sprung ins auch dann noch sehr kalte Nass.

Mit Bahn oder Buslinie 846 bis Hintersee, Ramsau bei Berchtesgaden, Haltestelle Auzinger, Ramsau | Viele Parkplätze am Klausbachhaus und rund um den Hintersee | Anbieter: Schifffahrt Hintersee, Tel. 086 57/98 | € Mai–Okt. Einfache Wanderausrüstung 47.604121, 12.849721 (Start/Ziel)

Die größten Vögel der Alpen

25 Das Bartgeier-Projekt im Nationalpark Berchtesgaden, 3,2 km (einfach), 1½ Std.

Bartgeier sind die größten Greifvögel der Alpen. Mit einer Flügelspannweite von fast 3 m sind sie die Riesen der Lüfte – und seit dem Jahr 2021 wieder im Nationalpark anzutreffen. Seinerzeit erfolgte die erste Aussetzung zweier Jungvögel, und in den Folgejahren kamen noch weitere hinzu. So gibt es über 140 Jahre nach ihrer Ausrottung

Im Nationalpark Berchtesgaden wurden 2021 erstmals zwei junge Bartgeier aus spanischer Nachzucht ausgewildert

wieder die Chance – z. B. bei der Wanderung zur Halsalm – die eleganten Tiere am Himmel über den Berchtesgadener Bergen zu entdecken.

ℹ *Buslinie 846 bis zur Nationalpark-Infostelle Hintersee Klausbachhaus, Ramsau bei Berchtesgaden, Haltestelle Auzinger, Ramsau | Viele Parkplätze am Klausbachhaus und rund um den Hintersee*
Mai–Okt. *Einfache Wanderausrüstung*
47.598919, 12.843351 (Start), 47.603901, 12.833829 (Ziel)

Rööööööööhhhhhhhrrrr

26 Mit eigenen Ohren die Hirschbrunft im Klausbachtal erleben, 2 km, ½ Std.

Ab Mitte September setzt langsam die Färbung der Blätter ein. Das ist auch die Zeit, in der männliche Hirsche um die Gunst der Damen buhlen. Beinahe unaufhörlich röhrt es in den frühen Morgenstunden und am späten Nachmittag im Klausbachtal, wo sich die Hirsche gegenseitig zu übertrumpfen versuchen. Mit etwas Glück lassen sich die Tiere dabei beobachten, wie sie sich mit ihren riesigen Geweihen duellieren. Nach knapp drei Wochen, spätestens Mitte Oktober, ist das Spektakel wieder vorbei, und in den Wäldern kehrt Ruhe ein.

Wandermarathon der Extraklasse: auf der 24 Std. Trophy gemeinsam hinauf auf den Watzmann

ℹ *Buslinie 846 bis Nationalpark-Infostelle Hintersee Klausbachhaus, Ramsau bei Berchtesgaden, Haltestelle Auzinger, Ramsau | Viele Parkplätze am Klausbachhaus und rund um den Hintersee*
Ende Sept.–Anfang Okt. *Einfache Wanderausrüstung* *47.598919, 12.843351 (Start), 47.603901, 12.833829 (Ziel)*

RUND UM BERCHTESGADEN

So weit die Füße tragen

27 24 Std. Trophy – anspruchsvolle Wanderung über einen ganzen Tag, 50–60 km, 24 Std.

Einen ganzen Tag lang am Stück wandern, und das zusammen mit Gleichgesinnten – das ist im Rahmen des Berchtesgadener Wander-Festivals möglich, das bereits seit 2010 stattfindet. Die Touren der 24 Std. Trophy führen hinauf zum Watzmannhaus und dem ersten Watzmann-Gipfel. In der Nacht geht es auf stillen Pfaden durchs Lattengebirge oder hinüber zum Untersberg. Nach 24 Stunden wartet im Zentrum von Berchtesgaden eine jubelnde Menschenmenge auf die erschöpften Wanderer. Neben den 24-Stunden-Touren gibt es auch 12-Stunden- und 6-Stunden-Touren zum Reinschnuppern.

Auf dem letzten Teilstück der Deutschen Alpenstraße nach Berchtesgaden können sich Radler so richtig auspowern

Mit Bahn oder Buslinie 841 bis Berchtesgaden, Bushaltestelle Berchtesgaden, Zentrum | Parkplätze am Berchtesgadener Tunnel oder im Parkhaus im Zentrum | 24h-trophy.de | €€€ Termin zwischen Juli und Sept. Wanderausrüstung, gute Schuhe 47.632121, 13.000889 (Start/Ziel)

Rund um die Schlafende Hexe

28 Mittelschwere Tour mit dem Rennrad einmal um das Lattengebirge, 38 km, 2½ Std.

Vom Bodensee bis zum Königssee führt die Deutsche Alpenstraße, deren letzte Etappe von Bad Reichenhall bis nach Berchtesgaden besonders attraktiv ist. Mit dem Rennrad geht es zunächst der Saalach folgend entlang. Unterhalb der steil abfallenden Felswände der Reiteralpe folgt das schönste Teilstück der Strecke bis zur Schwarzbachwacht. Hier ist erst mal durchatmen angesagt. Über die Ramsau führt die weitere Route hoch nach Loipl, dann hinunter nach Bischofswiesen und zurück zum Ausgangspunkt.

Mit der Bahn bis Bad Reichenhall-Kirchberg oder Buslinie 9526, Haltestelle Kirchberg-Luitpoldbrücke | Parkplatz St. Nikolaus April–Sept. Rennrad, Helm, Verpflegung 47.717433, 12.874627 (Startorte flexibel) (Start/Ziel)

Ein bisschen wie im Toten Meer

29 Im AlpenSole-Becken der Watzmann Therme in Berchtesgaden

Rutschen, ein riesiges Indoorbecken samt Strömungskanal, Whirlpools, ein Becken mit Rutsche für Kinder und ein großer Saunabereich warten in der Watzmann Therme in Berchtesgaden auf erholungshungrige Besucher. Aber nicht nur das: Auch unter freiem Himmel kommen Wellnessbegeisterte auf ihre Kosten. Das AlpenSole-Becken wird mit Salz aus dem Salzbergwerk direkt nebenan angereichert und lässt den Körper neue Kräfte tanken. Die ganzjährig geöffnete Watzmann Therme ist ein besonderer Ort der Ruhe und Entspannung.

Bergwerkstr. 54, Berchtesgaden | Mit der Bahn oder Buslinie 840 bis Berchtesgaden, Bushaltestelle Watzmann Therme | Parkplätze vor Ort | watzmann-therme.de | €€ Ganzjährig Badebekleidung 47.634748, 13.011767 (Start)

Spaß, Action und Nervenkitzel auf dem Wildwasser: Das ist auch auf der Saalach bei Bad Reichenhall möglich

Beine vertreten mal anders

30 Entspannen und Kneippen im Löslerpark in Oberschönau

Eine kleine Ruheoase wurde 2021 im Löslerpark in Oberschönau geschaffen. Umgeben von Grün und vielen Bäumen wurde die bestehende Kneippanlage modernisiert und mit großen Kalksteinen umrandet. Im kristallklaren Bergwasser lassen sich hier nach einer Wanderung perfekt die Beine abkühlen. Die Liegebank direkt neben dem Kneippbecken lädt zum Zurücklehnen und Entspannen ein.

Buslinie 843 bis Schönau am Königssee, Haltestelle Storchenlehen | Parkplatz Engedey (1,4 km zu Fuß) | berchtesgaden.de/loeslerpark *Ganzjährig* *47.614670, 12.966767 (Start)*

Wildes Paddelvergnügen

31 Rafting mit dem Schlauchboot auf der Saalach, einfach

Die Saalach fließt am Rand des Berchtesgadener Landes durch die Berge bis nach Salzburg, wo sie schließlich in die – Achtung Verwechslungsgefahr – Salzach mündet. Der Fluss führt stets genug Wasser für eine Rafting-Tour, die erst über den Saalachsee und weiter nach Bad Reichenhall – mal rasant, mal sanft und gemächlich – führt. Rund um Bad Reichenhall und Berchtesgaden gibt es einige Anbieter wie das Outdoor Center Baumgarten, die geführte Rafting-Touren auf der Saalach im Programm haben.

Buslinie 260 bis Bad Reichenhall, Haltestelle Baumgarten | Parkplätze vor Ort | Anbieter: Outdoor Center Baumgarten, outdoor-center-baumgarten.de | €€€ *Mai–Sept.* *47.694595, 12.849547 (Start)*

Drinnen und doch draußen

32 Für Outdoor-Regentage: das Haus der Berge in Berchtesgaden

Das Haus der Berge ist zwar kein „echtes" Outdoor-Erlebnis, trotzdem dreht sich hier alles rund um Outdoor und Natur, denn hier ist zugleich das Nationalparkzentrum untergebracht, das über den Nationalpark Berchtesgaden berichtet. Dazu gibt es wechselnde Ausstellungen zu verschiedensten Themen rund um die Berchtesgadener Alpen und die Bergwelt. **Insider-Tipp** Im Außenbereich des Hauses der Berge lassen sich die vier Lebensräume Fels, Wald, Wasser und Alm entdecken und erleben.

Alpenglühen mal anders: mit Sonnwendfeuern hoch oben auf den Bergen

Vorweihnachtliche Stimmung auf dem Berchtesgadener Christkindlmarkt

Der Eintritt ist kostenlos, lediglich für die Wechselausstellungen wird eine Gebühr fällig.

ⓘ *Hanielstr. 7, Berchtesgaden | Mit der Bahn oder Buslinie 839 bis Berchtesgaden, Haltestelle Haus der Berge, Berchtesgaden | Parkplatz direkt gegenüber | nationalpark-berchtesgaden.bayern.de > Infostellen ⏲ Ganzjährig 📍 47.626229, 12.992735 (Start)*

Wenn die Berge brennen

33 Sonnwendfeuer Ende Juni rund um Berchtesgaden

Zur Sommersonnenwende rund um den Johannistag am 24. Juni jeden Jahres brennen auch auf den Spitzen der Berchtesgadener Alpen die Sonnwendfeuer. Zahlreiche Vereine planen und inszenieren diesen besonderen Tag, für den viel Material auf die Gipfel getragen wird. Kurz vor Sonnenuntergang werden die Sonnwendfeuer entzündet, die im Tal für eine ganz besondere Stimmung sorgen. Oft werden dazu Feste veranstaltet, bei denen Einheimische und Besucher zusammenkommen. **Insider-Tipp** Die Jennerbahn veranstaltet ein eigenes Fest und fährt an dem Abend besonders lang.

ⓘ *Mit Bahn oder Buslinie 841 bis Berchtesgaden, Bushaltestelle Berchtesgaden Zentrum | Parkplätze am Berchtesgadener Tunnel oder im Parkhaus im Zentrum ⏲ Mitte Juni 📍 47.632121, 13.000889 (Start)*

Vorweihnachtsparadies

34 Berchtesgadener Advent: Christkindlmarkt im Herzen der Stadt

Zahlreiche kleine Holzbuden, Lagerfeuer und am besten frischer Schneefall machen den Berchtesgadener Advent zu einem der schönsten Advents- und Weihnachtsmärkte in den Alpen. Wenn es schon früh dunkel wird, verwandelt sich das Zentrum von Berchtesgaden in eine vorweihnachtliche Idylle. An den vielen Ständen werden echtes Handwerk, regionale Produkte und köstliche Leckereien vom Bratapfel bis zu gebrannten Mandeln feilgeboten. Begleitet wird dieses Ereignis von einem attraktiven Rahmenprogramm mit Musik, Kutschfahrten und dem Besuch des Nikolaus.

ⓘ *Mit Bahn oder Buslinie 841 bis Berchtesgaden, Bushaltestelle Berchtesgaden Zentrum | Parkplätze am Berchtesgadener Tunnel oder Parkhaus im Zentrum ⏲ Dez. 📍 47.632121, 13.000889 (Start)*

DER SCHÖNSTE SONNENUNTERGANG

Fotografen-Hotspot

35 Zum Sonnenuntergang am Hintersee

Der Hintersee für sich ist ja manchmal schon kitschig. Noch kitschiger wird es aber, wenn die Sonne im Westen untergeht und sich die orangerot leuchtenden Bergspitzen im glatten Wasser des Hintersees widerspiegeln. Die einzigartige Atmosphäre sucht ihresgleichen, und nicht umsonst gibt sich an den Ufern das Who's Who der Landschaftsfotografen die Klinke in die Hand.

Buslinie 846 bis Hintersee, Ramsau bei Berchtesgaden, Haltestelle Auzinger, Ramsau | viele Parkplätze am Klausbachhaus und rund um den Hintersee Ganzjährig 47.608829, 12.853620 (Start), 47.609107, 12.856047 (Ziel)

LOKALE SPEZIALITÄTEN

*UND WO DU SIE PROBIEREN KANNST

Im Fischerstüberl gibt es täglich frisch geräucherte Forellen, Renken und Saiblinge.

Wie in ganz Bayern darf auch im Berchtesgadener Raum das Bier nicht fehlen. Auf dem Christkindlmarkt beim Berchtesgadener Advent und mitten auf der Halbinsel St. Bartholomä im Königssee lassen sich weitere typische Leckereien aus der Region entdecken und natürlich auch verkosten.

Hochprozentiges

1 Liköre, Brände und Gin

Viele klassische Obstbrände, eine Reihe von Likören, aber auch Gin gibt es in der Region. Neben Wacholder und den zahlreichen Kräutern, die es für einen guten Gin braucht, landen für einen Birnengeist oder einen Apfelschnaps Früchte der großen Streuobstwiesen oft genug in den Brennanlagen rund um Berchtesgaden.

ℹ *Nicht irgendeinen Gin, sondern „Der Gin" – der lässt sich in der* **Destillerie Angelika Scheid** *kosten und kaufen | Sonnleitstr. 40, Bischofswiesen | as-destillerie.de | €€*

Vom See direkt auf den Tisch

2 Geräucherter Fisch

Die Renken, Forellen und Saiblinge, die Fischer aus den Seen der Region fischen, wandern fangfrisch erst in eine Salzlake und werden schließlich mehrere Stunden über Rauch aus Buchenspänen geräuchert. Die Spezialität landet im Anschluss direkt auf den Tellern – oder man nimmt sie einfach mit.

ℹ *Thomas Amort vom* **Fischerstüberl St. Bartholomä** *fährt von Mai bis Oktober täglich zum Angeln auf den Königssee und räuchert in der hauseigenen Räucherkammer | St. Bartholomä, Schönau am Königssee | fischervomkoenigssee.de | €€*

Statt Supermarkt

3 Regionale Produkte

Milch, selbst produzierte Käsesorten, geräucherter Speck, Nudeln, Honig vom Nachbarn, Marmelade und vieles mehr – das bekommt man in den Hofläden im Berchtesgadener Land. Die meisten Produkte stammen von regionalen Betrieben.

Zusammen mit Hubsi, der auch als „Der Bergbrenner" bekannt ist, lassen sich die Erzeugnisse vom kleinen Hofladen **Almdorf Vorderbrand** *direkt kosten | Vorderbrandstraße 93, Schönau am Königssee | almdorf-vorderbrand.de | €€*

Ein glücklicher Unfall

4 Eisbock

Der Eisbock ist ein helles, untergäriges Bockbier mit einem Alkoholgehalt von knapp 12 %. Bei der Herstellung wird das Bier fünf Mal eingefroren, und die Essenz, die am Ende übrig bleibt, ist der Eisbock. Dabei war seine Entstehung mehr zufällig als geplant, denn erst nachdem das gebraute Bockbier bei einem Kälteeinbruch einfror, entdeckte der Braumeister, dass der Geschmack so noch einmal viel intensiver wurde.

Das sehr beliebte Bier lässt sich im **Hofbräuhaus** *in Berchtesgaden erstehen | Bräuhausstr. 13, Berchtesgaden | hofbrauhaus-berchtesgaden.shop | €€*

Hier findest du alles

6 Wochenmarkt in Berchtesgaden

Jeden Freitag verwandelt sich die Fußgängerzone im Zentrum in einen Wochenmarkt, auf dem Erzeuger aus der Region ihre Produkte anbieten. Vom frischen Fleisch über Backwaren und Kuchen bis hin zu Gemüse und Obst gibt es alles, was das Herz begehrt.

Fußgängerzone in Berchtesgaden | €

Vorweihnachtliches Gebäck

5 Berchtesgadener Stuck

Stuck kommt hier nicht nur an die Decke, sondern wird auch zu sich genommen. Das Berchtesgadener Stuck ist ein einfaches Gebäckstück, das es in der Vorweihnachtszeit und nur im Berchtesgadener Land gibt. Der luftige Roggenteig ist mit weihnachtlichen Gewürzen wie Zimt, Nelken und Rosinen gewürzt. So wie er ist, landet der Stuck gewöhnlich im Mund, bei Bedarf kann er aber auch mit Butter bestrichen werden.

Auf dem **Christkindlmarkt** *in Berchtesgaden | berchtesgadener-advent.de | €*

Der Waginger See im sanften Abendlicht: glücklich, wer jetzt mit einem Kahn auf dem Wasser ist

Rupertiwinkel

ZWISCHEN NATUR UND KULTUR

Der Rupertiwinkel reicht von den Bergen im Süden bis zur Mündung der Salzach in den Inn im Norden. Irgendwo im Westen zwischen Chiemsee und Waginger See verläuft die Grenze zum Chiemgau, die ganz genau nicht zu ziehen ist. Die Region weist eine starke österreichische und vor allem Salzburger Prägung auf. Wenig verwunderlich, denn oft genug wechselte die Zugehörigkeit des Rupertiwinkels zwischen Bayern und Salzburg hin und her. Kleine Orte mit historischen Gebäuden und Kirchen sowie sanfte Hügel prägen das landschaftliche Bild. Es ist ein Mix aus Tradition und Moderne, zwischen Natur und Kultur – und ein Ort für all jene, die Ruhe suchen und die ankommen wollen, um die Hektik der Großstadt hinter sich zu lassen. Und die trotzdem etwas erleben wollen. Aber ohne den Druck, von Sehenswürdigkeit zu Sehenswürdigkeit zu hetzen.

AUF EINEN BLICK

*RUPERTIWINKEL

MARCO POLO
OUTDOOR-HIGHLIGHTS ★

★ Badevergnügen im Waginger See
Zwischen Strandbädern, sanften Hügeln und satten Fischgründen → S. 140

★ Von Bad Reichenhall auf den Hochstaufen
Gipfelziel mit unterschiedlichen Routen in allen Schwierigkeitsgraden → S. 142

★ Auf dem Teisendorfer Bierwanderweg
Von Teisendorf zum Höglwörther See → S. 144

★ Zur Salzachbrücke in Laufen
Ein architektonisches Meisterwerk mit tragischer Geschichte → S. 146

★ Hinauf zur Wallfahrtskirche Maria Heimsuchung
Der wohl schönste Ausblick auf den Waginger See → S. 148

★ Die Steinerne Agnes und die Schlafende Hexe
Unwirkliche Felsformationen und sagenhafte Geschichten → S. 150

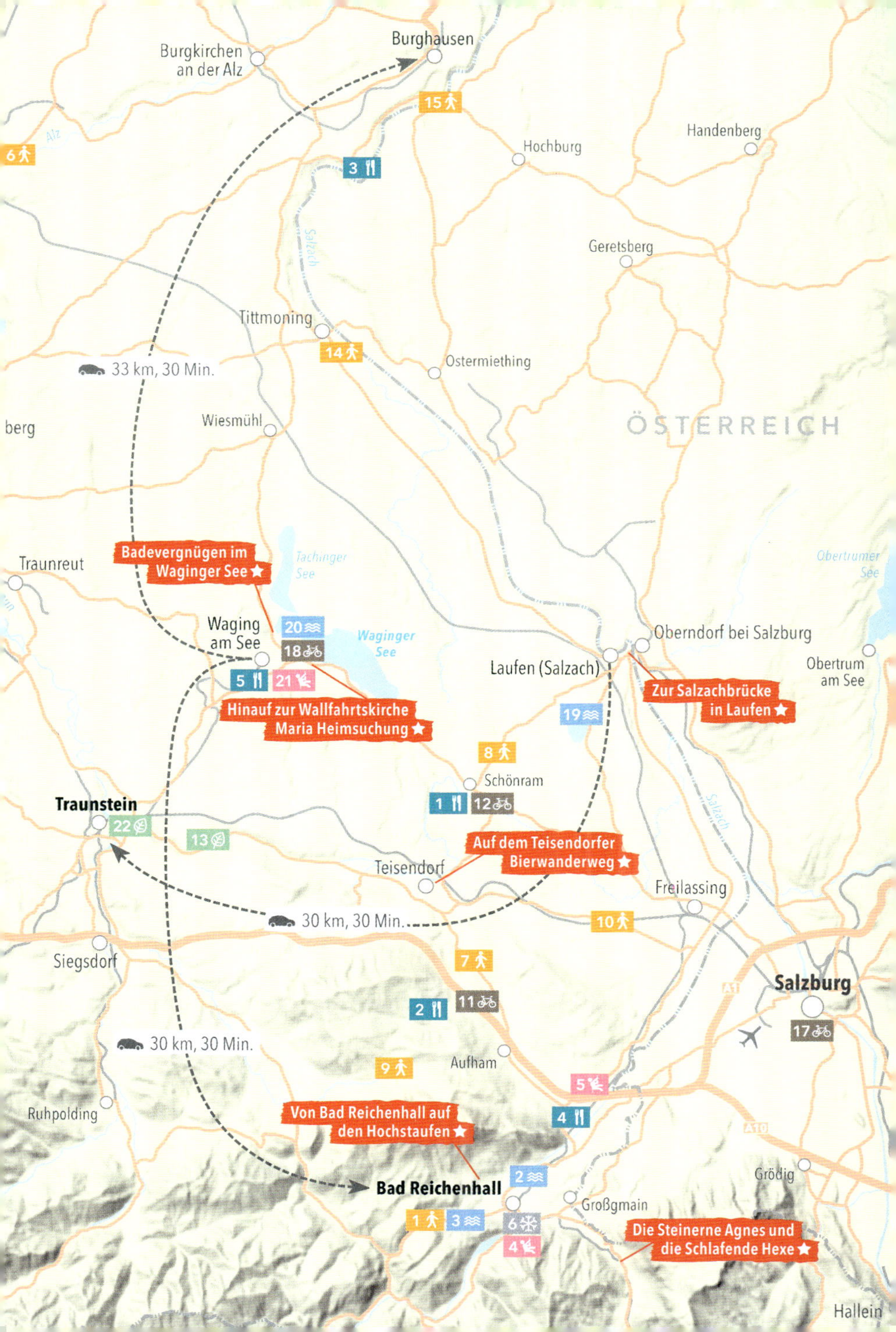
Burghausen
Burgkirchen an der Alz
Alz
Hochburg
Handenberg
Salzach
Geretsberg
Tittmoning
Ostermiething
33 km, 30 Min.
berg
Wiesmühl
ÖSTERREICH
Traunreut
Badevergnügen im Waginger See
Tachinger See
Obertrumer See
Waging am See
Waginger See
Oberndorf bei Salzburg
Laufen (Salzach)
Obertrum am See
Zur Salzachbrücke in Laufen
Hinauf zur Wallfahrtskirche Maria Heimsuchung
Schönram
Traunstein
Auf dem Teisendorfer Bierwanderweg
Teisendorf
Freilassing
30 km, 30 Min.
Siegsdorf
Salzburg
A1
30 km, 30 Min.
Aufham
Ruhpolding
Von Bad Reichenhall auf den Hochstaufen
A10
Grödig
Bad Reichenhall
Großgmain
Die Steinerne Agnes und die Schlafende Hexe
Hallein

OUTDOOR-HIGHLIGHTS

*DIE BESTEN ERLEBNISSE DRAUSSEN

Badevergnügen im Waginger See ★

Auf ziemlich genau halber Strecke zwischen Traunstein und Tittmoning liegt der Waginger See zwischen sanften Hügeln im Voralpenland eingebettet. Der durch Gletscher geformte See vor den Toren des gleichnamigen Orts Waging (am See) ist ein ganzjähriges Ausflugsziel mit beinahe unzähligen Aktivitäten zu Wasser und zu Lande, denen hier nachgegangen werden kann.

Strandbäder rund um die Seen

Im warmen Sommer spielen vor allem die Strandbäder in Waging, Tettenhausen und in Taching am See ihre Karten aus, die mit Liegewiesen, Spielplätzen oder Beachvolleyballfeldern ausgestattet sind. Wer gern unmittelbar am See übernachten möchte, kann das auf den Campingplätzen tun, die sich um den See verteilen. Gleich zehn Stück gibt es rund um den Waginger und Tachinger See, mit dem der Waginger See über einen schmalen Durchlass unmittelbar verbunden ist. Auch Angler finden ihr Glück am Waginger See. Das Gewässer ist bekannt für seine üppigen Fischbestände, vom Hecht bis zur Forelle und vielen weiteren.

Wassersport in allen Facetten

Der lang gestreckte See ist zudem wie gemacht für Segler und Ruderer. So finden jedes Jahr mehrere Regatten auf dem knapp 6 km langen Waginger See statt. Wer als Amateur unterwegs ist, schippert gemütlich mit einem geliehenen Tret- oder Ruderboot oder gleich mit einem SUP übers Wasser. Wer lieber ein Brett statt einen Bootsrumpf unter sich und Lust auf mehr Action hat, wird vielleicht mit einem Windsurfkurs glücklich.

Zu Fuß am See

Der Waginger See lässt sich auch gut umrunden, ob zu Fuß oder mit dem Rad. Kurze und lange Spaziergänge bieten sich unmittelbar am Uferbereich an, die wunderbar mit einem Abstecher in eines der zahlreichen Restaurants oder in einen Biergarten verbunden werden können.

Insider-Tipp Besonders schön ist die einfache und kurze Wanderung, die unmittelbar beim Strandbad Seeteufel startet, zum See und weiter zum Strandbad am Strandkurhaus führt. Dort lässt sich unmittelbar am Seeufer eine Pause zur Stärkung (oder zum Baden oder zu einer Runde Minigolf) einlegen. Über Fisching geht es zurück zum Ausgangspunkt. Im Grunde müsste man in einem einwöchigen Urlaub den Waginger See nie verlassen. Zu viele Möglichkeiten und Aktivitäten bieten sich rund um den See an. Wer noch etwas über den unmittelbaren Uferbereich hinausblickt, bucht sich lieber gleich für mehrere Wochen am wohl schönsten Fleck des Rupertiwinkels ein.

Die Tour im Überblick

Einfacher Spaziergang am Waginger See entlang zum Strandkurhaus, 4,5 km, 1 Std.

Buslinie 9518 bis zum Strandbad Seeteufel, Haltestelle Fisching, Waging am See | Parkplätze am Strandbad

Die Wanderung ist ganzjährig möglich

Einfache Wanderausrüstung, Badebekleidung im Sommer

47.946272,12.735880 (Start und Ziel) 47.943744, 12.751598 (Strandkurhaus)

DOWNLOAD GPX-Track

Der Waginger See erwärmt sich in den Sommermonaten schnell und bietet hervorragende Bedingungen für Wassersport aller Art (li.). Brückenpatron am Seeufer (re.)

Von Bad Reichenhall auf den Hochstaufen ★

Der Hochstaufen ist mit seinen 1771 m ein beliebtes Gipfelziel, zu dem mehrere Wege mit verschiedenen Schwierigkeitsgraden führen. Nicht nur Wanderer und Bergsteiger finden am Hochstaufen ihr Glück, sondern auch Klettersteiggeher, die durch die steile Nordwand aufsteigen und den Hochstaufen zu einem Berg für alle machen.

Viele Wege führen zum Ziel

Trotz seiner Nähe zu den Berchtesgadener Alpen gehört das ganze Massiv des Hochstaufens geografisch noch zu den Chiemgauer Alpen, deren östlichster Zipfel er ist. Auf den Hochstaufen führen gleich mehrere Wege. Der einfachste Aufstieg startet unweit von Bad Reichenhall. Über den durch die breite Südflanke führenden Goldtropfsteig geht es zwischendrin zwar recht steil, aber doch weitestgehend einfach bis zum Gipfel, der ein tolles Panorama über die Berchtesgadener Alpen, aber auch hinab nach Bad Reichenhall bis hinüber nach Salzburg und zum Chiemsee bietet. Anspruchsvoller ist schon der Aufstieg über die Steinernen Jäger. Hier gilt es einfache Kletterstellen zu überwinden. Da der Steig teilweise ausgesetzt ist, sind Trittsicherheit und Schwindelfreiheit unabdingbar. Noch einmal deutlich anspruchsvoller ist der Weg auf den Hochstaufen über den Pidinger Klettersteig. Der bleibt aber ausschließlich erfahrenen Klettersteiggehern und Bergsteigern vorbehalten. Alle anderen lassen vom Pidinger Klettersteig unbedingt die Finger!

Gipfelrast im Reichenhaller Haus

Nur wenige Meter unterhalb des Gipfels erhebt sich das Reichenhaller Haus, eine Hütte des Alpenvereins. Auf der Sonnenterrasse, die genau auf dem kantigen Felsgrat liegt, lässt sich das verdiente Gipfelbier besonders gut schmecken. Die Aussicht steht der vom Gipfel in nichts nach.

Insider-Tipp Es ist auch möglich in der Hütte zu übernachten, insgesamt stehen allerdings nur 20 Schlafplätze zur Verfügung, die gerade an schönen Tagen schnell ausgebucht sind.

Abstieg oder Überschreitung zum Zwiesel

Der Abstieg führt an der Nordwestseite des Hochstaufens über einen anfangs steilen Steig (teilweise mit kurzen Versicherungen) bis hinab zur Steineralm. Bald geht es auf einer Forststraße weiter abwärts, die wieder auf den Aufstiegsweg trifft. Nach einer geruhsamen Nacht im Reichenhaller Haus ist auch eine Überschreitung des ganzen Staufenmassivs bis zum Gamskogel möglich. Auch die ist allerdings etwas anspruchsvoll und nur etwas für versierte Bergsteiger.

Das Reichenhaller Haus duckt sich unmittelbar unter dem Gipfel des Hochstaufen in den Fels (li.). Profis erklimmen den Hochstaufen über den Pidinger Klettersteig (o.)

Die Tour im Überblick

Mittelschwere Gipfeltour auf den Hochstaufen, 4,2 km (einfach), 3 Std.

Mit dem Auto bis zum Wanderparkplatz im Ortsteil Nonn/Bad Reichenhall

Die Wanderung ist von April bis Oktober möglich. Der Klettersteig ist im Winter gesperrt!

Einfache Wanderausrüstung, gute Schuhe, Stöcke empfehlenswert, Brotzeit und Getränke nicht vergessen

47.735702,12.858893 (Start), 47.754972,12.848734 (Ziel)

DOWNLOAD GPX-Track

Auf dem Teisendorfer Bierwanderweg ★

Wandern auf den Spuren des Bieres: Von Teisendorf führt der Teisendorfer Bierwanderweg einmal zum Höglwörther See und wieder zurück. Zehn Stationen vermitteln Wissenswertes rund um das Thema Bier. Bei einem Besuch der Wieninger Brauerei lässt sich schließlich die Theorie mit der Praxis verbinden …

Kurze und lange Variante

Auf den Spuren des Wieninger Bieres wandelt der Teisendorfer Bierwanderweg. Der startet direkt an der Wieninger Brauerei, wo sich bei Bedarf auch ein Bollerwagen ausleihen lässt, um die Tour standesgemäß zu absolvieren. Es gibt eine kurze und eine längere Variante. Während Erstere bereits beim Klosterwirt in Höglwörth endet (von hier geht's mit dem Bus wieder zurück), führt die längere über 12,4 km und 140 hm über Felder, Wiesen und durch Wälder am Teisenberg entlang.

Entlang des Weges gibt es zehn Stationen, die Interessantes über die Kunst des Brauens erzählen und welche Schritte dafür nötig sind. Von den verwendeten Rohstoffen bis zu den Geheimnissen des Bierbrauens wird hier berichtet. So vergehen die dreieinhalb Stunden, die für den Teisendorfer Bierwanderweg veranschlagt sind, wie im Fluge.

Die Wanderung ist für die ganze Familie geeignet, ist aber auch für Junggesellenabschiede oder ähnliche Gruppenausflüge – gern in Verbindung mit einer Brauereiführung – lohnenswert.

In der Wieninger Brauerei

Definitiv eine leckere Sache: Hier wird hinter die Kulissen der Privatbrauerei geschaut, und auch das Probieren kommt nicht zu kurz. Besucher kosten das Malz, machen sich mit den Aromen des Hopfens vertraut und beobachten die Gärung im Keller. Schon seit dem Jahr 1666 wird an Ort

und Stelle Bier gebraut – mit Wasser aus eigenen Quellen und Zutaten, die am besten direkt aus der Region stammen. Wer selbst einmal Bier brauen möchte, kann das in der hauseigenen Bierwerkstatt tun. Bierbraukurse können für kleine und größere Gruppen bis 15 Personen gebucht werden.
Zum Repertoire der Wieninger Brauerei gehört – wie sollte es in Bayern anders sein – natürlich ein Helles, aber auch Exportbiere wie das Guidobald und verschiedene Weißbiere sind im Sortiment. **Insider-Tipp** Dazu komplettieren einige Festbiere (Höglwörther Maifestbier, Impulsator Bockbier) und das Ruperti Pils das Angebot. Es gibt aber auch ausgefallenere Kreationen, die auf so wundervolle Namen wie „Gschpusi", „Luada", „Zuagroaster" oder „Enzian Fassl N°48" hören, und in der breiten Produktpalette zu finden sind. Ein Muss für jeden Bierliebhaber.

Die Tour im Überblick

Einfache Wanderung von Teisendorf zum Höglwörther See, ca. 6–12 km, 1½–3½ Std.

Buslinie 9515 bis Teisendorf, Haltestelle Hypo Bank, Teisendorf | Es gibt inige Parkplätze im Ort (z. B. Parkplatz Brunnpoint)

Die Wanderung ist ganzjährig möglich, besonders schön im Frühling und Frühsommer

Einfache Wanderausrüstung

47.848914,12.823319 (Start), 47.815783,12.847531 (Ziel)

DOWNLOAD GPX-Track

Station auf dem Teisendorfer Bierwanderweg: der Teisendorfer Eisweiher (li.). Braukultur aus Teisendorf: das Wieninger Bier aus der traditionsreichen Familienbrauerei (re.)

Zur Salzachbrücke in Laufen ★

Die Salzach trennt Deutschland ganz im Osten des Rupertiwinkels von Österreich. Bei einer Erkundung des kleinen Städtchens Laufen und des benachbarten Oberndorf lässt sich die Grenze gleich zweimal überqueren – unter anderem über die prachtvolle Salzachbrücke, die auf eine bewegte Geschichte zurückblicken kann.

Hochwasser an der Salzach

Die Salzachbrücke überspannt auf einer Länge von 166 m die Salzach vom österreichischen Oberndorf bei Salzburg hinüber ins bayerische Laufen, das sich heute stolz als Herz des Rupertiwinkels betrachtet. Die Vorgängerbauten der Brücke wurden bis ins 19. Jh. immer wieder von Hochwassern zerstört, und der 1901 bis 1903 während der Herrschaft von Kaiser Franz Joseph I. und Prinzregent Luitpold von Bayern errichtete Neubau an einer geeigneteren Stelle sorgte sogar dafür, dass das ursprüngliche Oberndorf aufgegeben wurde. **Insider-Tipp** Die Überreste der alten Brücke über die Salzach sind etwa 600 m weiter südlich immer noch zu sehen. Allerdings nur bei Niedrigwasser.

Bewegtes Oberndorf

Seitdem befindet sich Oberndorf an anderer Stelle, wo die architektonisch äußerst sehenswerte Brücke seit 1903 die Salzach überspannt. Kurz zuvor sorgten einige Rekordhochwasser, die sich mehr und mehr übertrafen, für ein Verwerfen der Pläne, die Brücke am ursprünglichen Ort neu zu errichten.

Der bis heute bestehende Bau ist eine Zusammenarbeit Bayerns und Österreichs, wobei für die Architektur der Österreicher Alois Koch verantwortlich zeichnete. Nach anderthalbjähriger Bauzeit wurde die Brücke im Juni 1903 feierlich eröffnet.

Es war dann kein Hochwasser, das trotzdem fast für die Zerstörung sorgte. Kurz vor Ende des Zweiten Weltkriegs sollte die Salzachbrücke zwischen

Laufen und Oberndorf gesprengt werden, um den Vormarsch der amerikanische Truppen auszubremsen, denn bis heute ist die Brücke die einzige in einem Umkreis von 15 km, die Fahrzeuge über die Salzach bringt. Mutige Bewohner auf beiden Seiten der Salzachbrücke konnten die Sprengsätze aber entschärfen und den Brückenbau vor der Zerstörung bewahren. Heute ist die Brücke ein Baudenkmal und steht unter Denkmalschutz.

Rundweg durch Laufen und an der Salzach

Ein Spaziergang durch das historische Zentrum von Laufen zur opulenten Stiftskirche – der wohl ältesten gotischen Hallenkirche in ganz Bayern und an der Schleife der Salzach entlang, kann sehr gut mit einem Überschreiten der Salzachbrücke hinüber nach Oberndorf verbunden werden.

Die Tour im Überblick

Einfacher Spaziergang durch Laufen und Oberndorf am Ufer der Salzach entlang, 3 km, 1 Std.

Buslinie 852 ins Zentrum von Laufen, Haltestelle Briouder Platz, Laufen | Es gibt ausreichend Parkplätze im Ortsgebiet von Laufen

Der Spaziergang ist ganzjährig möglich

Keine spezielle Ausrüstung erforderlich

47.939487, 12.936919 (Start und Ziel)

DOWNLOAD GPX-Track

Historisches Denkmal und Grenzübergang: Die Salzachbrücke überspannt den Fluss auf einer Länge von 166 m (li. und re. u.). Blick von der Brücke auf die Alpen (re. o.)

Hinauf zur Wallfahrtskirche Maria Heimsuchung ★

Hoch über dem Waginger See auf dem Mühlberg thront die Wallfahrtskirche Maria Heimsuchung, die durch ihre Schlichtheit besticht. Schon seit dem 17. Jh. ist sie das Ziel von Pilgern, die auf dem Wallfahrtsweg zu diesem beschaulichen Gotteshaus aufsteigen, um das dortige Marienabbild zu bewundern.

Begehrtes Ziel von Wallfahrern

Nicht übermäßig prunkvoll wie viele andere katholische Kirchen in Oberbayern, ist die Wallfahrtskirche Mariä Heimsuchung doch etwas ganz Besonderes. Das liegt nicht nur an ihrer Lage: Auf dem Mühlberg thront sie hoch über dem Waginger See, nachdem bereits in der zweiten Hälfte des 17. Jhs. unzählige Pilger hierherkamen, um ein Bild der Muttergottes zu bestaunen. Adam Laiminger, ein einfacher Bauer aus der Gegend, hatte es 1668 von seiner Wallfahrt zur Madonna des Ettaler Klosters mitgebracht, schlicht an ein kleines Holzbrett genagelt und dann an einem Birnbaum auf seinem Grund aufgehängt. Dieses Andachtsbild fand rasche Verehrung durch das gläubige Volk.

Kapelle auf dem Mühlberg

Schon kurze Zeit später ließ der Waginger Pfarrer mit Genehmigung des Erzbischofs Max Gandolf von Kuenburg eine kleine hölzerne Kapelle errichten. Bald darauf erfolgte der Bau der kleinen sehenswerten Kirche, zu der heute direkt von Waging aus der Wallfahrtsweg führt.

Knapp 150 Jahre nach ihrer Einweihung erfuhr die kleine Kirche eine Umgestaltung und Restaurierung, die weitestgehend dem heutigen Bild entspricht. So wurden beispielsweise die Deckenfresken ergänzt sowie zahlreiche Votivtafeln. Aus dem Birnbaum, der lang das Bildnis der Madonna trug, wurde eine Kopie der Ettaler Madonna gefertigt, die heute noch zu sehen ist.

Hoch auf dem Mühlberg erhebt sich die Wallfahrtskirche Maria Heimsuchung mit herrlichem Blick über den Waginger See (li.). Blumenschmuck am Kirchengestühl (re.)

Wanderung zur Wallfahrtskirche

Die Wanderung auf den Mühlberg und zur Wallfahrtskirche Maria Heimsuchung beginnt im kleinen Ort Gaden unweit des Waginger Sees, passiert bald die kleine Henkerskapelle und führt über Seeleiten und Wendling hinauf auf den Mühlberg. Während sich im Süden die grandiose Kulisse der Alpen auftürmt, ist die kleine Wallfahrtskirche schon bald erreicht. Nach einer kurzen Besichtigung, den Ausblicken in die Ferne und hinab zum Waginger See geht es auf der Westseite des Mühlbergs wieder hinab ins kleine Egg und zurück zum Ausgangspunkt der knapp 5 km langen Wanderung.

Insider-Tipp In der hübschen Wallfahrtskirche Maria Heimsuchung kann übrigens auch geheiratet werden. Eine garantiert unvergessliche Hochzeit. Anfragen über den Pfarrverband Waging am See.

Die Tour im Überblick

Einfache Wanderung von Gaden zur Wallfahrtskirche Maria Heimsuchung, ca. 3 km, 1 Std.

Buslinie 9519 bis Gaden bei Waging, Haltestelle Gaden, Waging am See | Es gibt einige Parkplätze in Gaden und direkt an der Wallfahrtskirche

Die Wanderung ist ganzjährig möglich
Einfache Wanderausrüstung
47.934602, 12.757228 (Start), 47.930517, 12.749216 (Ziel)

DOWNLOAD GPX-Track

Die Steinerne Agnes und die Schlafende Hexe ★

Eine gottesfürchtige Sennerin, die zu Stein erstarrt ist, und eine Hexe, die friedlich auf dem Rücken liegend schläft. Im Lattengebirge gibt es ganz besondere Stein- und Felsformationen, die interessante oder gar bedrohliche Assoziationen wecken. Also lieber auf stillen Sohlen nach oben steigen und Hexe und der Steinernen Agnes tief in die Augen schauen.

Die Steinerne Agnes

Im Lattengebirge vor den Toren von Bad Reichenhall findet sich auf einer Höhe von knapp über 1300 m eine etwa 15 m hohe Felsformation, die beinahe unwirklich wie ein Pilz daherkommt: die Steinerne Agnes (bzw. die Steinerne Sennerin). Der Sage nach war es eine Sennerin, die zu Stein erstarrte, da sie so gottesfürchtig war, dass sie es vorzog zu versteinern, um vor den Avancen des Teufels geschützt zu sein. Einer anderen Sage zufolge war sie dagegen alles andere als gottesfürchtig. Vielmehr war sie als Schönste im ganzen Umkreis bekannt, und der daraus resultierende Übermut stieg ihr zu Kopf. Von einem Jäger mit ihrem Kind sitzen gelassen, flüsterte ihr der Teufel ein, mit der Schande nicht leben zu können, und so tötete sie ihr eigenes Kind. Die Strafe Gottes folgte auf der Stelle, und die schöne Agnes wurde zu Stein verwandelt und steht noch heute inmitten des Lattengebirges. Von Hallthurm aus führen mehrere Wege ins Lattengebirge hinauf, die nach einer knapp zweistündigen, meist einfachen Wanderung die Steinerne Agnes erreichen. Die ist übrigens auch schon erklettert worden, doch das ist nicht nur schwer. Zum Schutz der Felsformation sollte darauf auch gänzlich verzichtet werden.

Die Schlafende Hexe

Unweit der Steinernen Agnes befindet sich die Schlafende Hexe, deren einprägsame Silhouette schon von Weitem zu sehen ist. Der Kopf, eine auffällige Hakennase und die Brust sind deutlich zu erkennen. Unsere Tour führt bis zur Schlafenden Hexe hinauf und ist keineswegs schwer. Allerdings ist die Gipfelbesteigung der Rotofentürme, also der Nase, des Kinns usw., eher geübten Bergsteigern vorbehalten. Der Mittlere Rotofen (die Brust der Hexe) hat mehrere Kletterstellen mit Schwierigkeitsgrad I, der Vordere Rotofen mit seinen beiden Türmen (Kinn und Nase) sogar mit Schwierigkeitsgrad II und III. **Insider-Tipp** Unerfahrene sollten definitiv von einer Besteigung Abstand nehmen oder einen Bergführer ins Vertrauen ziehen, denn beim Auf- und Abstieg besteht Absturzgefahr!

Die Tour im Überblick

Einfache Wanderung von Hallthurm bei Bad Reichenhall ins Lattengebirge, ca. 6 km, 3 Std.

Buslinie 841 bis Hallthurm, Haltestelle Hallthurm | Ausreichend Wanderparkplätze vorhanden

Die Wanderung ist von Mai bis Oktober möglich

Einfache Wanderausrüstung und feste Schuhe, Stöcke empfehlenswert, Brotzeit und Getränke nicht vergessen

47.700917, 12.933890 (Start und Ziel), 47.687652, 12.909183 (Steinerne Agnes), 47.694830, 12.918932 (Schlafende Hexe)

✓ DOWNLOAD GPX-Track

Die markante Nase der Schlafenden Hexe im Lattengebirge (li.). Die Steinerne Agnes ist eine bizarre, etwa 15 m hohe und durch Verwitterung entstandene Felsformation (re.)

MEHR ERLEBEN

*WEITERE ABENTEUER & AUSFLÜGE

Der Thumsee bei Bad Reichenhall ist ein beliebter Badesee und erreicht schon im Frühsommer angenehme Temperaturen

Im Rupertiwinkel sind die Hügel sanfter und die Aufstiege einfacher. Dazu gibt es in der Region zahlreiche Seen, unter anderem den kältesten, aber auch den wärmsten Deutschlands. Auf Entdeckungstour zwischen Salzburg und Traunstein, Salzach und Inn.

RUND UM BAD REICHENHALL

Türkises Juwel

1 Einfache Wanderung hoch über dem Thumsee zur Höllenbachalm, 4 km (einfach), 3½ Std.
Malerisch zwischen Hügeln eingebettet, liegt der Thumsee vor den Toren von Bad Reichenhall. Mit seinem türkis-grün-blauen Antlitz ist er nicht nur aus der Nähe beim Baden oder auf dem Rundweg eine wahre Augenweide, sondern vor allem bei der Wanderung über den Höllenbachsteig, der steil hinaufführt und herrliche Tiefblicke auf den See bietet. Empfehlenswert ist der Weiterweg zur Höllenbachalm. Der einfachere Rückweg folgt nicht dem steilen Steig, sondern dem sanfteren Forstweg zurück bis zum Ufer des Thumsees, der zum Schluss noch einmal umrundet wird.

Insider-Tipp Im Sommer geht die Sonne genau zwischen den beiden Bergen am Ostufer auf. Frühaufstehen ist dann allerdings nötig.

Buslinie 9526 zum Thumsee, Haltestelle Thumsee-Seemösl, Bad Reichenhall | Ausreichend Parkplätze vor Ort April–Okt. Einfache Wanderausrüstung, Stöcke empfehlenswert
47.718402, 12.831154 (Start), 47.721977, 12.804144 (Ziel)

Wie im Toten Meer

2 Baden im Solebecken der Rupertustherme Bad Reichenhall
Direkt vor der Bergkulisse am Fuß des Hochstaufen dampft es im Herbst und Winter aus dem riesigen beheizten Außenbecken der Rupertustherme in Bad Reichenhall. Wie es sich in der Stadt des Salzes gehört, steht das weiße Gold natürlich im Mittelpunkt. Ob in den verschiedenen Solebecken (im Innen- und Außenbereich) oder in der Saunalandschaft (Salzstollensauna). Aber nicht nur Erholungssuchende kommen in der Therme nicht zu kurz. Auch für Familien mit Kindern bieten sich

Badegäste im Solebecken der Rupertustherme Bad Reichenhall lassen sich von reinem Alpensalz umspülen

jede Menge Möglichkeiten, einen spaßigen und actionreichen Tag im Wasser zu verbringen.

Friedrich-Ebert-Allee 21, Bad Reichenhall | Mit der Bahn bis Bad Reichenhall (300 m Luftlinie vom Bahnhof) | Ausreichend Parkplätze vor Ort | rupertustherme.de | €€ Ganzjährig Badebekleidung 47.732044, 12.874301 (Start/Ziel)

Frostiges Vergnügen

3 Eisbaden im Thumsee bei Bad Reichenhall

Es ist ein frostiges Vergnügen, dem sich ein besonders harter Kern von Bad Reichenhallern verschrieben hat. Denen reicht das Badevergnügen im Sommer nämlich nicht: Auch im Winter steigen sie in die Fluten des Thumsees, selbst wenn dafür das Eis des glasklaren Sees zerbrochen werden muss. Das Eisbaden soll vor Erkältungskrankheiten schützen und regelrecht abhärten. Aber Vorsicht: Es gilt, sich beim Eisbaden besonders langsam heranzutasten. Wer Kreislaufprobleme hat, sollte darauf sogar gänzlich verzichten, zu groß sind die Risiken.

Buslinie 9526 zum Thumsee, Haltestelle Thumsee-Seemösl, Bad Reichenhall | Ausreichend Parkplätze vor Ort Dez.–Feb. Handtuch, warme Kleidung für „danach" 47.718402, 12.831154 (Start/Ziel)

Besonders Hartgesottene steigen auch bei frostigen Temperaturen ins eiskalte Wasser des Thumsees

Oktoberfest in klein

4 Reichenhaller Herbstfest, Bad Reichenhall

Das Reichenhaller Herbstfest findet Jahr für Jahr pünktlich zu Beginn des Herbstes ab Mitte September statt. Eine Woche lang treffen sich Vereine, Arbeitskollegen, Freunde und Urlauber auf diesem Volksfest. Im gelb-grünen Festzelt wartet neben kulinarischen Schmankerln natürlich die ein oder andere Maß (ausgesprochen übrigens: Mass) Bier. Untermalt wird der Betrieb im Festzelt von Bands und Musikkapellen aus der Region. Zahlreiche Schausteller und Fahrgeschäfte runden das Programm auf dem Festgelände ab. Ein Oktoberfest im Kleinen, nur ohne die originalen Wiesn-Preise.

Festplatz, Bad Reichenhall | Mit Zug oder Buslinie 260 bis Bad Reichenhall-Kirchberg, Bushaltestelle Bad Reichenhall Kirchberg/Luitpoldbrücke Mitte Septembe Tracht 47.716857, 12.874732

Die denkmalgeschützte Predigtstuhlbahn mit ihren gläsernen Pavillons nahm bereits im Jahr 1928 den Betrieb auf

Immer wieder Sonntags

5 Musikalischer Frühschoppen im Biergarten, Altwirt in Piding

Über den ganzen Sommer hinweg finden beim Altwirt in Piding vor den Toren von Bad Reichenhall musikalische Frühschoppen statt. Der Altwirt ist eine Institution in Piding, und es gibt ihn schon seit dem Jahr 1500. Die typisch bayerische Küche vom Schweinsbraten über den Tafelspitz bis zum Germknödel verspricht ganzjährige Gaumenfreuden. Der Biergarten mit Schatten spendenden Kastanien sorgt bei bestem Wetter für das typische Flair. Da schmecken Weißwurst mit süßem Senf, Brezn und Weißbier ganz besonders gut. Und für die Kinder gibt's einen großen Spielplatz.

Berchtesgadener Str. 6, Piding | Mit Bahn oder Buslinie 2 bis Piding, Bushaltestelle Petersplatz, Piding | Einige Parkplätze direkt beim Altwirt | altwirt.de Juni–Sept. 47.768511, 12.911936 (Start/Ziel)

Mit Schneeschuhen unterwegs

6 Die historische Predigtstuhlbahn in Bad Reichenhall, 1 km, ½ Std.

Die Predigtstuhlbahn, die von Bad Reichenhall auf den gleichnamigen Berg führt, versprüht ein bisschen James-Bond-Flair. Gerade in den Winter monaten meint man auf einer geheimen Basis eines Superschurken gelandet zu sein, und ein schneidiger Geheimagent kommt spektakulär an der Gondel hängend hoch, um die Festung zu infiltrieren. Ganz so abenteuerlich geht es dann doch nicht zu.

Insider-Tipp Im Winter lockt eine spannende Schneeschuhwanderung von der Bergstation hinüber zum Gipfel des Predigtstuhls.

Bahn bis Bad Reichenhall, dann Buslinie 260, Haltestelle Bad Reichenhall Kirchberg/Luitpoldbrücken | Parkplätze an der Talstation | predigtstuhlbahn.de | €€€ Dez.–März Winterwanderausrüstung, Schneeschuhe 47.716667, 12.872227 (Start), 47.696268, 12.878956 (Ziel)

Das burgähnliche Klostergebäude Höglwörth liegt auf einer Halbinsel des gleichnamigen Sees

VOR DEN TOREN SALZBURGS BIS TRAUNSTEIN

900 Jahre Geschichte

7 Einfache Seerunde und Kloster Höglwörth, Höglwörther See, 2 km, 1 Std.

Auf einer kleinen Halbinsel des Höglwörther Sees erhebt sich dieses beschauliche Kloster, das bereits im Jahr 1125 gegründet wurde. Das sich heute in Privatbesitz befindende Anwesen besitzt eine kleine Kirche im Rokokostil, die besonders sehenswert ist. Der Besuch des Klosters lässt sich gut mit der einfachen Rundwanderung um den Höglwörther See und einem Besuch des Klosterwirts nebenan verbinden. Knapp 2 km lang ist die Tour um den See. **Insider-Tipp** Alle drei Jahre wird zur Osterzeit das prachtvolle „Heilige Grab" im ehemaligen Augustinerkloster aufgebaut.

Buslinie 829 bis Höglwörther See, Haltestelle Höglwörther See, Abzw. Anger | Parkplätze direkt beim Klosterwirt Ganzjährig Einfache Wanderausrüstung 47.816676, 12.846865 (Start/Ziel)

Das Hochmoor des Schönramer Filzes beherbergt eine vielfältige Flora und Fauna

Wandern und dabei etwas lernen

8 Einfache Wanderung auf dem Moorerlebnispfad Schönramer Filz, 3,3 km, 1 Std.

Noch bis kurz vor die Jahrtausendwende erfolgte in der Schönramer Filz der Abbau von Torf. Mit dessen Ende wurde das großflächige Hochmoor sich selbst überlassen, und so hat die Natur das Gebiet wieder zurückerobert. Auf einem knapp 3 km langen Lehrpfad durch das Moor lässt sich die Geschichte und Nutzung des Schönramer Filzes nacherleben und viel Wissenswertes rund um das Leben in Moor, Wald und Heide erfahren. Kunstvoll geschnitzte Holzfiguren runden die besonders für Familien mit Kindern geeignete Rundwanderung ab.

Buslinie 9519 bis Schönramer Filz, Haltestelle Schönram Heidewanderweg, Petting | Ausreichend Parkplätze vor Ort | anl.bayern.de/projekte/moorerlebnis Ganzjährig Einfache Wanderausrüstung, Brotzeit 47.898453, 12.859644 (Start/Ziel)

Der kälteste See Deutschlands

9 Einfache Wanderung zum Frillensee bei Inzell, 6 km, 2 Std.

Vom Wanderparkplatz Adlgaß geht es auf einer einfachen Wanderung zum kältesten See Deutsch-

Herbststimmung am Frillensee – in vielen Jahren bildet sich bereits im November eine tragfähige Eisdecke

lands, der malerisch eingebettet an den Nordausläufern des Staufenmassivs liegt. Eine knapp 5 km lange einfache Rundtour führt am Frillensee, seinem Bach und dem angrenzenden Hochmoor entlang. Da der See bereits früh im Winter zufriert, wird er auch gern zum Eislaufen und Eishockeyspielen genutzt. **Insider-Tipp** Besonders schön ist der Frillensee aber im Herbst, wenn die Blätter der Bäume ein wahres Farbspektakel kreieren.

Bus-Dorflinie Inzell (fährt in der Nebensaison teilweise nicht), Haltestelle Adlgaß | Ausreichend Parkplätze vor Ort ⏲ Ganzjährig, besonders schön Mitte bis Ende Okt. ⚙ Einfache Wanderausrüstung, Brotzeit 📍 47.773498, 12.795571 (Start), 47.766904, 12.817614 (Ziel)

Wege durch den Sumpf: der kälteste See Deutschlands

10 Einfache Wanderung auf der Großen Ainringer Moosrunde, 6 km, 2 Std.

Wandern ohne Höhenmeter verspricht die Ainringer Moosrunde, die in einer kurzen (ca. 3 km) und einer längeren Variante (ca. 6 km) durch das Moor führt, wo lange Zeit Torf abgebaut wurde. Unzählige Vogelarten leben hier und machen sich vor allem am frühen Morgen oder frühen Abend bemerkbar. Der einfache Rundweg ist das ganze Jahr gut begehbar. Ganz ohne Höhenmeter geht es aber doch nicht, denn unterwegs gibt es zwei Aussichtstürme, von denen sich das Ainringer Moos nochmal aus einer anderen Perspektive präsentiert.

Ainringer Rufbus (Tel. 086 54/575 88, mind. 60 Min. vor Abfahrt kontaktieren) bis Ainring, Haltestelle Niederstraß Torfwerk | Ausreichend Parkplätze vor Ort ⏲ Ganzjährig ⚙ Einfache Wanderausrüstung, Brotzeit 📍 47.834354, 12.929193 (Start), 47.823407, 12.936418 (Ziel)

Abwechslungsreiche Radlrunde

11 Mittelschwere Rundtour um den Teisenberg mit vielen Stopps, 46 km, 4 Std.

Ob urige Gasthäuser oder idyllische Biergärten, willkommene Stopps mit Einkehrmöglichkeit gibt es bei der Fahrradrunde um den Teisenberg mehr als genügend. Knapp 46 km ist die Tour lang, und im Anstieg müssen etwa 600 hm überwunden

Die Radtour um den Teisenberg ist landschaftlich sehr vielfältig, und Stopps zur Einkehr gibt es genug

werden. Das lohnt sich besonders landschaftlich, denn auf der Strecke von Teisendorf über Anger, Adlgaß, Inzell, Hammer, Siegsdorf und Neukirchen bis zum Ausgangspunkt in Teisendorf wechselt die Umgebung von dichten Wäldern, eingeschnittenen Tälern bis zu großflächigen Mooren, die jeweils mit dem Rad passiert werden.

Buslinie 829 bis Anger, Haltestelle Dorfplatz | Parkplatz in der Scheiterstraße April–Sept. Fahrrad (Trekkingrad, Mountainbike, E-Bike) 47.802114, 12.856056 (Start/Ziel)

Don't drink and bike

12 Mittelschwere Fünf-Brauereien-Tour zwischen Salzburg und Traunstein, 57 km, 4 Std.

51 km lang, etwa vier Stunden Fahrzeit, 400 hm und fünf Brauereien. Das sind die Kennzahlen der Radtour „Stadt, Land, Bier", die einmal durch den Rupertiwinkel bis nach Traunstein und wieder zurück führt. In Schönram wartet direkt zu Beginn die erste Brauerei, bei Wieninger in Teisendorf bald die nächste. Weiter geht es nach Traunstein, wo es mit dem Hofbräuhaus Traunstein, der Privatbrauerei Schnitzlbaumer und dem Wochingerbräu drei weitere Bierproduzenten gibt. Über den Waginger See geht's zurück zum Ausgangspunkt. Alternativ ist auch ein Start in Traunstein möglich. Aber Vorsicht, auch mit dem Fahrrad gilt: Don't drink and bike!

Buslinie 9519 bis Schönram, Haltestelle Schönram Brauerei, Petting | Parkplätze direkt gegenüber der Brauerei April–Sept. Fahrrad (Trekkingrad, Mountainbike, E-Bike) 47.886264, 12.848620 (Start/Ziel)

Von Gelbbauchunke bis Schwarzstorch

13 Einfache Wanderung im Natura-2000-Vogelschutzgebiet Oberes Surtal, 7 km, 2 Std.

Vom Buntspecht über den Schwarzspecht bis hin zum Grünspecht sind im Natura 2000-Schutzgebiet etliche verschiedene Spechtarten anzutreffen. Aber nicht nur die. Mit etwas Glück lassen sich auch die seltenen Schwarzstörche entdecken, die hier Jahr für Jahr ihren Sommer verbringen. Ihr

Hoch über der Stadt thront die Burg Tittmoning, deren Anfänge bis ins 12. Jh. zurückreichen

Die Gelbbauchunke ist an ihrer Oberseite graubraun gefärbt. Dreht man sie um, erkennt man das Fleckenmuster

auf den ersten Blick schwarzes Gefieder schimmert aus der Nähe in unzähligen Farben. Rund um den Fluss Sur und dessen Ursprung sind viele weitere heimische Vogelarten anzutreffen. Seltene Falterarten und Amphibien wie die Gelbbauchunke kommen in den weitläufigen Fluss- und Moorlandschaften ebenfalls vor. **Insider-Tipp** Gelbbauchunken sind nicht giftig und sie können vorsichtig umgedreht werden, um ihren gelb leuchtenden Bauch zu Gesicht zu bekommen.

Buslinie 9515 bis Surtal, Haltestelle Surtal, Abzw. Surberg | Wenige Parkplätze am Sportplatz in Surberg Ganzjährig Einfache Wanderausrüstung, Brotzeit 47.868688, 12.702019 (Start), 47.848587, 12.718025 (Ziel)

NÖRDLICHER RUPERTIWINKEL

Stark bewehrte Trutzburg

14 Spaziergang zur Burg Tittmoning, 1,5 km, 1 Std.

Als müsste sie sich immer noch zahlreicher Feinde erwehren, wirkt die Burg Tittmoning im Norden des Rupertiwinkels auch heute noch recht trutzig. Auch wenn es nur einen Steinwurf hinüber nach Österreich ist, so muss ein Angriff nicht mehr befürchtet werden. Und doch macht die stattliche

Blick von der österreichischen Seite über die Salzach nach Burghausen mit seiner imposanten Burg

Burg den Anschein, als könnte sie sich locker erwehren. Seit dem 13. Jh. thront die Festung über der beschaulichen Stadt, von deren Zentrum ein einfacher Spaziergang hinauf zur Burg führt. Heute ist dort ein Heimatmuseum untergebracht.

Buslinie 9518 bis Tittmoning, Haltestelle Stadtplatz | Ausreichend Parkplätze vor Ort | €€ (Eintritt Burg) Ganzjährig 48.063858, 12.768632 (Start), 48.060664, 12.763098 (Ziel)

Die längste Burg der Welt

15 Besuch der Burg zu Burghausen mit Museen, Kapellen und Events, 3,5 km, 1½ Std.

Am nördlichsten Zipfel des Rupertiwinkels erhebt sich die längste Burg der Welt. Über 1 km ist die Burg über der historischen Altstadt von Burghausen lang, was ihr diesen Titel mit gehörigem Vorsprung einbringt. Wehrhafte Mauern mit zahllosen Türmen und kleinen Kapellen prägen das Bild der Anlage, die sich auf einem schmalen Bergkamm über der Stadt erstreckt. In der Festung sind heute keine Ritter mehr zu Hause, aber zahlreiche

Insidern verrät dieses Schild, dass man sich auf dem Weg nach Santiago de Compostela befindet

Die Salzach markiert auf knapp 60 km Länge die Grenze zwischen Deutschland und Österreich

Museen und Veranstaltungen gewähren einen Einblick in das Leben von anno dazumal. **Insider-Tipp** Ein besonderes Highlight ist der Weihnachtsmarkt an einem der Adventswochenenden.

ℹ *Mit Bahn oder Buslinie 7542 nach Burghausen, Haltestelle: Bahnhof Burghausen | Parkplätze am Stadtplatz (Tiefgarage) | burg-burghausen.de | € (Eintritt Burg) ⏲ Ganzjährig 📍 48.156910, 12.836916 (Start), 48.155996, 12.828859 (Ziel)*

Pilgern im Rupertiwinkel

16 🚶 Einfache Wanderung auf dem Böhmisch-Bayerischen Jakobsweg an der Alz, 18,3 km, 5 Std.

Nicht nach Santiago de Compostela, sondern bis zum Hohenpeißenberg zwischen Garmisch-Partenkirchen und Weilheim führt der Böhmisch-Bayerische Jakobsweg. Diese Etappe startet in Garching und folgt dabei grob dem Verlauf der Alz in Richtung Süden. Auf der knapp 18 km langen Wanderung werden einige Orte passiert. Mit der Schlosskirche St. Erasmus ist schon bald nach dem Aufbruch ein kleines Schmuckstück erreicht. Ziel der Tour ist Trostberg an der Alz, dessen hübscher Ortskern wirklich alles andere als trostlos ist.

ℹ *Buslinie 9342 bis Garching an der Alz, Haltestelle Kirche, Garching an der Alz | Parkplätze beim Freibad oder am Bahnhof | Mit dem Bus zurück ⏲ Ganzjährig ⚙ Wanderausrüstung, festes Schuhwerk 📍 48.135161, 12.590852 (Start), 48.027719, 12.552767 (Ziel)*

Immer am Fluss entlang

17 🚲 Mittelschwere Tour auf dem Salzach-Radweg von Salzburg nach Braunau, 81 km, 5 Std.

Der Salzach-Radweg ist ein Teilstück des Tauernradwegs, der auf neun Etappen von den Krimmler Wasserfällen in den Hohen Tauern immer dem Lauf der Salzach (und zuletzt dem Inn) bis Passau folgt. Die achte Etappe führt über knapp 80 km von Salzburg nach Braunau entlang des deutsch-österreichischen Grenzverlaufs und wechselt zwischen beiden Ländern hin und her. Es warten steile Ausblicke hinab zur Salzach wie auch ein weitgehend flaches und entspanntes Radeln – immer mit den Bergen im Rücken. Sowohl auf deutscher als auch auf österreichischer Seite gelangt man in kleine Städtchen, in denen sich immer wieder ein Stopp lohnt.

Die Radroute rund um den Tachinger und Waginger See gewährt immer wieder schöne Ausblicke auf das Wasser

Mit der Bahn bis Bahnhof Salzburg | Parken am besten am Messegelände (Radweg in unmittelbarer Nähe) April–Okt. Fahrrad (Trekkingrad, Mountainbike, E-Bike) 47.798656, 13.046699 (Start), 48.258264, 13.035159 (Ziel)

RUND UM DEN WAGINGER SEE

Radeln mit Kindern

18 Einfache Fahrradtour auf der Waginger und Tachinger See-Runde, 28 km, 2 Std.

Rund um den Waginger und den benachbarten Tachinger See führt die Waginger See-Runde, eine einfache Fahrradtour über knapp 28 km, die auch für Kinder gut geeignet ist. Auf der Strecke gibt es einige Möglichkeiten für spannende Stopps, wie beispielsweise bei der Schnapsbrennerei am Sailerhof, dem Strandbad mit seinem sehenswerten Pavillon oder – da heißt es aber ordentlich in die Pedale treten und ein paar Höhenmeter zusätzlich zu absolvieren – zur Wallfahrtskirche Maria Heimsuchung auf dem Mühlberg.

Buslinie 9518 nach Fisching bei Waging am See, Haltestelle Fisching | Parkplätze am Strandbad April–Okt. Fahrrad (Trekkingrad, Mountainbike, E-Bike) 47.939499, 12.747016 (Start/Ziel)

Baden im wärmsten See Bayerns

19 Einfacher Abstecher zum Abtsdorfer See, 5,7 km, 1½ Std.

Mit dem Frillensee ist ja schon der kälteste See Bayerns im Rupertiwinkel beheimatet. Mit dem Abtsdorfer See ist nun auch der wärmste See Bayerns hier zu finden. Vor den Toren von Salzburg gelegen kommt der relativ flache Moorsee bereits im Frühjahr schnell auf Temperatur. Am Ufer finden sich Bademöglichkeiten inklusive einem Steg. Im See gibt es auch eine kleine Badeinsel zum Reinspringen. **Insider-Tipp** Wer nicht baden will, kann den Abtsdorfer See ganzjährig auf einem knapp 5 km langen Weg umrunden. Die Wanderung passiert auch das Schloss Abtsee am Ostufer.

Buslinie 853 bis Abtsdorfer See, Haltestelle Fisching Thannberg, Laufen | Parkplatz Lauterbrunn Ganzjährig zum Wandern, Baden von Mai–Sept. Einfache Wanderausrüstung, Badebekleidung 47.913593, 12.910866 (Start/Ziel)

Bei den vielfältigen Waginger Musiktagen vereinen sich klassische Musik, Kirchenmusik, Volksmusik und Jazz

Segel- und Ruderfreuden

20 Regatten auf dem Waginger See

Zwischen Anfang Mai und Anfang Oktober geht es auf dem Waginger See recht turbulent zu. Es ist die Zeit der Segler, die sich in verschiedenen Klassen und vielen Regatten ihre Wettkämpfe liefern. Das lang gezogene Gewässer ist perfekt dafür geeignet und so kommen Segler aus ganz Europa zur Waginger Seemeisterschaft, zum Dr. Albert-Balthasar-Finn Fight, zur Dr. Hans-Rösch-Gedächtnis-Regatta oder zum Bayerisch-Österreichischen Korsarenschwert. Aber nicht nur die Segler toben sich hier aus, sondern auch der heimische Ruderverein. Die Veranstaltungen machen nicht nur für die Teilnehmer Spaß, auch das Zuschauen lohnt sich.

Buslinie 9518 nach Fisching zum Waginger Segelclub, Haltestelle Fisching, Waging am See | Parkplätze am Strandbad | €€€ Mai–Okt.
Abhängig ob Teilnehmer oder Zuschauer
47.946444, 12.745819 (Start/Ziel)

Von Volksmusik bis Klassik

21 Die Waginger Musiktage mit Open-Air-Konzerten

Bereits seit dem Jahr 1994 finden im Juni oder Juli die Waginger Musiktage statt. Nicht nur in der Pfarrkirche St. Martin oder in der Wallfahrtskirche Maria Heimsuchung wird musiziert, auch unter freiem Himmel werden Konzerte veranstaltet. Das Programm der Waginger Musiktage reicht von klassischer Musik über Kirchenmusik bis hin zu traditioneller Volksmusik. Es kann aber auch eine Bigband sein, die direkt am Hafen aufspielt. Organisiert wird das Spektakel vom Verein für Heimatpflege und Kultur Waginger See e. V.

Wechselnde Locations rund um Waging, Übersicht auf kulturverein-waging.de/musiktage; z. B. Wallfahrtskirche Maria Mühlberg | Buslinie 9519, Haltestelle Gaden, Waging am See | Einige Parkplätze in Gaden und direkt an der Wallfahrtskirche | €€ Juni und Juli 47.930454,12.749301

DER SCHÖNSTE SONNENUNTERGANG

Über den Dächern der Stadt

22 **Einfache Wanderung oberhalb von Traunstein, 1,1 km (einfach), 20 Min.**

Den schönsten Sonnenuntergang rund um Traunstein erlebt man im Ortsteil Hallabruck. An der Kriegsgräberstätte Traunstein steht ein großes Kreuz, hinter dem es steil hinunter zur Traun und hinüber in die Traunsteiner Altstadt geht. Ein malerisches Szenario entfaltet sich, wenn sich der Tag langsam dem Ende entgegenneigt und die Stadt in ein gleißendes Orangerot taucht, das von den vielen Dächern förmlich zurückgestrahlt wird. Vom Zentrum ist der Ort mit einem kurzen Spaziergang erreicht.

Mit Bahn oder Buslinie 9518 nach Traunstein, Bushaltestelle Hallabruck, Surberg | Einige Parkplätze vor Ort *Ganzjährig*

47.869322, 12.647682 (Start), 47.872750, 12.655282 (Ziel)

LOKALE SPEZIALITÄTEN

*UND WO DU SIE PROBIEREN KANNST

Der Kaiserschmarrn zählt zu den bekanntesten Süßspeisen der bayerischen und österreichischen Küche

Vom frisch gezapften Bier über eine Spezialität, die selbst im Süden Bayerns nur selten anzutreffen ist bis hin zum Kaiserschmarrn, der mit Bergpanorama am besten schmeckt: Der Rupertiwinkel bietet einige kulinarische Highlights, die es zu entdecken gilt.

Biergenuss aus dem Rupertiwinkel

1 Von Hell bis Pale Ale

Wer mal etwas anderes probieren mag als das „klassische Helle": Mittlerweile haben sich auch Brauereien, die es schon seit Jahrhunderten gibt, auch der Produktion von bayerischem Pale Ale, Grünhopfen-Pils, Schoarama Herbst-Bier, Weihnachtsfestbier oder diversen Bockbieren zugewandt. Wer im Urlaub nicht genug Vorrat angehäuft hat, kann sich übrigens den Biergenuss aus dem Rupertiwinkel oft auch online bequem nach Hause bestellen.

ℹ *Eine gute Auswahl an Bieren hat die* **Schönramer Brauerei** *in Schönram. Auf dem Brauereigelände finden übrigens auch regelmäßig Veranstaltungen wie die „Boarisch Party" oder Trachtenfeste statt | Salzburger Str. 10, Schönram | schoenramer.de | €€*

Her mit dem Schmarrn

2 Kaiserschmarrn

Frisch zubereiteter Kaiserschmarrn ist ein wahrer Gaumenschmaus, auf Wunsch mit Dinkelmehl und sogar ohne Rosinen, obwohl der Autor dieser Zeilen sie für unverzichtbar hält! Die Süßspeise gehört zur alpenländischen Küche wie kaum ein anderes Gericht. Um es mit den Worten des österreichischen Kaisers zu sagen, nachdem die Küche seinen Pfannkuchen zerbrochen hatte: „Na geb er mir halt den Schmarrn her!"

ℹ *Besonders gut schmeckt der Kaiserschmarrn auf der* **Fürmann Alm** *| Irlberg 41, Anger | fuermann-alm.de | € – bequem mit Auto oder E-Bike erreichbar, zu Fuß ca. 1 Stunde*

Bayerische Spezialitäten

3 Gebratene Blut- und Leberwurst

Früher, als die Kühlmöglichkeiten noch nicht so gut waren wie heute, wurden Schweine oft im Winter geschlachtet. Aus den schnell verderblichen Sachen wie Innereien wurden unter anderem Blutwurst und Leberwurst gemacht, die es auch heute noch vornehmlich im Winter auf den Speisekarten gibt. Die beiden Würste werden gebraten mit Sauerkraut und Schupfnudeln serviert – für Freunde deftiger Kost ein absolutes Muss.

ℹ *Ein Tipp für diese Spezialität ist der* **Klostergasthof Raitenhaslach** *| Raitenhaslach 9, Burghausen | altstadthotels.net/hotels/klostergasthof-raitenhaslach | €€€*

Hier findest du alles

5 Bauernmarkt in Waging am See

Von Mitte März bis kurz vor Weihnachten findet in Waging am See jeden Samstag ein großer Bauernmarkt statt. Von Backwaren bis zu Käse, von Bio-Fleisch bis hin zu frischen Säften breiten Produzenten aus der Umgebung ihre Waren aus.

ℹ *Sepp-Daxenberger-Platz, Waging am See | waginger-see.de | €*

Traum aller Kaffeetafeln

4 Kuchen und Torten

Beim Anblick der Kuchen- und Tortenvielfalt in den Schautheken vieler Cafés und Konditoreien in Bad Reichenhall, Burghausen oder Berchtesgaden läuft jedem garantiert das Wasser im Mund zusammen: Wie wäre es mit einer Walnuss-Crispy-Torte mit gesalzenem Karamell zum Tee? Frankfurter Kranz oder Torte Royal zum Kaffee?

ℹ *Die Auswahl an selbst hergestellten Kuchen und Torten im* **Café Tasse** *ist riesig – und lecker! | Bahnhofstr. 19–21, Piding | cafetasse.business.site | €€*

Wasserburgs Altstadt wird fast komplett vom Inn umflossen und ist nur über eine schmale Landzunge erreichbar

Städte am Inn

MALERISCHE ALTSTÄDTE UND EIN PAPST

Für den Baustil der Altstädte am Inn gibt es sogar einen eigenen Begriff. Die Inn-Salzach-Bauweise ist typisch für die vielen unglaublich hübschen Innenstädte von Rosenheim über Wasserburg bis hinauf nach Altötting. Es sind aufwendig restaurierte Fassaden, oft mit Stuck versehen, die die Architektur prägen. Meist reichen die Fassaden über mehrere gar nicht zusammenhängende Häuser und sorgen so für ein einheitliches Bild und bunte Farbtupfer, während das Nachbarhaus wieder in einem ganz anderen Farbton glänzt. Daneben ist natürlich das verbindende Element der aus den Alpen herabkommende Inn, der sich durch die Landschaft schlängelt, kleine Oasen schafft und der Natur an vielen Plätzen ganz nah an den Städten genug Raum zur Entfaltung bietet.

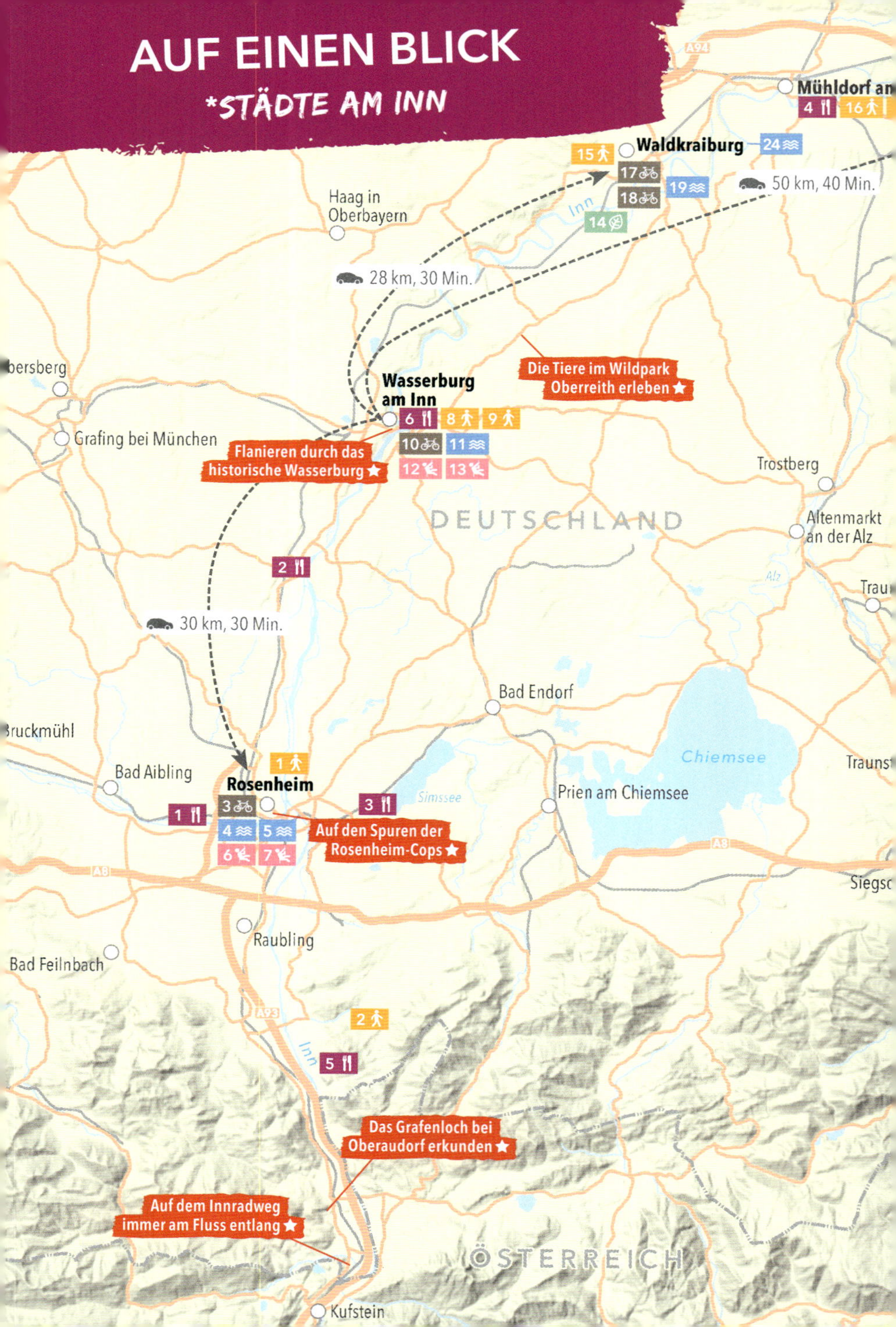

AUF EINEN BLICK
*STÄDTE AM INN
A94
Mühldorf an
4
16
Waldkraiburg
15
24
17
19
18
50 km, 40 Min.
Haag in
Oberbayern
Inn
14
28 km, 30 Min.
bersberg
Wasserburg
am Inn
Die Tiere im Wildpark
Oberreith erleben
6
8
9
Grafing bei München
10
11
Flanieren durch das
historische Wasserburg
12
13
Trostberg
DEUTSCHLAND
Altenmarkt
an der Alz
2
Alz
Trau
30 km, 30 Min.
Bad Endorf
Bruckmühl
1
Chiemsee
Trauns
Bad Aibling
Rosenheim
3
Simssee
Prien am Chiemsee
1
3
4
5
Auf den Spuren der
Rosenheim-Cops
6
7
A8
A8
Siegsc
Raubling
Bad Feilnbach
A93
2
Inn
5
Das Grafenloch bei
Oberaudorf erkunden
Auf dem Innradweg
immer am Fluss entlang
ÖSTERREICH
Kufstein

MARCO POLO

OUTDOOR-HIGHLIGHTS ★

★ Auf den Spuren der Rosenheim-Cops
Kriminalistische Entdeckungstour zu echten Drehorten → S. 170

★ Flanieren durch das historische Wasserburg
Wo ein Hauch von Mittelalter durch die Gassen weht → S. 172

★ Auf dem Innradweg immer am Fluss entlang
Eine Fahrradtour von Kiefersfelden bis Rosenheim → S. 174

★ Das Grafenloch bei Oberaudorf erkunden
Leichte Wanderung vom Luegsteinsee zur Luegsteinhöhle → S. 176

★ Durch das päpstliche Marktl schlendern
Vom Geburtshaus von Benedikt XVI. hinauf auf den Leonberg → S. 178

★ Die Tiere im Wildpark Oberreith erleben
Wildnis zum Anfassen für Klein und Groß → S. 180

Auf den Spuren der Rosenheim-Cops ★

Auf den Spuren einer der beliebtesten deutschen Vorabendserien wandelt der Rosenheim-Cops Stadtrundgang. Hier lassen sich die authentischen Drehorte inmitten der Rosenheimer Altstadt entdecken. Fans der Serie erkunden nicht nur das Revier, sondern auch etliche Tatorte. Eine alles andere als langweilige Stadtführung.

Kriminellste Stadt Deutschlands?

Sagenhafte 18 Staffeln gibt es inzwischen von den „Rosenheim-Cops". Das macht mittlerweile weit über 500 Folgen, wobei ursprünglich nur fünf oder sechs Folgen geplant waren. Und so dürften es mittlerweile Hunderte sein, deren Tod die Ermittler in der ZDF-Vorabendserie haben aufklären müssen. Dazu kommen 500 Mörder, die Rosenheim zur wahrscheinlich kriminellsten Stadt in ganz Deutschland, wenn nicht Europa machen würden. Bereits seit Anfang 2002 werden die „Rosenheim-Cops" im Vorabendprogramm des ZDF ausgestrahlt, und sie erfreuen sich seither einer riesigen Fangemeinde, von der so mancher Tatort nur träumen kann. Den reellen Tod mehrerer Hauptfiguren musste die Serie verkraften, und doch schafften es die Autoren und Macher der Serie immer wieder, sich nicht in zu viel Neuerungen zu verlieren und die „Rosenheim-Cops" so fortzuführen, dass die treuen Fans am Ball bleiben.

Unterwegs in den Kulissen

Einen Bummel durch die Kulissen der ZDF-Vorabendserie können Interessierte im Rahmen der Stadtführung auf den Spuren der Rosenheim-Cops machen. Sie folgt den Kommissaren an bekannte Drehorte, macht natürlich auch am Polizeirevier – eigentlich das Rosenheimer Rathaus – Station und klappert noch viele weitere Szenerien in der Altstadt ab. Beispielsweise den Riedergarten im

Zentrum von Rosenheim oder das Mittertor, wo heute das Städtische Museum beheimatet ist, in der Serie aber bereits ein Mord stattgefunden hat. Aber auch am großen Max-Josefs-Platz inmitten der Stadt erkennen Fans jede Menge Tatorte.

Rechtzeitig anmelden

Die Stadtführung „Auf den Spuren der Rosenheim-Cops" findet ganzjährig (im Winter einmal pro Woche, im Sommer dreimal pro Woche) statt. Unbedingt frühzeitig bei der Touristeninformation Rosenheim anmelden, da die Plätze heiß begehrt sind. **Insider-Tipp** Fotos mit den Darstellern gefällig? Am Lokschuppen und an den Gaststätten Johann Auer und Zum Santa gibt es lebensgroße Aufsteller der Schauspieler. Mit etwas Glück können nach Drehschluss auch die echten Darsteller mitten in der Stadt angetroffen werden.

Die Tour im Überblick

Einfacher Spaziergang und geführte Tour durch die Rosenheimer Altstadt, ca. 2 km, 1 Std.

Mit der Bahn oder Buslinie 410 ins Zentrum von Rosenheim, Bushaltestelle Max-Bram-Platz | Parkhaus am Lokschuppen | Treffpunkt bei der Touristinfo, Hammerweg 1, unweit des Lokschuppens | €

Die Stadtrundführung wird ganzjährig angeboten

Keine besondere Ausrüstung erforderlich

47.852678, 12.127355 (Start und Ziel)

DOWNLOAD GPX-Track

Das Rosenheimer Rathaus ist vielen als Polizeistation der Rosenheim-Cops im Gedächtnis (li.). Das Mittertor (re. o.). sowie der Riedergarten (re. u.) waren weitere Drehorte

Flanieren durch das historische Wasserburg ★

Die historische Altstadt von Wasserburg ist die wahrscheinlich schönste Innenstadt auf der deutschen Seite des Inns und absolut sehenswert. Eine kurze und abwechslungsreiche Tour führt zunächst über den Inn, mitten in die Altstadt hinein und vorbei an alten Gemäuern, die einiges zu erzählen haben.

Historische Gebäude

Beinahe mittelalterlich fühlt es sich an, wenn man über die Rote Brücke – auch Innbrücke genannt und 1204 bereits zum ersten Mal erwähnt – die vom Inn fast vollständig umflossene Altstadt Wasserburgs durch das Brucktor betritt. Etliche alte bis ins Mittelalter zurückreichende Bauten wurden liebevoll restauriert und sind wahre Schmuckstücke. Dazu zählt unter anderem das Herzogliche Schloss, das seit dem 11.Jh. auf einem kleinen Felskamm über der Stadt thront.

Mit den Jahrhunderten verwoben sich Stadt und Schloss immer mehr. Reste der ehemals recht weitläufigen Anlage sind heute direkt in der Stadt aufgegangen, darunter der Burgturm der Vorburg.

Das Ganserhaus beherbergt eine Galerie, die vom Arbeitskreis68 – einer Künstlerinitiative – immer wieder für Ausstellungen genutzt wird. Aber nicht nur das Innenleben ist interessant, auch die Fassade des Ganserhauses mit ihren Freskomalereien aus dem 16.Jh. ist eine absolute Augenweide. Wenige Meter entfernt erhebt sich genau gegenüber vom Wasserburger Rathaus das markante Kernhaus mit seiner eindrucksvollen barocken Stuckfassade, die wahrscheinlich zwischen 1735 und 1740 entstanden ist.

Auch das Rathaus ist mit seiner mittelalterlichen Erscheinung imposant, ebenso die im Stil des Rokoko ausgestaltete dreischiffige Frauenkirche direkt nebenan. Das Brucktor, welches direkt an die

Die Rote Brücke führt über das Brucktor in die vom Inn umschlungene Wasserburger Altstadt (li.). Eine spätbarocke Stuckfassade ziert das Kernhaus am Marienplatz (re.)

Innbrücke anschließt, war seit jeher das wichtigste Eingangstor zur Stadt Wasserburg.

Insider-Tipp Einen besseren Überblick über die historische Altstadt mit ihren vielen kleinen verwinkelten Gassen bekommt man am Bronzemodell der Innenstadt in der Schustergasse.

Geführte Touren durch die malerische Altstadt

Direkt an der Touristinformation in Wasserburg lässt sich eine Stadtführung buchen, die zwischen Ostern und Ende Oktober stattfindet und etwa eine Stunde dauert. Auch Gruppenführungen für bis zu 25 Personen und Führungen für Personen im Rollstuhl oder einer Gehbehinderung sind im Programm. So lässt sich den vielen historisch eindrucksvollen Gebäuden mit allerlei Anekdoten und Geschichten am besten nahekommen.

Die Tour im Überblick

Einfacher Spaziergang durch die Wasserburger Altstadt, ca. 3 km, 1 Std.

Buslinie 7702 bis zur Schönen Aussicht, Haltestelle Kellerberg, Wasserburg | Einige Parkplätze direkt vor Ort oder im Parkhaus Kellerstraße

Der Spaziergang ist ganzjährig möglich, am schönsten im Frühling und Sommer

Keine besondere Ausrüstung erforderlich

48.058533, 12.236992 (Start und Ziel)

DOWNLOAD GPX-Track

Auf dem Innradweg immer am Fluss entlang ★

Über vier Etappen führt der Innradweg in Deutschland von der österreichischen Grenze bei Kufstein bis zur Mündung des Inns in die Donau. Oft geht es auf den Etappen des Fernradwegs direkt am breiten Fluss entlang, und so passiert die Strecke die Städte Rosenheim, Wasserburg, Waldkraiburg, Mühldorf, Altötting und Simbach.

Von der Schweiz bis zur Donau

Vom Maloja-Pass in der Schweiz bis zur Mündung des Inns in die Donau bei Passau reicht die gesamte Strecke des 520 km langen Innradwegs. Auf deutschem Boden wird von Kiefersfelden aus erst Rosenheim, dann Vogtareuth, Wasserburg, Kraiburg, Mühldorf, Neuötting, zuletzt Simbach und schließlich die Dreiflüssestadt Passau erreicht. Der Innradweg verläuft über weite Strecken in unmittelbarer Nähe zum Fluss. Sanfte Auen, aber auch weite Felder und Blicke auf die ersten hohen Gipfel der Alpen versüßen die Zwischenziele, die auf deutscher Seite in vier oder mehr einzelne Touren aufgeteilt werden können.

Dem Inn entlang nach Flintsbach

Die Länge der Etappen ist dabei auf die individuellen Bedürfnisse anpassbar. Als Startpunkt für die Strecke durch Bayern empfiehlt sich der Start direkt hinter der Grenze in Kiefersfelden. Nach einem Kaffee und einer Stärkung am Marktplatz geht es auch schon auf den Drahtesel und schnell hinab zum „grünen Inn", der nach starken Regenfällen in den Alpen aber gern auch mal braun gefärbt jede Menge Matsch und Geröll im Gepäck hat.

Entspannt und fast ohne jeden Anstieg geht es dahin, bis die erste Teiletappe in Flintsbach am Inn endet. Im Gasthof Dannerwirt oder im Gasthof Falkenstein lässt sich gut für eine Nacht unterkommen – aber nicht, ohne noch einen kurzen Abstecher zur Burgruine Falkenstein, die über Flintsbach wacht, zu unternehmen. Die letzten Meter aber bitte nur zu Fuß gehen, zu steil ist der Aufstieg zur Burg und ihren Überbleibseln.

Von Flintsbach nach Rosenheim

Nach einer erholsamen Nacht heißt es, sich langsam aber sicher von den Bergen rundherum zu verabschieden, und entspannt geht es weiter dem Inn flussabwärts folgend bis nach Rosenheim. An die Fahrradtour lässt sich ein kleiner Stadtrundgang durch das historische Zentrum anschließen. **Insider-Tipp** Einige Reiseanbieter haben sich auf den Inntalradweg spezialisiert und bieten Komplettpakete an, in denen die Unterkünfte, Frühstück und ein Gepäcktransport inkludiert sind. Außerdem sind oft auch Zugtickets für eine Rückreise zum Ausgangsort im Angebot enthalten.

Die Tour im Überblick

Zweitägige einfache Fahrradtour am Inn entlang von Kiefersfelden nach Rosenheim, 41 km, 3 Std. Fahrzeit

Mit dem Zug bis Kiefersfelden | Parkplätze direkt am Bahnhof von Kiefersfelden

Die zweitägige Fahrradtour ist von Frühling bis zum frühen Herbst möglich
Fahrrad (evtl. E-Bike), Helm, Gepäcktransport möglich
47.612468,12.189793 (Start in Kiefersfelden), 47.854408,12.127932 (Ziel in Rosenheim)

DOWNLOAD GPX-Track

Umgeben von einem tollen Bergpanorama hat man auf dem Innradweg das Flussufer bisweilen ganz für sich allein (li.). Sightseeing-Stopp auf dem Rosenheimer Max-Josefs-Platz (o.)

Das Grafenloch bei Oberaudorf erkunden ★

Von Oberaudorf führt eine kurze Wanderung zum Grafenloch, einer Höhle hoch über dem Inntal, deren wahre historische Bedeutung als Höhlenburg erst vor wenigen Jahren erkannt wurde. Eine spannende Geschichte mit tragischem Ausgang soll sich hier zugetragen haben.

Vorbei am Luegsteinsee

Inmitten der Luegsteinwand oberhalb des Luegsteinsees findet sich ein sehr lohnenswertes Ziel, das erst erstaunlich spät wiederentdeckt wurde und das eine lange, teils vergessene Geschichte birgt. Die kurze Wanderung zur Luegsteinhöhle lässt sich im Sommer perfekt mit einem Abstecher zum kühlen Bergsee verbinden. Auch im Frühjahr, im Herbst oder in einem schneearmen Winter lohnt sich die Wanderung zur Höhle.

Schon ab dem 11. Jh. diente das Grafenloch als Höhlenburg. Die Mauerreste lassen erahnen wie hoch die Stützmauer einst gewesen sein muss. Heute wird davon ausgegangen, dass die Luegsteinhöhle zweistöckig genutzt wurde und es sogar eine beheizbare Bohlenstube gegeben hat. Darauf weisen Funde hin, die 2008 bei Ausgrabungen gemacht wurden. Die Höhle wurde nur etwa 200 Jahre lang bewohnt und dann regelrecht vergessen.

Wanderung zum Grafenloch

Oberhalb des Luegsteinsees ist das sogenannte Grafenloch in einer knapp 30-minütigen Wanderung erreichbar. Dabei handelt es sich um eine große Höhle, die früher auch als Höhlenburg genutzt wurde. Die Wanderung zum Grafenloch startet im Zentrum von Oberaudorf oder am Luegsteinsee und führt direkt hinter dem See in den Wald. Kurz bevor die Höhle erreicht wird, ist der Weg im Wald etwas ausgesetzter. Die letzten Me-

Blick aus dem spektakulär in einer senkrechten Felswand liegenden Grafenloch, einer der wenigen Höhlenburgen Bayerns, auf das Inntal (li.). Badespaß im Luegsteinsee (re.)

ter ins Grafenloch hinein geht es über eine steile Leiter. Aufpassen! **Insider-Tipp** Nur wenige Meter vom imposanten Grafenloch entfernt befindet sich eine weitere Höhle, das sogenannte Roßloch.

Warum das Grafenloch so heißt

Auf der Auerburg in Oberaudorf soll der Sohn eines Grafen gelebt haben, der vor lauter Gier seine Eltern ermordete. Nachdem ihm prophezeit wurde, dass er dafür vom Blitz erschlagen werden würde, verspottete er noch die Weissagerin.

Kurz darauf tobte ein Gewitter und ein Blitz schlug in den Turm der Auerburg. Den Sohn packte die nackte Angst, und er raffte all seinen Besitz zusammen, um in die sichere Höhle oberhalb von Oberaudorf zu fliehen. Beim Erklimmen der Leiter ins Grafenloch wurde er aber kurz vor seinem vermeintlich sicheren Ziel vom Blitz getroffen.

Die Tour im Überblick

Einfache Wanderung zum Grafenloch, ca. 1,3 km (einfach), 1 Std.

Buslinie 347 bis Oberaudorf, Ortsteil Mühlbach, Haltestelle Mühlbach | Mit dem Auto bis zum Parkplatz Freizeitgebiet Luegsteinsee

Die Wanderung ist von April bis Oktober möglich

Einfache Wanderausrüstung und festes Schuhwerk, Badebekleidung im Sommer

47.642388,12.171885 (Start), 47.640973,12.164618 (Ziel)

DOWNLOAD GPX-Track

Durch das päpstliche Marktl schlendern ★

Marktl am Inn ist der Geburtsort des „deutschen Papstes" und ein beschaulicher Ort, dessen Besuch sich nicht zuletzt wegen des Geburtshauses von Josef Ratzinger lohnt. Auch der Blick auf die Mündung der Alz in den Inn vom Leonberg aus ist einen Abstecher wert.

Das Geburtshaus des Papstes

Das kleine Marktl unweit von Altötting wurde mit seinen nicht einmal 3000 Einwohnern lange kaum bis gar nicht von der Öffentlichkeit wahrgenommen. Das änderte sich im Jahr 2005 auf einen Schlag, als der berühmteste Sohn der Stadt, Josef Ratzinger, im Vatikan zu Papst Benedikt XVI. gewählt wurde. Bereits kurz danach wurde auf dem Vorplatz von Josef Ratzingers Geburtshaus eine Benediktsäule aufgestellt. Die bronzene Säule ist ein Symbol für Benedikt von Nursia. Weitere Benediktsäulen gibt es in ganz Europa. Am Geburtshaus vom späteren Papst Benedikt XVI. ist eine Plakette angebracht, die an das ehemalige Oberhaupt der katholischen Kirche erinnert. In den Sommermonaten kann das Papsthaus auch besucht werden. Und so lässt sich unter anderem das Geburtszimmer besichtigen. Im Papsthaus finden Ausstellungen und Veranstaltungen rund um das Wirken von Josef Ratzinger statt.

Ein kurzes Leben in Marktl

Josef Ratzinger lebte selbst allerdings nur zwei Jahre seines Lebens in Marktl. 1986, als er noch Kardinal war, wies er trotzdem im Rahmen einer Predigt auf die persönliche Bedeutung der Gemeinde für sich hin: „So bleibt es doch der Ort, an dem mir meine Eltern das Leben geschenkt haben, der Ort, an dem ich meine ersten Schritte auf dieser Erde getan habe, der Ort, da ich sprechen gelernt habe, der Ort, an dem ich getauft worden bin am Karsamstagmorgen und so Glied der Kirche Jesu Christi wurde."

Wanderung zum Leonberg

Den besten Ausblick auf den Inn und seine Schleife gibt es vom Leonberg an der Dachlwand, einer kleinen, aber steilen Felsformation oberhalb des Flusses. Gegenüber mündet die vom Chiemsee kommende Alz in den Inn. **Insider-Tipp** Dahinter im Wald liegt die sogenannte Bärenhöhle. Ein wenig Trittsicherheit und eine gute Grundkondition sind für den Aufstieg dorthin nötig.

Weitere Highlights in Marktl sind die Pfarrkirche St. Oswald und der kleine Badesee, auf dem es auch im Winter beim Schlittschuhlaufen und Eisstockschießen abwechslungsreich zugeht.

Die Tour im Überblick

Einfache Wanderung durch Marktl und zum Leonberg, 4,7 km (einfach), 1½ Std.

Mit Bahn oder Buslinie 6222 bis Marktl am Inn, Bushaltestelle Abzweig Bahnhof, Marktl | Parkplätze im Zentrum von Marktl und am Friedhof

Die Wanderung ist ganzjährig möglich

Einfache Wanderausrüstung und festes Schuhwerk, Brotzeit und Getränke nicht vergessen

48.252667,12.843199 (Start), 48.274460,12.811239 (Ziel)

DOWNLOAD GPX-Track

Das Geburtshaus von Josef Ratzinger: Hier erblickte der spätere Papst Benedikt XVI. das Licht der Welt (li.). Die Pfarrkirche St. Oswald ist Ratzingers Taufkirche (re.)

Die Tiere im Wildpark Oberreith erleben ★

Auge in Auge mit wilden Tieren! Die Tierwelt von Mitteleuropa bis ins ferne Sibirien lässt sich im Wildpark Oberreith entdecken und aus unmittelbarer Nähe erleben. Dazu warten sowohl auf Kinder als auch auf Erwachsene jede Menge weitere Attraktionen, von der Greifvogelshow bis zum Kletterparcours.

Rundweg durch den Park

Wollschweine, Alpakas, Rotfüchse, Pfaue, Damhirsche, Steinmarder, Steppenadler und Sibirische Uhus. Das sind nur ein paar der Tiere, die im Wildpark Oberreith aus nächster Nähe erlebt werden können. Ein knapp 2,5 km langer Rundweg führt durch den großzügig angelegten Park, der das ganze Jahr über geöffnet ist (im Winter Montag und Dienstag, teils auch am Mittwoch geschlossen).

Frei laufende Tiere und Adler

Da viele Tiere nicht in Gehege eingesperrt sind, sondern sich frei über das Gelände bewegen können, dürfen Hunde nicht in den Park mitgenommen werden. Dafür zeigt besonders das Damwild keinerlei Scheu und lässt sich aus der Hand füttern. Ganz freche Exemplare machen auch nicht halt, wenn sich das Futter in irgendwelchen Taschen oder in Kinderwagen befindet.

Dazu finden in der Sommersaison regelmäßige Greifvogel-Shows statt. Dabei fliegen die imposanten Tiere vom Steinadler bis zum Turmfalken nicht nur unmittelbar über die Köpfe der Zuschauer. Wer besonders mutig ist, darf die Vögel auch auf seinem Arm landen lassen. Knapp eine Stunde dauern die Flugschauen, die zweimal täglich stattfinden.

Noch mehr Abwechslung bietet sich Kindern (und Erwachsenen!) auf den riesigen Spielplätzen im

Wildfreizeitpark. Besonders rasant wird es auf dem Bungeetrampolin, im Waldseilgarten (ab sechs Jahren), in dem bis zu 16 m in die Höhe geklettert werden kann, oder auf dem Mega Flying Fox, der seine mutigen Mitfahrer aus einer Höhe von 35 m über eine Länge von fast 400 m hinabsausen lässt. Gemächlicher geht es für die kleineren Kinder auf der kleinen Eisenbahn zu.

Für Himmelsgucker und verregnete Tage

Insider-Tipp Mit dem größten Teleskop östlich von München lässt sich dazu ein Blick in den Himmel und hinauf zu den Sternen wagen. Hier wird gleichzeitig Wissen über die verschiedenen Himmelskörper und das Universum vermittelt. Für Schlechtwettertage gibt es seit dem Jahr 2019 einen riesigen Indoor-Spielplatz direkt auf dem Gelände des Wildfreizeitparks in Oberreith.

Die Tour im Überblick

Einfacher Spaziergang durch den Wildfreizeitpark Oberreith, ca. 2,5 km, 2 Std.

Oberreith 6 A, Unterreit | Buslinie 7702 bis Oberreith, Haltestelle Oberreith, Unterreit | Ausreichend Parkplätze vor Ort vorhanden | wildpark-oberreith.de | €

Der Park ist ganzjährig geöffnet (im Winter Mo und Di geschl.)

Keine spezielle Ausrüstung erforderlich

48.114623,12.319849 (Start und Ziel)

DOWNLOAD GPX-Track

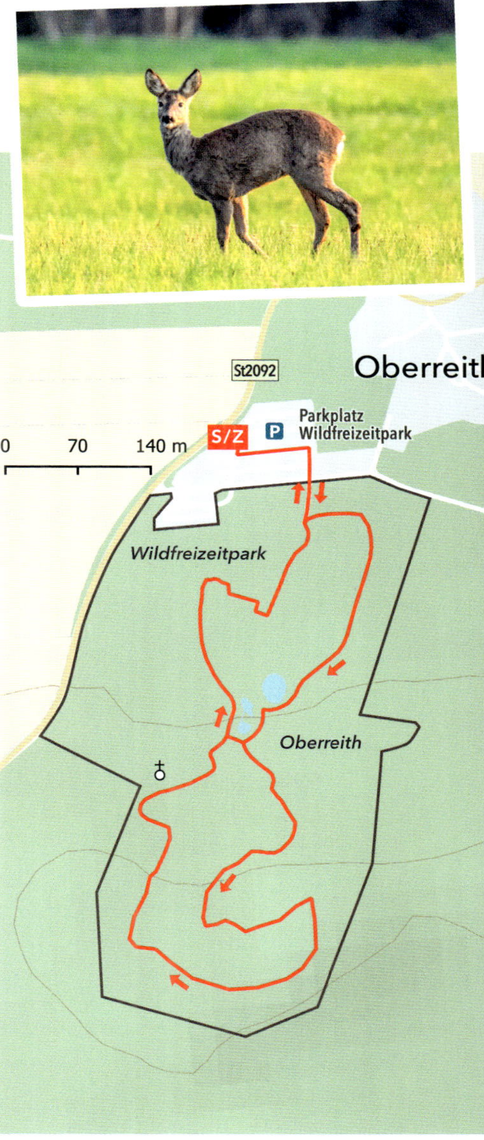

Auf den ausgedehnten Wald- und Wiesenflächen des Wildfreizeitparks Oberreith kommt man heimischen Wildtierarten wie dem Rotwild oder Rehen ganz nahe (li. und o.)

MEHR ERLEBEN

*WEITERE ABENTEUER & AUSFLÜGE

Die Flusslandschaft der Rosenheimer Innauen ist gut erschlossen und stellt ein wertvolles Naherholungsgebiet dar

Zwar sind die deutschen Städte am Inn nicht so schön besungen wie das kleine Kufstein auf der österreichischen Seite, verdient hätte es der „grüne Inn" – zur Schneeschmelze und bei starken Unwettern in den Alpen auch gern mal „brauner Inn" – aber auf jeden Fall. Hübsche Orte reihen sich nacheinander am Inn auf, und es gibt eine Menge zu entdecken.

RUND UM ROSENHEIM & INNTAL

Natur (fast) in der Stadt

1 Spaziergang durch die Rosenheimer Innauen, 4 km, 1 Std.

Die Innauen im Norden von Rosenheim sind ein weitläufiges Gebiet zum Spazierengehen. Parallel zum Inn folgen viele kleine und große, geteerte und naturbelassene Wege dem Lauf des Flusses. Je weiter die Stadt zurückgelassen wird, desto ruhiger und schöner wird es. Im Sommer staksen Grau- und Silberreiher durch die Wiesen, mit etwas Glück sogar Störche und mit ganz viel Glück sogar einer der Chiemsee-Flamingos. Aber auch im Herbst und im Winter eignen sich die Innauen für ein kurzes Auftanken inmitten der Natur.

Buslinie 406, Haltestelle Neue Heimat, Rosenheim | Parkplatz in der Lortzingstraße
Ganzjährig *Einfache Wanderausrüstung*
47.874099, 12.130945 (Start), 47.888055, 12.140590 (Ziel)

Gipfel-Triple hoch über dem Inn

2 Mittelschwere Rundwanderung auf Heuberg, Wasserwand und Kitzstein, 9 km, 4½ Std.

Ein wahrer Klassiker in den Chiemgauer Alpen mit gleich drei Gipfeln. Während der Heuberg über die Daffneralm noch einfach zu erreichen ist, wird der Weiterweg zum Kitzstein schon etwas ausgesetzter. Denn die Wand bricht dort imposant nach Süden ab. Wie imposant sieht man erst so richtig vom benachbarten Kranzberg. Der Gipfel der 1367 m hohen Wasserwand ist schließlich nur über recht speckigen Fels (Vorsicht bei Nässe!) und einen beherzten Griff am Stahlseil zu erklimmen. **Insider-Tipp** Beim Rückweg durch das Wassertal lässt sich mit der deutlich weniger frequentierten Kindlwand sogar noch ein vierter Gipfel mitnehmen, auch wenn der Aufstieg etwas Kletterfertigkeit voraussetzt.

Das Gipfelkreuz der Wasserwand. Die letzten Meter erfordern Trittsicherheit und Schwindelfreiheit

Wanderbus bis Schweibern/Samerberg (Mai–Okt.) | Mit dem Auto bis Gritschen am Samerberg, ausreichend Parkplätze vor Ort April–Okt. Einfache Wanderausrüstung, Stöcke empfehlenswert 47.743316, 12.193023 (Start), 47.723057, 12.188521 (Ziel)

Alle Highlights auf einer Tour

3 Auf dem SUR Radweg: einfache Tour rund um Rosenheim, 83,4 km, ca. 6 Std.

Der 83 km lange Radweg „Rund um Rosenheim" lässt sich mit etlichen Highlights der Stadt und der Region kombinieren. Die Radtour ist durchgehend ausgeschildert und in beide Richtungen befahrbar – an einem (mit dem E-Bike) oder mehreren Tagen. Die Strecke passiert kleine und große Seen wie den Tinninger See und den Simssee oder malerische Orte wie Neubeuern oder Westerndorf mit seiner Rundkirche. Rosenheim lockt mit dem Besuch des Museums im Lokschuppen, des Riedergartens oder eines der zahlreichen Cafés in der Altstadt.

Mit dem Zug bis Rosenheim Hauptbahnhof | Parkplätze im Zentrum und beim Bahnhof Ganzjährig Fahrrad (Trekkingrad, Mountainbike oder E-Bike), Helm 47.847693, 12.118668 (Start/Ziel)

Wohlverdiente Pause auf dem SUR Radweg am Rosenheimer Ludwigsplatz

Wellness in der Stadt

4 Kneippanlage im Riedergarten im Zentrum von Rosenheim

Mitten im Zentrum von Rosenheim kann man gerade an heißen Sommertagen, wenn die Luft drückend und stickig ist, wunderbar dem Trubel der Innenstadt entkommen und sich gleichzeitig abkühlen. Im Riedergarten – eine kleine Oase der Ruhe und Rückzugsort – gibt es nicht nur einen Spielplatz für Kinder, sondern auch eine Kneippanlage, die mit Natursteinen umrandet in den Park eingebettet ist. Die Hose hochkrempeln und im Storchenschritt Runde um Runde durch das kalte Wasser stapfen, belebt nicht nur den Körper, sondern auch den Geist. Die Kneippanlage im Riedergarten wird von April bis Oktober betrieben.

Buslinie 402, 407, 411, 412, Haltestelle Stadtmitte | Parkhaus neben dem Busbahnhof oder auf der Loretowiese Ganzjährig Handtuch 47.854738, 12.128771 (Start/Ziel)

Im Alpenraum wird der Nikolaus oft von der Schreckgestalt des Krampus, der die unartigen Kinder bestraft, begleitet

Verstecktes Kleinod

5 Am Floriansee bei Rosenheim, einem ganzjährigen Ausflugsziel, 2 km, ½ Std.

Unweit des im Sommer äußerst beliebten Happinger Sees versteckt sich der kleine Floriansee, der deutlich weniger frequentiert ist als sein größerer Nachbar. Direkt am Ufer gibt es eine überschaubare Liegewiese, Bäume spenden Schatten, und Stege erleichtern den Zugang zum Wasser. Der Ausflug zum Floriansee lässt sich gut mit einem Spaziergang um den See kombinieren. Insider-Tipp Der lohnt sich übrigens auch im Winter, wenn eine Eisschicht den See überzieht. Ganz Wagemutige hält auch das nicht auf, und sie nutzen den Floriansee im Winter zum Eisbaden.

Buslinie 10 (Seebus), Haltestelle Happinger See, nur im Sommer | Parkplätze am Happinger See und an der Moosbachstraße *Ganzjährig* *Badebekleidung im Sommer, einfache Wanderausrüstung* *47.833925, 12.140687 (Start/Ziel)*

Schön brav gewesen?

6 Perchten- und Krampusläufe

Aus dem Salzburger Land sind die Perchten und Krampusse seit dem 19. Jh. mehr und mehr auch in den bayerischen Raum gekommen. Die Krampusse sind dabei die Begleiter des Nikolaus, die mit Teufelsgesichtern all die Kinder einschüchtern sollen, die nicht artig gewesen sind. In Rosenheim und im Umland gibt es rund um den 6. Dezember, dem Abend an dem der Nikolaus die Kinder besucht, Krampusläufe. Die Perchtenläufe finden später im Dezember in den Raunächten statt und sollen die bösen Geister vertreiben.

Perchtenlauf rund um den Kajak Club Kastenau, Lindenweg 66, Rosenheim | Buslinie 410, Haltestelle Kiefernweg | Eingeschränkte Parkmöglichkeiten *Dezember* *Skiunterwäsche und dicke Hose, um vor Hieben geschützt zu sein* *47.850520 12.145933*

O'zapft is

7 Das Herbstfest auf der Loretowiese in Rosenheim

Das Herbstfest in Rosenheim ist so etwas wie die kleine Schwester des Münchener Oktoberfestes. Im Vergleich zur Wiesn auf der Theresienwiese geht es auf der Loretowiese direkt im Zentrum von Rosenheim aber etwas gemütlicher zu. In zwei Festzelten kommt zwei Wochen lang Feststim-

Das Rosenheimer Herbstfest wird am letzten Augustsamstag eingeläutet und dauert zwei Wochen

Erika Maria Lankes „Neue Figur 2" – eines der 30 Werke des Wasserburger Skulpturenwegs

mung auf. Dafür sorgen nicht zuletzt die beiden Rosenheimer Brauereien Auer und Flötzinger. Ob Kettenkarussell, Autoscooter, Zuckerwatte oder gebrannte Mandeln: Das Rosenheimer Herbstfest Anfang September gilt vielen als Pflichttermin.

ℹ *Mit dem Zug bis Bahnhof Rosenheim, Buslinie 495, Haltestelle Loreto, Rosenheim | Anfahrt mit dem Auto nicht empfehlenswert, nur sehr wenige Parkmöglichkeiten | herbstfest-rosenheim.de* *September* *Tracht* *47.859541, 12.127465*

RUND UM WASSERBURG

Museum unter freiem Himmel

8 Auf dem Wasserburger Skulpturenweg am Inn, 1,5 km, ½ Std.

Bereits 1988 wurde an der Innschleife in Wasserburg der Skulpturenweg eingeweiht, für den sich die Künstlergemeinschaft „Arbeitskreis 68" verantwortlich zeigt. Pünktlich zu ihrem 20-jährigen Jubiläum initiierte sie diese Ausstellung, die seither dauerhaft direkt am Ufer des Inns zu finden ist und sich auf einer Länge von etwa 1,5 km erstreckt. 30 Skulpturen lokaler, aber auch internationaler Künstler bereichern diese Ausstellung unter freiem Himmel, die obendrein kostenlos ist.

ℹ *Buslinie 431 bis Wasserburg am Inn, Haltestelle Max-Emanuel-Kapelle | Parkplätze u. a. unweit der Bushaltestelle und beim Bahnhof | wasserburg.de/skulpturenweg* *Ganzjährig* *Einfache Wanderausrüstung* *48.060209, 12.233864 (Start), 48.063171, 12.226222 (Ziel)*

Alte Gemäuer aufgehübscht

9 Einfache Wanderung von Wasserburg zum Schloss Weikertsham, 4,5 km, 1½ Std.

Direkt in der historischen Wasserburger Innenstadt startet die insgesamt knapp 5 km lange Wanderung zum Schloss Weikertsham vor den Toren der Stadt. Es wurde im 16. Jh. erbaut und war zwischenzeitlich dem Verfall preisgegeben. Es folgte eine aufwendige Restaurierung inklusive der hübschen Fassadenmalerei und der großen Sonnenuhr. Vom Turm (den Schlüssel gibt es in der Wasserburger Tourismusinfo) gibt es einen tollen Weitblick auf die Alpen. **Insider-Tipp** Im Schloss Weikertsham kann auch übernachtet werden.

Der Wasserburger Radrundweg verläuft fast durchgängig auf kleinen Straßen oder ausgewiesenen Radwegen

Am Rand der Altstadt von Wasserburg umfließt der Inn die bewaldete Kapuzinerinsel

ⓘ *Buslinie 431 bis Wasserburg am Inn, Haltestelle Max-Emanuel-Kapelle | Parkplätze u. a. unweit der Bushaltestelle und beim Bahnhof | schloss-weikertsham.de* ◷ *Ganzjährig* ⚙ *Einfache Wanderausrüstung* ⚲ *48.061249, 12.233169 (Start), 48.056109, 12.241227 (Ziel)*

Für die Familie oder Profis

10 🚲 Einfache bis mittelschwere Tour auf dem Wasserburger Radrundweg, 110 km, 8 Std.
Immerhin knapp 1000 hm gilt es auf dem Wasserburger Radrundweg zu überwinden, die sich allerdings auf eine Länge von knapp 110 km verteilen – also auf dem Papier anstrengender aussehen, als sie tatsächlich sind. Immer dem radelnden Wasserburger Löwen folgend geht es von Wasserburg am Inn nach Wang und über Sankt Leonhard, Amerang, Bad Endorf, Eßbaum, Griesstätt, Rott am Inn und Ramerberg wieder zurück zu Startpunkt. Sportliche Fahrer schaffen das auch an einem Tag. Gemütlichere Radler oder ganze Familien verteilen die Strecke auf mehrere Etappen und Tage.
ⓘ *Buslinie 431 bis Wasserburg am Inn, Haltestelle Busbahnhof | Parkplätze u. a. unweit der Bushaltestelle und beim Bahnhof* ◷ *April–Okt.* ⚙ *Fahrrad (Trekkingrad, Mountainbike, E-Bike), Helm* ⚲ *48.061862, 12.225583 (Start/Ziel)*

Sonnenbaden mitten im Fluss

11 ≋ Auf der Kapuzinerinsel im Inn vor den Toren von Wasserburg, 1,7 km (einfach), 1 Std.
Nicht nur der Wörthersee in Kärnten hat eine Kapuzinerinsel, auch der Inn, der Wasserburg in zwei Hälften teilt. Die kleine bewaldete Insel verdankt ihren Namen dem ehemaligen Kapuzinerkloster ganz in der Nähe und ist mit ihrem Sandstrand auf einer Seite ein beliebter Treffpunkt an heißen Sommertagen. Bei niedrigem Wasserstand ist die Kaupzinerinsel über einen kleinen Damm zu Fuß erreichbar. Der Fluss mit dem frischen Wasser aus den Bergen sorgt für eine willkommene Abkühlung, mit bestem Blick auf die gegenüberliegende Altstadt von Wasserburg am Inn.
ⓘ *Buslinie 431 bis Wasserburg am Inn, Haltestelle Rosenheimer Straße/Sparkasse | Parkplätze u. a. unweit der Bushaltestelle und beim Bahnhof* ◷ *Mai–Aug.* ⚙ *Badebekleidung* ⚲ *48.058763, 12.233785 (Start), 48.059790, 12.226761 (Ziel)*

Auf dem Wasserburger Weinfest werden edle Tropfen unter den Arkadengängen der Altstadt verkostet

Weinfest im Bierland

12 Ende Juli auf dem Wasserburger Weinfest

Oberbayern und die Städte und Orte am Inn sind nicht gerade als Weinbauregion bekannt, und doch hat das Wasserburger Weinfest, das jedes Jahr Ende Juli inmitten der Arkaden im Zentrum stattfindet, längst eine überregionale Bekanntheit erlangt. Wenn auch der Weinanbau hier keine lange Tradition hat, so zumindest der Genuss von Wein. Bereits im Jahr 1464 gab es 43 Weinschänken in der Stadt. Das Wasserburger Weinfest ist jedenfalls heute noch ein wichtiger Bestandteil des Veranstaltungskalenders, bei dem Einheimische und Gäste bei Rotwein, Weißwein und Rosé zusammenkommen und warme Sommerabende gemeinsam unter freiem Himmel feiern.

In der Altstadt von Wasserburg | Buslinie 431, Haltestelle Busbahnhof | Parken außerhalb der Altstadt (z. B. Parkhaus Kellerstraße) | wasserburg.de Ende Juli 48.061198, 12.232504

Hoch in die Lüfte

13 Das Wasserburger Altstadtspringen im Frühjahr

Eine Sportkulisse der etwas anderen Art bietet die historische Altstadt von Wasserburg. Seit einigen Jahren findet hier Anfang Mai das Wasserburger Altstadtspringen statt – gefördert vom Bayrischen Leichtathletikverband. Athleten aus ganz Deutschland und dem benachbarten Ausland reisen zu diesem offiziellen Wettkampf an, der von einem bunten Rahmenprogramm begleitet wird. Die großen und kleinen Sportler geben sich den Stab beim Stabhochsprung in die Hand und duellieren sich in der wohl einmaligen Kulisse – frenetisch angefeuert von Hunderten Zuschauern.

Buslinie 431 bis Wasserburg am Inn, Haltestelle Busbahnhof | Parkplätze u. a. unweit der Bushaltestelle und beim Bahnhof | altstadtspringen.de Anfang Mai 48.061170, 12.232453 (Start/Ziel)

Musikalisches unter freiem Himmel in der wunderbaren Atmosphäre des Stadtparks von Waldkraiburg

Die Hauptaufgabe der Jettenbacher Wasserbüffel ist die Landschaftspflege

Für den Biotop-Erhalt

14 Einfache Wanderung zu den Wasserbüffeln von Jettenbach, 4,4 km, 1 Std.

Wasserbüffel leben für gewöhnlich in Südostasien und werden dort oft als Haustiere gehalten und für Feldarbeiten eingesetzt. Wilde Bestände gibt es nur noch wenige, und die sind in Feuchtgebieten und an (und in) Flüssen zu finden. Ein Projekt, das aktuell seinesgleichen sucht, ist das der Jettenbacher Wasserbüffel. Die werden zur Pflege des Jettenbacher Biotops eingesetzt und sollen durch ihr natürliches Verhalten dafür sorgen, dass Lebensräume von Ringelnattern, Gelbbauchunken und vielerlei Insekten erhalten bleiben. Vom Aussichtsturm am Weiher können die Jettenbacher Wasserbüffel gut beobachtet werden.

Mit dem Zug oder Buslinie 7516 bis Jettenbach, Bushaltestelle Bahnhof Jettenbach | Parkplätze am Bahnhof Ganzjährig Einfache Wanderausrüstung 48.171449, 12.367431 (Start), 48.168052, 12.380584 (Ziel)

RUND UM WALDKRAIBURG

Waldkraiburger Stadtkonzerte

15 Im Waldkraiburger Stadtpark

Der Waldkraiburger Stadtpark bietet nicht nur eine Oase der Ruhe inmitten der kleinen Stadt. Es gibt auch einen kleinen Spielplatz für Kinder und eine Aussichtsplattform, die in die Ferne schweifen lässt. Auf der kleinen Bühne direkt gegenüber von einem kleinen Teich werden von Mai bis September – gutes Wetter vorausgesetzt – die Stadtparkkonzerte veranstaltet. Chöre, kleine und größere Blaskapellen, Cover Bands, Kirchenmusiker und Liedermacher geben sich hier die Ehre. Die Waldkraiburger Stadtparkkonzerte finden jeweils am Sonntag statt. **Insider-Tipp** Ende Juli/Anfang August gibt es darüber hinaus ein von den Waldkraiburger Vereinen initiiertes Stadtparkfest.

Buslinie 6224 bis Waldkraiburg, Haltestelle Friedhof | Parkplätze und Tiefgarage im Zentrum von Waldkraiburg Mai–Sept. 48.208101, 12.396138 (Start/Ziel)

Entlang und hinüber

16 Einfache Wanderung an der Flossinger Innkurve von Mühldorf nach Waldkraiburg und zurück, 14 km, 3½ Std.

Zwischen Waldkraiburg und Mühldorf schlängelt sich der Inn in weiten Bögen durch die Landschaft. An dessen naturbelassenem Hochufer führt die

Die letzte unverbaute Prallwand des Inns bei Heisting südwestlich von Mühldorf

Wanderung der Flossinger Innkurve folgend erst stromaufwärts bis zum Heistinger Hang, einem schönen Aussichtspunkt. Achtung: Am steilen Uferhang über dem Inn lauert Absturzgefahr. Weiter geht es nun durch dichte Wälder, vorbei an Oberflossing und Annabrunn. Mit der historischen Innfähre, die seit 1872 Personen über den Inn übersetzt, geht es zurück nach Mühldorf.

Buslinie 7512 bis Mühldorf am Inn, Haltestelle Stadtplatz | Zentralparkplatz in Mühldorf am Inn Ganzjährig (die Fähre verkehrt von Ostern bis Oktober) Einfache Wanderausrüstung 48.242985, 12.522664 (Start/Ziel)

Pilgern mit dem Drahtesel

17 Einfache Tour auf dem Benediktweg durch das Chiemgau, den Rupertiwinkl und am Inn entlang, 244 km, 17 Std.

Von Altötting macht der Benediktweg – ein Pilgerweg für Radfahrer – einen großen Bogen durch den Südosten Oberbayerns, folgt erst dem Lauf des Inns bis Marktl, um gen Süden zum Waginger See und nach Traunstein abzubiegen. Über den Chiemsee führt der Benediktweg weiter nach Wasserburg, wo er den Inn weiter bis nach Altötting begleitet. Etwas über 240 km gilt es auf dem Radpilgerweg insgesamt zurückzulegen. Die Etappen können dabei ganz nach Belieben eingeteilt werden, sodass das Radvergnügen auch Vergnügen bleibt.

Buslinien 6224, 7516, 7512, 7519 bis Waldkraiburg, Haltestelle Waldkraiburg Bahnhof (Startort flexibel) | Parkplätze direkt am Bahnhof April–Okt. Fahrrad (Trekkingrad, Mountainbike, E-Bike), Helm 48.203533, 12.410029 (Start/Ziel flexibel)

Wo einst noch Gletscher war

18 Mittelschwere Eiszeit-Fahrradtour von Waldkraiburg nach Mühldorf und zurück, 36 km, 3 Std.

Auf den Spuren der letzten Eiszeit führt die 36 km lange Fahrradtour von Waldkraiburg nach Mühldorf am Inn und in einem Bogen wieder zurück. Kurz vor dem Erreichen von Mühldorf werden die Innterrassen passiert, die stille Zeugen der letzten Eiszeit und der einst von den Bergen bis hierhin reichenden Gletscherzungen sind. Über Annabrunn und Oberflossing geht es nach Kraiburg und

Buntspecht im Altöttinger Gries – erst vor wenigen Jahren wurde hier ein Naturerlebnispfad eingerichtet

zurück zum Start. Die Highlights auf der Strecke: die Kirche in Ebing und die historische Innenstadt von Mühldorf. **Insider-Tipp** Im Sommer sorgt der Flossinger See für eine willkommene Abkühlung.
Buslinien 6224, 7516, 7512, 7519 bis Waldkraiburg, Haltestelle Waldkraiburg Bahnhof | Parkplätze direkt am Bahnhof April–Okt. Fahrrad (Trekkingrad, Mountainbike, E-Bike), Helm 48.202552, 12.407904 (Start/Ziel)

Naturbelassener Badespaß

19 Mit der ganzen Familie im Naturbad Kraiburg

Das Naturbad in Kraiburg am Inn wurde erst im Sommer 2022 neu eröffnet. In dem künstlich angelegten Badesee wird auf den Einsatz von Chlor oder jeglichen anderen Chemikalien verzichtet. In separaten Bereichen können Kinder im Wasser planschen und spielen, während es sich die Erwachsenen auf der Liegewiese gut gehen lassen. Ein Spielplatz, Rutschen und ein Holzsteg sorgen für weitere Abwechslung. Das Naturbad ist während der Sommersaison geöffnet und ermöglicht auch einen barrierefreien Zugang zum Wasser.
Jahnstraße, Kraiburg am Inn | Buslinie 6224 bis Kraiburg, Haltestelle Apotheke, Kraiburg | Parkplätze direkt am Naturbad | € Mai–Anfang Sept. Badebekleidung 48.186300, 12.434262 (Start/Ziel)

RUND UM MÜHLDORF UND ALTÖTTING

Im Altöttinger Gries

20 Einfacher und kurzer Rundweg durch den Wald mitten in der Stadt, 2 km, ½ Std.

Mitten in der Stadt Altötting gibt es seit dem Sommer 2019 einen knapp 2 km langen Rundweg, der das Leben im Wald und am Wasser spielerisch vermitteln soll. Initiiert und unterstützt wurde das Projekt vom BUND, bei der Umsetzung halfen einige Schulen aus der Region, die nicht nur eine Totholzstation kreierten, sondern auch bei der Herstellung und dem Schnitzen der Holztiere, die überall auf dem Naturerlebnispfad angetroffen werden können, mitwirkten. Mit etwas Glück lassen sich auf dem Rundweg zahlreiche Tierarten im Wald (verschiedene Vogelarten) und im Fluss (Kröten, Lurche) entdecken.

Die Votivtafeln in der Altöttinger Gnadenkapelle berichten von der Wundertätigkeit der Schwarzen Madonna

Buslinie 6223 bis Altötting, Haltestelle Krankenhaus | Mehrere Parkplätze in der Wöhrstraße Ganzjährig Einfache Wanderausrüstung 48.229942, 12.674821 (Start/Ziel)

Wo die Herzen ruhen

21 Wallfahrt zur Gnadenkapelle in Altötting, 2 km, ½ Std.

Im Jahr 1489 stürzte ein dreijähriger Junge in den Mörnbach, einen schmalen Bachlauf, der in Altötting in den Inn mündet. Seine Mutter fand den reglosen Knaben und legte ihn voller Trauer auf dem Altar der Gnadenkapelle, wo er kurze Zeit später wieder zum Leben erwachte. Schon wenig später wurde die Gnadenkapelle in Altötting das Ziel zahlreicher Wallfahrer, die zum kunstvoll geschnitzten Gnadenbild im Inneren pilgerten. **Insider-Tipp** Darüber hinaus ist die Gnadenkapelle die letzte Ruhestätte für die Herzen bayerischer Könige. Unter ihnen sind auch Maximilian I. und Ludwig II.

Mit der Bahn und Buslinie 6223 nach Altötting, Bushaltestelle Bahnhof | Parkplätze am Dultplatz | gnadenort-altoetting.de Ganzjährig 48.221304, 12.674657 (Start), 48.226351, 12.676327 (Ziel)

Durch die Geschichte flanieren

22 Bummel durch den historischen Stadtkern von Mühldorf am Inn, 3 km, 1 Std.

Bereits im Mittelalter war Mühldorf am Inn ein wichtiger Handelspunkt zwischen München, Passau und Salzburg. Die wehrhaften Mauern der Stadt zeugen noch immer davon, dass Mühldorf immer wieder im Fokus territorialer Auseinandersetzungen zwischen Bayern und Österreich stand. Große Teile der Stadt wurden im Zweiten Weltkrieg durch Bombardements der Alliierten zerstört, doch heute zeigt sich gerade das Zentrum mit seinen aufwendigen Fassaden, den vielen Kirchen und Kapellen sowie den beeindruckenden Stadttoren, vor allem dem Münchner Tor, von seiner absoluten Schokoladenseite, die bei einem gemütlichen Spaziergang wunderbar erkundet werden kann.

Buslinie 7512 bis Mühldorf am Inn, Haltestelle Stadtplatz | Zentralparkplatz in Mühldorf Ganzjährig 48.242985, 12.522664 (Start/Ziel)

Zähne zusammenbeißen und ab in die eisigen Fluten: Neujahrsschwimmen im Flossinger See

144 km auf den Spuren des Salzheiligen

23 St.-Rupert-Pilgerweg: auf sieben einfachen Etappen von Altötting nach Salzburg, 144 km, 7 Tage

In Erinnerung an den heiligen Rupert von Salzburg, der auch „Salzheiliger" oder „Apostel Bayerns" genannt wurde, verbindet der St.-Rupert-Pilgerweg Altötting mit Salzburg. In der Gegend hinterließ der heilige Rupert Ende des 7. Jhs. zahlreiche Spuren. Im Auftrag von Bayernherzog Theodor II. sollte er Kirchen errichten oder restaurieren lassen. Sein Weg führte ihn immer weiter nach Süden bis er sich schließlich in Salzburg niederließ. Der Pilgerweg folgt seinem Wirken bis zu Ruperts letzter Ruhestätte in Salzburg. Die erste Etappe führt über knapp 13 km von Altötting nach Hirten.

Mit der Bahn bis Altötting | Parkplatz Dultplatz April–Okt. Wanderausrüstung für mehrere Tage 48.226190, 12.676527 (Start), 47.797942, 13.045471 (Ziel)

Kaltstart ins neue Jahr

24 Neujahrsschwimmen im Flossinger See, 1,3 km, ½ Std.

Außentemperaturen um den Gefrierpunkt, und die Temperatur des Wassers im Flossinger See unweit von Mühldorf am Inn liegt nur knapp darüber. Und doch stürzen sich am 1. Januar pünktlich zum Beginn des neuen Jahres zahlreiche Schwimmer ins (sau)kalte Nass, denn das Neujahrsschwimmen soll im neuen Jahr vor Krankheiten schützen und abhärten. Die Wasserwacht des BRK Mühldorf ist bei der Veranstaltung vor Ort, denn zu unterschätzen ist der Sprung ins kalte Wasser nicht. Abgerundet wird das Neujahrsschwimmen mit heißen Getränken und Verpflegung. Wem der Sprung ins kalte Nass zu heftig ist, der begrüßt das neue Jahr mit einem kurzen Spaziergang um den See.

Buslinie 6225 nach Oberflossing, Haltestelle Oberflossing, Polling | Wenige Parkplätze direkt am See Neujahr Badebekleidung und Handtuch 48.210365, 12.505038 (Start/Ziel)

DER SCHÖNSTE SONNENUNTERGANG

Am Hochufer der Salzach

25 **Wenn die Sonne hinter Burghausen versinkt, 1,5 km, 40 Min.**

Kurz bevor sich Salzach und Inn vereinen, passiert die Salzach die längste Burg der Welt hoch über Burghausen. Oberhalb des Flusses gibt es auf österreichischer Seite am Hochufer der Salzach im kleinen Ort Duttendorf die wohl schönsten Ausblicke auf Burghausen und seine Burg, vor allem wenn am Abend die Sonne langsam hinter den Zinnen und Türmen verschwindet und den Himmel in ein sattes Orangerot taucht. Das kann wunderbar mit einer kleinen Wanderung am Hochufer verbunden werden, die hoch über der Salzach bis zum Waldgasthaus führt.

Zug bis Burghausen und zu Fuß bis Duttendorf (ca. 40 Min.) | Ausreichend Parkplätze in Duttendorf *Ganzjährig*

48.156836, 12.836902 (Start), 48.161777, 12.836535 (Ziel)

LOKALE SPEZIALITÄTEN

*UND WO DU SIE PROBIEREN KANNST

In der Region gibt es zahlreiche Erdbeerfelder, auf denen man die Früchte selbst ernten und natürlich auch naschen darf

Eine Praline, die nach Weihrauch schmeckt, ein Gin mit Mooraroma und ein alkoholfreies Bier, das tatsächlich lecker ist – Köstlichkeiten den Inn rauf und runter.

Mooraroma in der Flasche

1 Moor Gin

Moore verleihen vielen Produkten, die hier hergestellt werden, ihr unverwechselbares Aroma. So bekommen beispielsweise Wacholderbeeren aus dem Moor oder Whisky und Rum in alten Mooreichenfässern ihren finalen Schliff.

ⓘ *Die* **Moordestillerie**, *die seit 1949 in echter Handarbeit brennt, bietet auch Rundgänge, Tastings und sogar eine Gin-Wanderung an | Stettnerstr. 11–13, Kolbermoor | moordestillerie.de | €€€*

Wallfahrt für den Gaumen

2 Weihrauchpraline aus Altötting

Sie besteht aus Zartbitterschokolade, Sahnetrüffel, Orangenlikör und Weihrauch und erfreut sich immer größerer Beliebtheit. Gerade bei Wallfahrern ist die nur zwölf Gramm schwere Köstlichkeit eine kleine Besonderheit.

ⓘ *Die Weihrauchpraline ist in der* **Confiserie Dengel** *erhältlich. Wer es etwas weniger ausgefallen mag, der greift zur Bergspitzen-Praline, deren Vollmilchgipfel natürlich mit weißem Schnee bedeckt ist | Am Eckfeld 18, Rott am Inn | confiserie-dengel.de | €–€€€*

Ganz ohne Umdrehungen

3 Alkoholfreies Bier

Immer mehr Brauereien nehmen alkoholfreie Varianten in ihr Angebot mit auf. Die Nachfrage nach Hellem, aber auch nach Weißbier ist groß und hat sich in den letzten 15 Jahren fast verdoppelt! Die Auswahl in bayerischen Lokalen und Supermärkten ist riesig, und wer gern Bier trinkt, für den es aber nicht unbedingt immer eins mit Umdrehungen sein muss, kann sich hier einfach mal durchs Sortiment trinken.

ℹ *Den Braumeistern der* **Simsseer Braumanufaktur** *ist es gelungen, den typisch wässrigen Nachgeschmack alkoholfreier Biere zu kaschieren und ein wirklich schmackhaftes alkoholfreies Helles zu brauen | Krottenhausmühlstr. 42, Stephanskirchen | simsseer.de | €–€€*

Selbst pflücken und naschen

4 Frische Erdbeeren

Ab Ende Mai bis ungefähr Mitte Juli lassen sich auf zahlreichen Feldern selbst Erdbeeren ernten, wobei das Naschen natürlich nicht zu kurz kommen darf und soll. Die Sorten, die Namen haben wie Lambada, Polka oder Salsa, sind sehr robust gegenüber Witterungseinflüssen und stehen den importierten Beeren aromatisch in nichts nach – und die CO_2-Bilanz ist besser.

ℹ *Wer die Wahl hat, hat die Qual: Zwölf verschiedene Erdbeersorten kann man beim Familienbetrieb* **Straßer Hof** *pflücken | Altöttinger Str. 1, Polling | strasser-hof.com | €*

Hier findest du alles

6 Wasserburger Bennomarkt

Seit 1803 ist in der Jahrmarktsordnung von Wasserburg geregelt, wie viele Sonntagsmärkte abgehalten werden dürfen. Das sind nur ganze fünf. Einer davon ist der Bennomarkt Mitte Juni, bei dem sich die Gassen der Innenstadt in eine riesige Marktfläche verwandeln, wo es alles gibt, was das kulinarische Herz begehrt.

ℹ *Wasserburger Altstadt, Marienplatz, wasserburg.de | €*

Direkt vom Hersteller

5 Biomilch-Produkte

Frischkäse, Weichkäse, Hartkäse, Joghurt, Butter, Topfen … alles Bio und vor Ort hergestellt aus Milch von Kühen, Schafen oder Ziegen, die bestes Gras von den Almen und Wiesen der Region zu fressen bekommen. In einigen Hofkäsereien darf man beim Kasen, der Produktion des Käses, auch zuschauen.

ℹ *Im* **Jaud Hofladen und Kaserei** *sticht vor allem der Hinterbergler Bio-Schnittkäse hervor: ein pikanter und sahniger Käse | Bergen 2–4, Nußdorf am Inn | jauds-kaese.de | €€*

Gut zu wissen

Festlich geschmückte Pferde auf dem Leonhardiritt, einer Prozession, auf der die Tiere selbst im Mittelpunkt stehen

Herbststimmung am Frillensee östlich von Inzell. Der See ist nur zu Fuß oder mit dem Fahrrad zu erreichen

HINKOMMEN

*VON D, A, CH

Ob mit dem Auto oder mit Bus oder Bahn, Wege in den Südosten Bayerns gibt es viele. Fast alle davon führen allerdings an einem Nadelöhr vorbei: der Landeshauptstadt München.

Mit Auto und Wohnmobil

Die Anreise mit dem Auto oder dem Wohnmobil ist relativ einfach und bei Unterkünften in Orten, die etwas abgelegener liegen, oft auch die erste Wahl. Zu den Hauptreisezeiten ist allerdings Geduld gefragt. Vom Norden oder aus dem Westen Deutschlands kommend gilt es zunächst heil und staufrei an München vorbeizukommen. Zugegeben, das ist in der Ferienzeit ein nicht immer allzu leichtes Unterfangen, und auch bei der Weiterfahrt auf der A 8 in Richtung Rosenheim und Berge entpuppt sich diese nicht selten als Engstelle – spätestens bis zum Inntaldreieck, wo sich all jene, die über den Brenner nach Italien wollen, verabschieden. Nicht selten gibt es an der Grenze zu Österreich bei Kufstein eine Blockabfertigung für Lkws. Im schlimmsten Fall stauen die sich dann auf der rechten Spur der Autobahn bis vor die Tore von München, und auch der übrige Verkehr wird davon beeinflusst. **Insider-Tipp** Die Zeiten werden allerdings kommuniziert. Besser vorher schlau machen, als dann das Leid mit den Lkw-Fahrern zu teilen.

Reisende, die in Richtung der Städte am Inn wollen, nehmen ab München nicht die A 8, sondern fahren auf der relativ neu eröffneten A 94 gen Osten.

E-Auto-Fahrer brauchen in der Region keine Sorge haben, stehen zu bleiben. Viele Städte und Gemeinden haben ordentlich aufgerüstet, und an vielen öffentlichen Parkplätzen gibt es Ladesäulen, die zumindest mit einer Ladeleistung von 22 KW aufwarten. Direkt an der Autobahn ist die Abdeckung mit Schnellladesäulen (150 KW+) sehr gut.

Mit dem Zug

Per Bahn ist die Anreise in die größeren Städte wie Rosenheim und Traunstein sehr gut möglich. Wer früh genug bucht, wird die günstigsten Tickets bekommen! Auch viele kleinere Orte wie Aschau im Chiemgau oder Berchtesgaden sind bequem mit der Bahn erreichbar. **Insider-Tipp** Wer ganz aus dem Norden anreist, kann z. B. mit dem Interregio direkt von Hannover bis nach Prien am Chiemsee ohne Umsteigen durchfahren. Wer rechtzeitig zugreift, kann darüber hinaus ordentlich sparen.

Öffentlicher Nahverkehr

Von den Bahnhöfen ist es grundsätzlich immer möglich, auch in den entlegensten Winkel zu fahren. Die Abdeckung mit Buslinien ist sehr gut, die Fahrpläne sind teilweise allerdings eher spärlich. Gerade an Wochenenden in der Ferienzeit gestaltet sich das manchmal recht unflexibel. Die Probleme sind hinlänglich bekannt, und die Gemeinden arbeiten am Ausbau des öffentlichen Nahverkehrs. Oft ist die Zusammenarbeit, gerade wenn verschiedene Landkreise beteiligt sind, aber alles andere als einfach.

Grün & fair reisen

Du willst beim Reisen deine CO_2-Bilanz im Hinterkopf behalten? Dann kannst du deine Emissionen kompensieren *(atmosfair.de; myclimate.org)*, deine Route umweltgerecht planen *(routerank.com)* oder auf Natur und Kultur *(gatetourismus.de)* achten. Mehr über ökologischen Tourismus erfährst du hier: *oete.de* (europaweit); *germanwatch.org* (weltweit)

VOR ORT UNTERWEGS

*ENTDECKE DIE MÖGLICHKEITEN

Der Samerberger Wanderbus verkehrt in der Sommersaison vom Mangfalltal über Rosenheim bis zum Samerberg

Mit dem Auto unterwegs

Mit dem Auto vor Ort mobil zu sein, ist am einfachsten und bedarf wenig Vorabplanung. Ob es das eigene Auto ist oder ein Mietwagen, ist dabei unerheblich. Möglichkeiten vor Ort, Autos zu leihen, gibt es in den größeren Städten. Dazu finden sich mittlerweile mehrere Carsharing-Modelle in der Region.

Mietcamper

Das Gleiche gilt für Mietcamper. Die trifft man nicht nur in Städten, sondern oft auch in kleineren Orten an – vor allem, wenn sie zentral gelegen sind. Dazu hat sich über Online-Plattformen ein stattlicher Markt an privaten Vermietern etabliert, die ihr Wohnmobil oder ihren Wohnwagen in der Zeit, in der sie ihn selbst nicht nutzen, anderen zur Verfügung stellen. Im Zuge der Corona-Pandemie ist allerdings die Nachfrage deutlich gestiegen, was sich auch in den Preisen bemerkbar macht. Gerade die Hauptsaison erweist sich alles andere als günstig.

Rosi Mobil

Im Landkreis Rosenheim gibt es seit dem Jahr 2022 ein relativ neues Konzept, nämlich das Rosi Mobil. Die Kleinbusse (oft komplett elektrisch!) können via App oder telefonisch für eine bestimmte Zeit bestellt werden. Mitnahmepunkte wurden im ganzen Landkreis eingerichtet. Zu Hauptreisezeiten sind die Rosi Mobile allerdings stark nachgefragt, und es gilt, sich frühzeitig ein Rosi Mobil zu reservieren.

Mitfahrbänke & Alternativen

In einigen Orten wie z. B. in Prien, in Bergen und in Seeon gibt es Mitfahrbankerl, die meist direkt bei Bushaltestellen platziert sind. Wer irgendwohin will, setzt sich einfach dort hin, um bald mitgenommen zu werden. Das Konzept ist aber noch im Entstehen, und die Resonanz fällt bisweilen zurückhaltend aus. Manche Orte probieren es darüber hinaus mit öffentlichen WhatsApp-Gruppen, denen man über einen QR-Code beitreten kann.

OHNE AUTO UNTERWEGS

MIT DEM BUS

Damit kommst du in fast jedes Dorf

Das Busnetz ist gut ausgebaut, und alle größeren Orte werden angefahren. Abgelegene Höfe und Unterkünfte, die etwas außerhalb liegen, sind bisweilen schwer erreichbar. Mit den Gästekarten ist die Busbenutzung für Urlauber oft kostenlos. An Wochenenden sind manche Fahrten rar gesät. Hier ist eine gute Planung wichtig. Manche ÖPNV-Anbieter sind noch nicht recht im digitalen Zeitalter angekommen, was die Reise mitunter mühsam macht.

MIT DEM FAHRRAD

Nicht nur für Sportliche

Wer während seines Urlaubs im näheren Umkreis bleiben möchte, ist mit dem Fahrrad gut aufgehoben. Je näher an den Bergen, desto mehr Höhenmeter gilt es zu überwinden. Ein E-Bike ist da nicht verkehrt. Mittlerweile gibt es an einigen Orten auch Lademöglichkeiten. Der Transport von Fahrrädern in Bussen und Zügen ist meist nur eingeschränkt möglich.

MIT DER BAHN

Klappt es zwischen großen Städten

Zwar ist in Alpennähe eine relativ gute Erreichbarkeit mit der Bahn gegeben. Zwischen Rosenheim und Berchtesgaden sind Orte wie Aschau und Siegsdorf auch mit dem Zug erreichbar. Zwischen Chiemsee und Inn herrscht aber gähnende Leere, wohingegen der Rupertiwinkel über die Fernverkehrsstrecke von Landshut in Richtung Berchtesgaden und Salzburg ganz gut abgedeckt ist.

PRAKTISCHE INFOS

*VON A BIS Z

Der 1927 in Dienst gestellte Raddampfer „Ludwig Fessler" gilt als schönstes Schiff der Chiemsee-Schifffahrt-Flotte

Allein unterwegs

Im Allgemeinen ist der Südosten Bayerns sehr sicher, und keiner braucht sich irgendwo unwohl zu fühlen, ob Mann oder Frau. Aber zur Wahrheit gehört auch, dass es Ausnahmen gibt, wenngleich die nicht an der Tagesordnung sind. Wer allein in den Bergen unterwegs ist, gibt bitte unbedingt Bescheid, welche Tour geplant ist und wann mit einer Rückkehr zu rechnen ist – ob bei Familienmitgliedern, die in der Unterkunft bleiben oder dem Betreiber der Unterkunft selbst. Fehlen derartige Anhaltspunkte, wird es für Bergwacht und Alpinpolizei oft zu einer Suche nach der Nadel im Heuhaufen, und rechtzeitige Hilfe wird dann im Ernstfall beinahe unmöglich.

Banken und Bargeld

Die Zahl der Bankfilialen ist in den vergangenen Jahren mehr und mehr geschrumpft. Auf der anderen Seite gibt es auch heute noch viele Geschäfte und Restaurants, die ausschließlich Bargeld akzeptieren. Daher sollte man im Zweifel immer einen Betrag dabeihaben. Steht keine Bank zur Verfügung, ist eine Geldabhebung oft in Supermärkten möglich.

Campen

Neben den ausgewiesenen Campingplätzen und Wohnmobilstellplätzen ist es zuletzt Mode geworden, mit dem Campingbus oder Wohnmobil auf Parkplätzen zu stehen. Per se ist das für eine Nacht meist legal, außer es wird durch ein Hinweisschild explizit untersagt. Diese Verbote sind mehr geworden und sollten unbedingt beachtet werden. Plätze können z. B. mit der App „Park4night" gefunden werden, die allerdings nicht immer richtige Ergebnisse liefert. Den eigenen Müll bitte wieder mitnehmen, denn die kleinen Mülleimer an den Parkplätzen sind dafür nicht gedacht. In der Natur wild zu campen, ist in Deutschland verboten. Ausnahmen gibt es höchstens bei Notsituationen im alpinen Raum. Geplante Biwaks fallen ebenfalls unter das Verbot. Im Nationalpark Berchtesgaden kann das wilde Campen darüber hinaus richtig teuer werden.

Das Camperideal: allein auf weiter Flur inmitten der Natur

Eine deftige Brotzeitplatte gibt's auch als vegetarische Ausgabe

Einkaufen

Supermärkte gibt es in Hülle und Fülle, in kleineren Orten finden sich teilweise auch kleine Hof- und Dorfläden, die ihre Waren direkt von den Produzenten aus der Region beziehen. Dort lassen sich oft leckere Schmankerl entdecken, die es im Discounter so nicht gibt. Bisweilen wurden Selbstbedienungsautomaten eingerichtet, die für Zeiten gedacht sind, in denen die Läden geschlossen sind.

Ermäßigungen und Dauerkarten

In allen Regionen bekommen Touristen bei Übernachtungen auch eine Gästekarte, mit der zahlreiche Aktivitäten und Ermäßigungen möglich sind. Die Hoteliers und Touristinformationen vor Ort wissen, was sich besonders lohnt.

Essen und Trinken

Der Südosten Deutschlands kennt mehr als Leberkas, Weißwurscht, Brezn und Bier. Von der prämierten Sterneküche über die perfekte Pizza bis hin zur einfachen Brettljause auf der Hütte gibt es wahrscheinlich nichts, das es nicht gibt.

Internet und WLAN

Wer es vom Urlaub in skandinavischen Ländern (und eigentlich überall sonst auf der Welt) gewohnt ist, überall lückenlosen 4G-Empfang (oder sogar 5G-Netz) zu haben, den wird die Netzabdeckung hierzulande frustrieren. Zwar ist es in den letzten Jahren besser geworden, doch gerade im ländlichen Raum gibt es immer noch kaum zu verleugnende Lücken im Handynetz, vor allem auch beim Wandern in den Bergen. Und das durch die Bank bei allen Anbietern. Gut dass das Roaming (Nutzen ausländischer Handynetze) in aller Regel nichts mehr kostet und sich so

Für Notfälle

Allgemeiner Notruf Tel. 112
Musst du einen Notruf absetzen, bleibe dabei ruhig und berichte:

- Wo ist es passiert?
- Was ist passiert?
- Wie viele Verletzte gibt es?
- Welche Verletzungen liegen vor?

Warte dann auf Rückfragen der Leitstelle, beende das Gespräch nicht unaufgefordert.

Pannenhilfe
vom Festnetz Tel. 0180 22 22 22 22
vom deutschen Handy Tel. 22 22 22

Liebhaber regionaler Produkte werden ihre Freude an den vielen kleinen Läden haben

wenigstens in der Nähe zu Österreich oft das dortige Netz nutzen lässt. WLAN ist in den Unterkünften selbstverständlich, auch wenn das nicht immer in allen Bereichen zuverlässig funktioniert. Unbedingt vor dem Urlaubsantritt nach der WLAN-Abdeckung fragen. Die Zeit von sündhaft teuren WLAN-Angeboten in Hotels ist aber zum Glück vorbei.

Handy und Telefon

Wer eine SIM-Karte braucht, wird in allen Supermärkten und an Tankstellen fündig.

Märkte

Gerade in den größeren Städten werden regelmäßig Märkte mit frischem Gemüse, Aufstrichen, Fleisch, Backwaren und vielem mehr abgehalten. Aber auch in kleineren Orten finden öfter, als man denken mag, Wochenmärkte statt. Die Veranstaltungskalender der jeweiligen Orte verraten mehr dazu.

Medien

Printmedien sind noch nicht tot, und so gibt es beinahe überall die tägliche Zeitungsausgabe. Für mehr Informationen über aktuelle Veranstaltungen einfach den jeweiligen Destinationen auf Social Media folgen oder auf deren Webseiten schauen. Viele Regionalzeitungen haben auch Online-Ausgaben, wobei sich vieles dort hinter einer Paywall versteckt.

Apotheken finden sich auch im Chiemgau und im Berchtesgadener Land in jedem größeren Ort

Medizinische Versorgung

Die medizinische Versorgung ist grundsätzlich gut, aber der Mangel an Landärzten und die langen Wartezeiten bei Spezialisten machen natürlich auch vor dieser Region nicht Halt. Rosenheim und Traunstein warten mit zwei größeren Kliniken mit vielen Abteilungen auf. Dazu gibt es in Altötting, Burghausen, Mühldorf, Trostberg, Bad Reichenhall und Prien kleinere Krankenhäuser. Daneben finden sich einige Spezialkliniken. Auch die Apothekendichte ist gut. Bei einem Notfall am Wochenende kann die zuständige Notapotheke allerdings auch gern 30 Minuten Fahrtzeit entfernt sein. Ziemlich aufgeschmissen ist, wer dann kein eigenes Auto zur Verfügung hat.

Notrufe

Es gilt der Standard-Notruf 112. Konsulate und Botschaften beinahe aller Länder finden sich im ein bis eineinhalb Stunden entfernten München.

DRAUSSEN UNTERWEGS MIT KINDERN

Lieblingstouren
Touren entlang von Bächen oder kleinen Seen sind wunderbar. Wenn's heiß ist, können alle ihre Füße kühlen, Rindenschiffchen bauen oder flache Steinchen hüpfen lassen.

Mit allen Sinnen
Eine süße Blume und ein herbes Kraut riechen, Moos und Steinchen barfuß spüren, mit geschlossenen Augen das Knacken und Rascheln hören, mit Lupe oder Fernglas Tiere beobachten: Ein Naturspaziergang ist für Kinder wie ein toller Sinnespfad.

Wie weit mit Kids?
Wie lang darf eine Wanderstrecke mit Kindern sein? Als grobe Orientierung nennt der Deutsche Wanderverband: das Lebensalter mal 1,5 nehmen. Eine Siebenjährige könnte danach 10,5 km schaffen, einen Kilometer je 100 hm abziehen. Als Zeitbedarf plane die doppelte Zeit ein, die für erwachsene Wanderer angegeben wird.

Notausstieg
Wähle Wanderrouten aus, die du leicht abkürzen kannst – je nach Kondition und Stimmung. Beziehe bei der Vorbereitung einer Tour die Kinder unbedingt mit ein: gemeinsam die richtige Wanderkarte auswählen und unterwegs zusammen gucken, wie der Weg weitergeht.

Lesefutter
Toll illustrierte Kinderbücher über Pflanzen, Tiere, Gewässer und Gebirge machen Lust auf den Naturausflug. Der passende Band wandert mit – damit es noch mehr zum Entdecken gibt.

Abenteuer am Wegesrand
Wohnt ein Räuberhauptmann in der Burgruine? Und sind hier wirklich Steinzeitjäger an den Felsklippen entlanggeschlichen? Wähle Wanderrouten aus, die an besonderen Orten vorbeiführen. Kleine Geschichten machen sie für den Nachwuchs zu spannenden Abenteuerplätzen.

Der Hitze entkommen
Vor allem mit kleineren Kindern kann sehr heißes Sommerwetter richtig anstrengend sein. Wenn mal alle nach einer Abkühlung lechzen: Macht doch einfach einen Tagesausflug in die Berge. Ein Picknick im Wald, ein kühler Bergbach – und der Tag ist gerettet. Richtwert: Pro 100 hm ist es ca. ein Grad kühler.

Matschverhüterli
Große, stabile Mülltüten sollte man als Eltern immer im Auto haben. Warum? Kinder sind mobil und immer gerne dort unterwegs, wo es spannend und oft auch schmutzig ist, zum Beispiel im Matsch. Aber sooo ins Auto? Kein Problem: Steck dein Kind vor der Weiterfahrt einfach bis zur Taille in die Tüte, und der (Miet-)Wagen bleibt sauber.

RUCKSACK-APOTHEKE

Wer draußen unterwegs ist, sollte immer ein Erste-Hilfe-Set dabei haben. Und natürlich solltest du wissen, wie du Binden und Kompressen anwendest – ein Erste-Hilfe-Kurs schadet nie.

Sei auf Notfälle vorbereitet

- Pflaster (zum Abschneiden) für kleine und größere Schürf- und Schnittwunden
- Blasenpflaster
- Mullbinden und Kompressen zum Abdecken von Wunden
- Dreieckstücher zum Ruhigstellen von Gelenken bei Brüchen
- Desinfektionsmittel
- Allergiemittel
- Schmerztabletten
- Wundheilsalbe
- Insektenschutz
- Verbandsschere
- Pinzette
- Einmalhandschuhe
- Rettungsdecke als Schutz vor Unterkühlung
- Kältekompresse
- Signalpfeife
- Zeckenzange

Schon gewusst?

Im Notfall kannst du drei Minuten ohne Sauerstoff, drei Tage ohne Wasser, drei Wochen ohne Nahrung – aber nur drei Stunden ohne Schutz vor Wind, Nässe und Kälte aushalten. Hab also auch immer Kleidung für alle Eventualitäten im Rucksack.

Öffnungszeiten

Ganz Deutschland hat sich vor vielen Jahren bei den Ladenöffnungszeiten geöffnet. Ganz Deutschland? Nein, ein blau-weißes Bundesland ganz im Süden der Republik verweigert sich den langen Öffnungszeiten, und auch der Sonntag ist ein nationales Heiligtum geblieben, an dem offene Geschäfte nur die absolute Ausnahme sind. Es gilt ein Ladenschluss von 20 Uhr (Mo–Sa). Kleinere Geschäfte (auch Apotheken) schließen oft schon um 18 Uhr, am Wochenende sogar schon am Mittag. Mittagspausen sind gerade auf dem Land nicht selten.

Post

Reine Postfilialen sind in den vergangenen Jahren immer seltener geworden. Allerdings gibt es viele Annahmestellen, die Teile von Supermärkten, Dorfläden und Ähnlichem sind. Darüber hinaus verdienen sich Wäschereien, Bekleidungsläden und auch Tankstellen etwas hinzu, wenn sie Pakete für alle möglichen Anbieter (von Hermes bis UPS) annehmen. Allerdings ist es manchmal verwirrend, die Annahmestelle für einen spezifischen Paketdienst zu finden. Eine Google-Suche hilft oft, aber nicht immer. Briefkästen hat die deutsche Post zwar ebenfalls abgebaut, es findet sich aber immer irgendwo einer, der regelmäßig geleert wird.

Preise

Beim Preisniveau muss beim Urlaub in Alpenregionen immer ein wenig unterschieden werden. Kostet der halbe Liter Bier im Biergarten 4,50 Euro, kann es gut sein, dass der halbe Liter auf einer Hütte, die nur mit dem Hubschrauber beliefert werden kann, gleich 6 Euro oder sogar noch mehr kostet. Das gilt natürlich auch für Gerichte, auch wenn auf Alpenvereinshütten beispielsweise immer ein vergleichsweise günstiges Bergsteigeressen für Mitglieder des Alpenvereins angeboten wird. Insgesamt ist das Preisniveau mit der Inflation gehörig mitgestie-

Bisweilen finden sie sich noch: Postannahmestellen und klassische Briefkästen

gen, allerdings nicht mehr, als in anderen Urlaubsregionen auch. Trotzdem finden sich in der ganzen Region Unterkünfte für den schmalen Geldbeutel. Günstiger wird es natürlich außerhalb der Hauptreisezeiten. Gerade zwischen dem Ende der Sommerferien und vor Beginn der bayerischen Herbstferien lassen sich so regelrechte Schnäppchen machen.

Restaurantbesuche

An Freitagen und Samstagen ist es gerade in der Hauptreisezeit empfehlenswert, in Restaurants vorab zu reservieren. Dresscodes sind dagegen kaum irgendwo verpflichtend. Kartenzahler aufgepasst: Nicht alle Gaststätten und Restaurants bieten Kartenzahlung an, und nicht selten wird auf Bargeldzahlung bestanden. Auf Hütten und Almen ist die Zahlung mit der EC- oder Kreditkarte sogar die absolute Ausnahme. Für eine Kartenzahlung wird ein stabiles Handynetz benötigt, das in den Bergen, fernab der digitalen Zivilisation, meist nicht existiert.

Biergartenkultur und Gastfreundschaft in Truchtlaching nördlich des Chiemsees

Touristinformationen

Beinahe jeder noch so kleine Ort hat eine eigene Touristinformation. Deren Öffnungszeiten passen leider nicht immer zum „echten Leben", und so ist es nicht selten so, dass gerade Infobüros in kleineren Orten nur von Montag bis Freitag bis 12 Uhr geöffnet sind. Haben sich mehrere Orte zu touristischen Regionen zusammengeschlossen, gibt es dort aber meist eine Informationsstelle, die länger und teilweise auch am Wochenende besetzt ist.

Toiletten

Öffentliche Toiletten sind leider oft ein rares Gut. Gibt es sie doch, sind sie teilweise nur schwer zu finden,

Was kostet wie viel?

Espresso 2–3 €
Bier 4,50 € (0,5 l)
Schweinebraten mit Knödel 13–15 €
Kasspatzen 10 €
Kaiserschmarrn 12 €
Bus Mit Gästekarte oft kostenlos
Parken 3–6 €/Tag

weil die Beschilderung mangelhaft ist. Etliche Wanderparkplätze haben gar keine Toilette, und so türmen sich hinter den angrenzenden Büschen oft Berge von Taschentüchern. Das ist ekelhaft und doch irgendwie verständlich, leider. Anders sieht das mit Hundetoiletten aus. Die sind weit verbreitet, und die kleinen Tütchen eignen sich zur Not auch für dreckige Taschentücher. Ein absolutes No-Go: mitten auf dem Watzmann-Grat sein großes Geschäft verrichten und es dort zu belassen. Die nachfolgenden Bergsteiger werden es zu schätzen wissen, wenn es entfernt wird.

Trinkgeld

Wie im Rest Deutschlands gilt auch zwischen Chiemgau und Berchtesgadener Land: 10 % sind ein angemessenes Trinkgeld, und das kommt immer auf die Rechnung obendrauf. Auch wenn die Preise beim Essengehen gehörig angezogen haben, nicht zuletzt mit der Mehrwertsteuererhöhung auf 19 %: Bei den Bedienungen und Kellnern kommt davon nichts an, weswegen hier Großzügigkeit angemessen ist. Vorausgesetzt natürlich, der Service hat das auch verdient. Eindeckgebühren wie es sie in Mittelmeerländern teilweise gibt, sind in Bayern nicht üblich.

Zoll

Die Europäische Union ist auch eine Zollunion, und so werden innerhalb der Mitgliedsstaaten untereinander keine Zölle erhoben. Das gilt zumindest für den Warenverkehr. Dagegen gibt es bei Alkohol, Tabak, Kaffee und Bargeld Freimengen. Die Grenze wird u. a. bei 10 l Schnaps (aufgepasst, wer kurz in Salzburg einheimische Brände shoppen will), 800 Zigaretten und 10 kg Kaffee gezogen. Außerdem können bis zu 10 000 Euro Bargeld mitgeführt werden. Sind die Freimengen überschritten, wird angenommen, dass es sich dabei nicht um Dinge für den privaten Verbrauch handelt. Dann können Bußgelder fällig werden, wenn zuvor keine Anmeldung der Waren erfolgt ist.

Wenn das deftige Fleischgericht geschmeckt hat, sollte auch ein wenig Trinkgeld drin sein

APPS & KARTEN FÜR DRAUSSEN

ERKENNE, WAS UM DICH IST

Apps für Naturfreunde

Geschafft! Der Gipfel ist erobert, die Rundsicht auf die Bergwelt der Hammer. Aber wie heißen die ganzen Spitzen, die da am Horizont in den Himmel piksen? Das verrät die App PeakFinder – einfach mit der Kamera in die gewünschte Richtung halten. Das Ganze gibt's übrigens auch für den Nachthimmel, Apps wie SkyMap oder SkyView sind wie ein Astronom für die Hosentasche, der dir das Weltall erklärt.
Für Pflanzen z. B. PlantNet, Flora incognita (v. a. für D) und iNaturalist, für Vogelstimmen NABU Vogelstimmen oder BirdNET.

SO KOMMST DU BESSER ANS ZIEL

Navi-Unterstützung für Aktive

Mit Apps wie Komoot, Maps 3D, GPSies oder von Runtastic wird dein Smartphone zum Navi, egal ob du zu Fuß oder auf zwei Rädern unterwegs bist. Google Maps funktioniert zwar auch, findet aber oft nur die Haupt- und nicht die schönen, verkehrslosen Nebenrouten. Zur Sicherheit solltest du immer eine Powerbank für eine Extraakkuladung im Gepäck haben, denn die GPS-Funktion des Smartphones ist energiehungrig.

ANALOG UNTERWEGS

Die passende Karte finden

Mist, der Akku des Smartphones ist leer. Nimm deshalb immer auch eine gute Karte deines Wandergebiets mit. Bist du in einem kleineren Gebiet unterwegs, ist der Maßstab 1: 25 000 perfekt, dann sind vier Zentimeter auf der Karte ein Kilometer im Gelände. Hast du eine Tour über größere Entfernungen vor, dann greif zum Maßstab 1:50 000. Zwei Zentimeter auf der Karte entsprechen dann einem Kilometer.

Auf der Karte kannst du übrigens auch sehen, wie steil das Gelände wird: Je enger die Höhenlinien – jene Linien, die dem Geländeverlauf folgen – liegen, desto steiler wird's. Bei einer 50 000er-Karte sind zwischen zwei Höhenlinien meist 20 m. Wenn dein Wanderweg einer Höhenlinie folgt, hast du Glück: Der Weg ist (relativ) eben.

LIFEHACKS FÜR DEN URLAUB

Erinnerungsstütze

Kennst du sie auch, die panische Frage, kaum hast du dich Richtung Urlaub in Bewegung gesetzt: Habe ich auch wirklich die Wohnungstür abgeschlossen? Versuch es beim nächsten Mal mit einer ungewöhnlichen Aktion: Spring beim Abschließen hoch in die Luft, mach eine tiefe Kniebeuge oder sage dir laut vor: Jawohl, ich habe abgeschlossen. Daran erinnerst du dich dann bestimmt und der Urlaub beginnt mit einem breiten Grinsen im Gesicht.

Erst mal einen Überblick verschaffen

Erster Tag auf unbekanntem Terrain? Bevor du dich voller Elan in Erlebnisse stürzt, such dir einen großartigen Aussichtspunkt und genieße es, dir einen Überblick über Lage und Ausdehnung der Stadt oder Region zu verschaffen. Das gibt ein tolles Bild für den ersten Social-Media-Post, und danach wirst du dich mit gestähltem Orientierungssinn bewegen.

Handy nachladen im Flug(s)modus

Ja, wir kennen das alle: Die Batterie des Smartphones neigt sich gefährlich dem einstelligen Prozentbereich zu, viel Zeit zum Aufladen bleibt nicht. Bewährter Tipp: Der Akku lädt um ein Vielfaches schneller, wenn du dein Smartphone währenddessen in den Flugmodus versetzt. Und weil die Batterie unterwegs viel schneller schwächelt, steck eine Powerbank ein.

Übergepäck? Nur für Anfänger!

Durch geschicktes Minimieren der Farbpalette deiner Kleidung brauchst du weniger Einzelteile und kannst besser kombinieren. Achte auch bei Schmuck und Schuhen darauf, dass du sie mehrfach einsetzen kannst.

Koffer packen für Könner

Um nicht mit einem Haufen zerknitterter Wäsche am Urlaubsort anzukommen, beachte die Grundregel: Schweres gehört nach unten, d. h. an die Seite des Gepäcks, die während des Transports in Richtung Boden zeigt. Zu den schweren Gegenständen zählen Waschbeutel und Schuhe. Außerdem wichtig: Je kompakter alles im Koffer verstaut wurde, desto weniger kann verrutschen.

Kleidung klein und faltenfrei

Spart Platz im Koffer und minimiert Falten: Shirts und Pullis falten und rollen. Bei Jacken die Ärmel nach innen falten, dann die Jacke mittig zusammenlegen. Voluminöses in Zip-Beutel stecken und die Luft vor dem Verschließen herausdrücken. Unterwäsche kann auch gerollt werden.

Schutz für Handy & Co.

Technische Geräte mögen weder Sand noch Wasser. Am Strand oder bei der Bootstour sind Handy und Co. in einem kleinen Plastikbeutel mit Zip-Verschluss unkompliziert geschützt.

Kleidung waschen & reparieren

Mit nur wenigen Zutaten kann man unterwegs prima Wäsche waschen und auch mal Kleidungsstücke reparieren. Als Wäscheleine eignen sich 3 m normale Schnur aus dem Baumarkt. Eine Handvoll kleiner Gardinenclips ersetzt die Wäscheklammern. Fehlt das Waschmittel, tut es auch Shampoo. Mit einer Nagelbürste kann man bei der Handwäsche beste Ergebnisse erzielen. Etwas Gaffa-Tape fixiert aufgelöste Säume und ein Tröpfchen Nagellack eine Laufmasche oder einen losen Faden.

Alleskönner Klebeband

Eine Rolle Klebeband gehört in jeden Rucksack. Aber nicht irgendein Klebeband, sondern Duct- oder Panzer-Tape. Ob Riss in der Outdoor-Jacke oder im Zelt, ob gebrochene Zeltstange oder die lose Sohle am Wanderschuh: Mit dem unverwüstlichen Gewebeband meisterst du jede Reparatur an der Ausrüstung. Wenn selbst die NASA Duct-Tape im All dabeigehabt haben soll …

Reisekrankheit vermeiden

Du kennst das schon: Spätestens wenn's kurvig wird, wird dir … blümerant zumute. Schwindelgefühle und Übelkeit entstehen durch Störungen des Gleichgewichtssinns. Wehre den Anfängen: Leg Buch oder Handy weg, setz dich nach vorne oder schnapp dir das Steuer, denn wer strikt geradeaus schaut, ist kaum gefährdet. Im Bus ist der beste Platz in der vordersten Reihe, im Flugzeug solltest du versuchen, auf Höhe der Tragflächen zu sitzen, und auf dem Schiff hilft ein Gang an die frische Luft mit festem Blick auf den Horizont.

Dolmetscher in der Tasche

Reisen in einem Land, in dem man die Sprache nicht versteht, kann schwierig werden. Die kostenlose Smartphone-App Google Übersetzer (iOS und Android) macht die Verständigung leichter und ein Wörterbuch überflüssig. Man kann für den Urlaub bestimmte Sprachpakete herunterladen, damit die App auch ohne Internetzugang übersetzt. Damit spart man die Kosten für mobiles Internet, verliert aber gleichzeitig wegen der Größe der Sprachpakete viel Speicherplatz. Man kann sogar Wörter abfotografieren, um sie übersetzen zu lassen, oder sich ganze Sätze erklären und vorsprechen lassen.

Weniger ist mehr

Ach, und das Buch sollte auch noch mit. Und vielleicht noch einen Pullover, weil der eigentlich doch ganz schick ist? Brichst du zu einer Wanderung auf, dann geize mit Platz und Gewicht. Zu schweres Gepäck macht jeden Ausflug zur Tortur. Als Faustregel gilt: Was du auf dem Rücken trägst, sollte nicht mehr als 20 % deines Körpergewichts betragen. Für eine Tageswanderung reichen sechs Kilo Gepäck.

Ab in die Sonne!

Was bringt die schönste Landschaft bei Dauerregen, wenn 50 km weiter die Sonne vom Himmel lacht? Hängen also wieder mal die Wolken tief, befrage das Internet nach dem Wetter, such dir den nächstgelegenen Ort heraus, wo die Sonne scheint – und fahr hin! Vielleicht entdeckst du dann sogar wundervolle Orte, die du zunächst gar nicht auf der Reiseroute hattest.

OUTDOOR EVENTS

*DURCHS JAHR

Im Herbst werden beim Almabtrieb die festlich geschmückten Kühe von der Alm zur Überwinterung ins Tal geführt

Gründe zum Feiern und Zusammenkommen gibt es immer. Vom Dorffest mit Schuhplattlern und Dirndldrahn über Konzerte unter freiem Himmel bis hin zu Almabtrieben und Pferdeprozessionen. Auch sportlich darf es werden.

Januar

Kaiserwinkl Alpin Ballooning: Der Himmel wird bunt, wenn sich auf der österreichischen Seite der Chiemgauer Alpen im Januar unzählige Ballonfahrer-Teams treffen. *kaiserwinkl.com/de/veranstaltungen-tirol/alpin-ballooning.html*

Februar & März

Skitouren-Testival: Rund um den Königssee, weit oben am Jenner und im Watzmannkar herrschen im März noch perfekte Bedingungen für Skitouren. Wer Material testen will, ist beim Skitouren-Testival an der Talstation der Jennerbahn genau richtig aufgehoben. *skitouren-testival.de*

April

Georgiritte: Rund um Ostern finden in vielen Gemeinden im Chiemgau, im Rupertiwinkel und im Berchtesgadener Land Georgiritte mit geschmückten Pferden statt. Auskünfte bei den Tourist-Infos.

Mai

Maibaumaufstellen: Am 1. Mai wird in vielen Orten zwischen Salzach und Inn ein Maibaum aufgerichtet. Vor allem die traditionelle Herangehensweise ist sehenswert, wenn sich teilweise bis zu 100 Männer über mehrere Stunden abmühen, die riesigen Maibäume per Hand aufzustellen. Alle wichtigen Infos gibt es ei den Touristinformationen.

Juni

Bauern- und Kunsthandwerkermarkt in Sachrang: Alljährlich im Juni findet dieser Markt statt, bei dem es viele handgefertigte Produkte und kulinarische Leckereien gibt. Ebenfalls ein tolles Erlebnis Mitte/Ende Juni: Die Sonnwendfeuer in den Bergen, beispielsweise am Jenner oder an der Kampenwand. *t.ly/V9pwP*

Juli

Freiluftkonzerte: Open-Air-Events locken im Juli nicht nur in den Städten die Zuschauer nach draußen in die Parks oder an kleine und große Seen (Waldkraiburg, Waging am See). Auch in kleinen Gemeinden verwandeln sich die Kurparks oft in öffentliche Bühnen unter freiem Himmel. *waldkraiburg.de/haus-der-kultur/hdkveranstaltungen/sonderveranstaltungen/stadtparkkonzerte/programm-stadtparkkonzerte (kurzer Link: https://t.ly/xRvwb), kulturverein-waging.de/musiktage*

August

Dorf- und Weinfeste: Pünktlich mit dem Beginn des Sommers finden in der Region alle möglichen Events statt, z. B. Dorffeste (z. B. in Sachrang) und Weinfeste (Wasserburg). Oft werden die Feste von Auftritten der örtlichen Trachtenvereine komplettiert, die bei den überregionalen Gaufesten ihren Höhepunkt finden. *wfv-wasserburg.de/weinfest*

September

Ölbergwallfahrt: An der Ölbergkapelle, nur wenige Meter von der Bayerisch-Tirolerischen Grenze zwischen Sachrang und Wildbichl, geht es am dritten Sonntag im September zur Ölbergwallfahrt, bei der Wallfahrer und Vereine aus beiden Ländern zusammenkommen. *aschau.de/oelbergkapelle*

Oktober

Almabtrieb: Zwischen Mitte September und Anfang Oktober endet der Almsommer für die Kühe und Schafe. Prächtig geschmückt trotten sie bei den Almabtrieben zurück ins Tal, wo sie von der Zuschauermenge freudig begrüßt werden. *gipfelfieber.com/almabtrieb-bayern-oesterreich*

November

Leonhardiritte: Zu den wenigen Events, bei denen den Pferden für ihre Arbeitskraft und für das reiche Einbringen der Ernte gedankt wird, gehören die Leonhardiritte. *chiemsee-alpenland.de/entdecken/kirche-kloster-auszeit/festtage-im-kirchenjahr/leonhardi (Kurzer Link: https://t.ly/Xnt2N)*

Dezember

Krampus- und Perchtenläufe: Die Vorweihnachtszeit ist auch die Zeit von Glühwein, gebrannten Mandeln und kandierten Früchten. In der ganzen Region gibt es kleine und große Christkindlmärkte – von der Innenstadt Rosenheims bis zur Burg in Burghausen, von der Fraueninsel bis hin zum Berchtesgadener Advent. Daneben werden an vielen Orten mittlerweile Krampusläufe (rund um Nikolaus) und Perchtenläufe (in den Raunächten Ende Dezember) veranstaltet. Infos bei den Touristinformationen.

Zum Kaiserwinkl Alpin Ballooning treffen sich im Januar rund 50 Ballonfahrerteams

Anhang

Blütenpracht auf der Fraueninsel im Chiemsee. Und der Klosterwirt sorgt fürs leibliche Wohl

REGISTER

*NACH ORTEN

REGISTER

*NACH AKTIVITÄTEN

Highlights

Mit dem Fahrrad

Am & im Wasser

Fun & Action

Naturgenuss

Wintersport

Zu Fuß

NOCH MEHR OUTDOOR-SPASS

Nach der Reise ist vor der Reise:
Hier findest du noch mehr beste Frischluftabenteuer für deinen Urlaub.

ISBN 978-3-575-01927-1

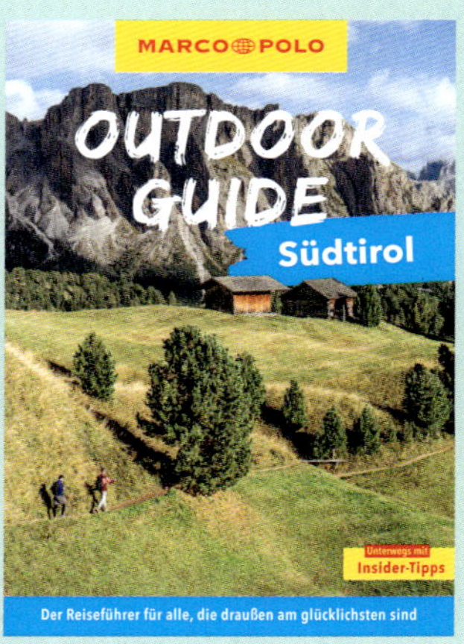

ISBN 978-3-575-01928-8

ISBN 978-3-575-01925-7

ISBN 978-3-575-01918-9

ISBN 978-3-575-01924-0

ISBN 978-3-575-01901-1

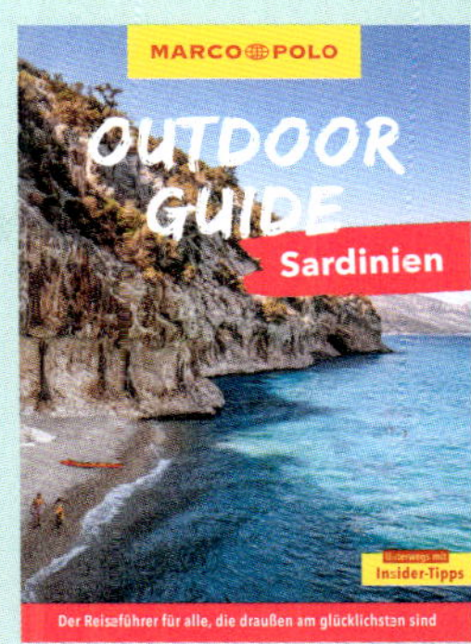

ISBN 978-3-575-01926-4

ISBN 978-3-575-01922-6

ISBN 978-3-575-01920-2

ISBN 978-3-575-01923-3

ISBN 978-3-575-01921-9

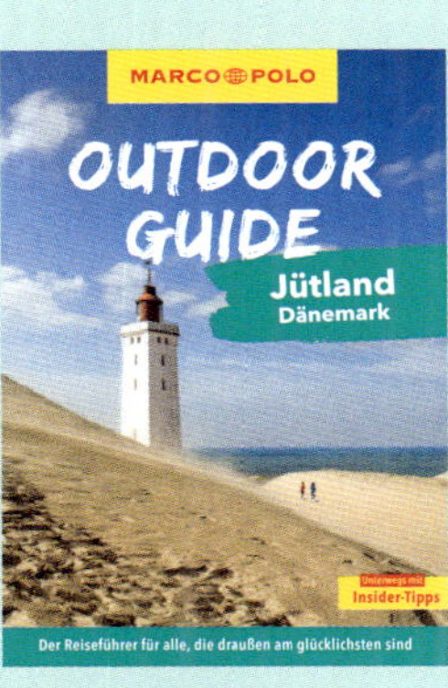

ISBN 978-3-575-01917-2

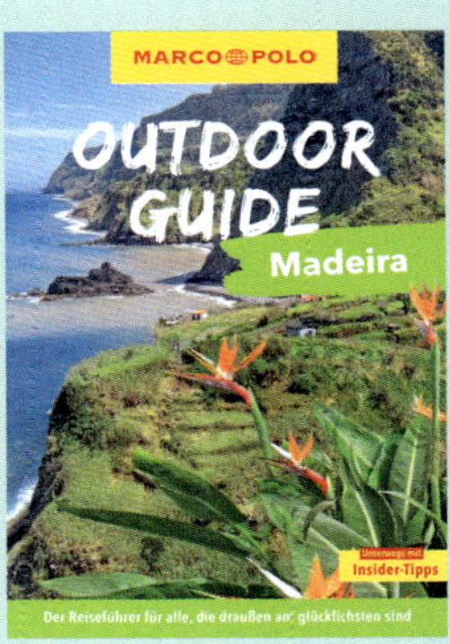

ISBN 978-3-575-01919-6

IMPRESSUM

*WER HAT WAS GEMACHT?

1. Auflage 2024

ISBN 978-3-575-01916-5

Texte: Andreas Gruhle, mit Ausnahme 28, 207, 208, 211–213, Umschlaginnenseiten (Jens Bey)
Konzept & Projektleitung: Monique Sorban
Projektmanagement: Anne-Katrin Scheiter
Gestaltung Umschlag & Layout:
Nicola Hammel-Siebert, Tanja Schnurpfeil, Weimar & Leipzig, zebraluchs.de
Illustrationen: Nicola Hammel-Siebert (S. 13), Carolin Weidemann, Köln, weidemann-design.com (Umschlaginnenseiten, Klappen, S. 28, 200, 203)
Lektorat & Satz: Ewald Tange für booklab, München
Korrektorat: Christiane Gsänger, München
Kartografie: © 2024 KOMPASS-Karten GmbH, Karl-Kapferer-Str. 5, A-6020 Innsbruck unter Verwendung von © OpenStreetMap Contributors, osm.org/copyright
Als touristischer Verlag stellen wir bei den Karten nur den De-facto-Stand dar. Dieser kann von der völkerrechtlichen Lage abweichen und ist völlig wertungsfrei.

Printed in Poland

Lob oder Kritik? Wir freuen uns auf deine Nachricht! Trotz gründlicher Recherche schleichen sich manchmal Fehler ein. Wir hoffen, du hast Verständnis, dass der Verlag dafür keine Haftung übernehmen kann.
MARCO POLO Redaktion, MAIRDUMONT, Postfach 3151, 73751 Ostfildern, info@marcopolo.de

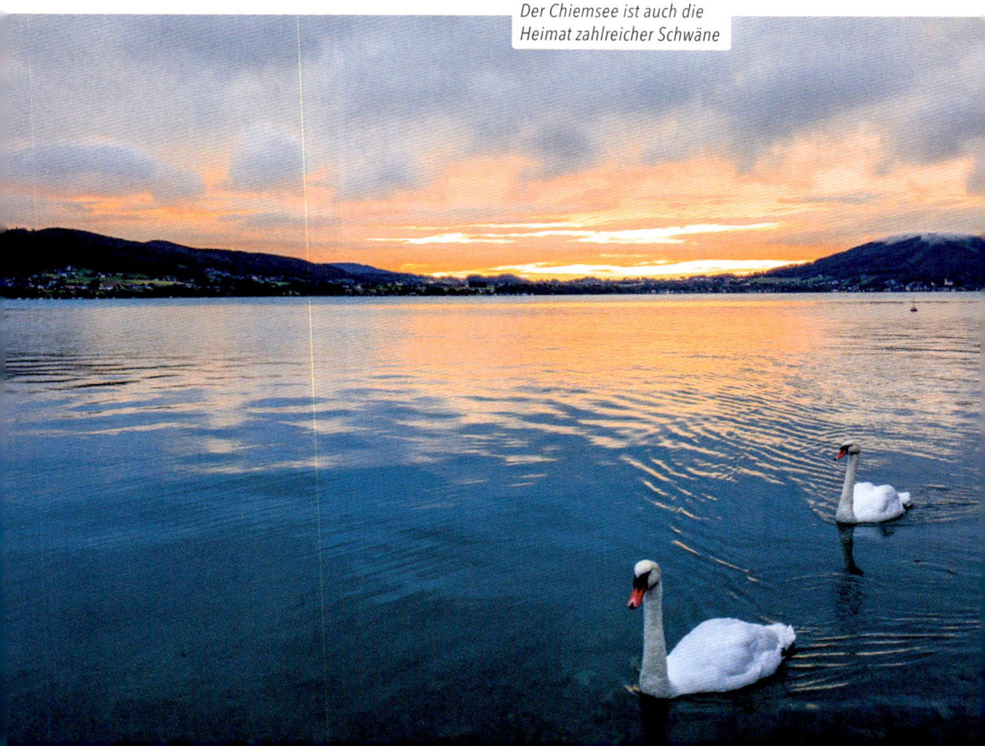

Der Chiemsee ist auch die Heimat zahlreicher Schwäne

In der Winterruhe: der Fama-Brunnen im Schlosspark Herrenchiemsee

Titelbild: Klobensteinschlucht, Achental (Andreas Gruhle)
Motive Rückseite: Röthbachwasserfall, Schönau am Königssee (l.), Dreiseengebiet zwischen Reit im Winkl und Ruhpolding (r.)

Fotos: Berchtesgadener Land Tourismus: Sepp Wurm (118, 155 l.); Bergerlebnis Berchtesgaden (117, 123), Thomas Kujat (109 o.); Bergparadiese.de: Björn Arndt (231); Chiemgau Tourismus e.V.: Leonie Illichmann (232), Thomas Kujat (1, 7, 10, 55 l., 62 l., 64 l., 157), Doris Wild (29 M. u.), www.berg12.de (79, 207 r.); Chiemsee-Alpenland Tourismus (186 l.), Bayerische Schlösserverwaltung/Thomas Kujat (9, 40), Adrian Greiter (172), Andreas Jacob (183 l.), Alfons Kapser (60), Thomas Kujat (15, 25 r., 28 o., 36, 52, 69 u., 174, 175, 200), Thomas Kujat/Sarah Müllinger CAT (62 r.), Makrohaus/Adrian Greiter (166, 183 r.), Makrohaus/Thomas Kujat (43, 94), Sarah Müllinger CAT (27, 83 u., 203 r.), Rainer Nitzsche (28 u. l., 42), Stephanie Vorleitner (204 l.); Enzianbrennerei Grassl (110); Getty Images: iStockphoto/Dirschl (158); Gipfelfieber.com: Simon Gäbel (108, 151); Andreas Gruhle, Gipfelfieber.com (Umschlagrückseite r., 4, 6, 8, 12, 14, 16, 17 M. l. o., 17 M. r. u., 17 M. r. o., 17 M. l. u., 18 r., 19, 20, 22, 24, 25 l., 30, 41, 44, 45 o., 45 u., 46, 48, 49, 50, 51, 53 r., 54, 55 r., 56, 58, 59, 61 r., 63, 65, 67, 68, 70, 74, 75, 76, 77, 78, 80, 81, 84, 85, 86, 87 r., 87 l., 89 r., 89 l., 90 r., 90 l., 91, 92 l., 92 r., 93, 95, 96 r., 96 l., 97 l., 97 r., 98 r., 99, 100, 102, 106, 107, 109 u., 112, 113, 114, 115, 119, 120, 121 r., 122 l., 123, 125, 126, 127 r., 128, 129 r., 129 l., 132 l., 132 r., 142, 143, 145, 148, 149, 150, 152, 154, 155 r., 156, 159 l., 160 r., 162, 163, 164, 176, 177, 180, 181, 184, 185 l., 188 r., 195 u., 196, 198, 202, 203 l., 212, 213, 220, 228, 229, 230); Thomas Kujat (17 o.); Mauritius Images: Alamy Stock Photos/Andreas Prott (193), Josef Kuchlbauer (178), Volker Preusser (191), Martin Siepmann (189), Westend61/Martin Siepmann (82); Privatbrauerei M.C. Wieninger GmbH & Co KG: ROHA-Fotothek Fuermann (144); Andreas Ruf (187); Verena Schedl (98 l.); Shutterstock.com: Aleksandr Lupin (131), alexilena (153 r.), alpinenature (136, 161), Andrea Geiss (165 r.), andreas_naegeli (53 l.), Anne Coatesy (66), auerimages (32), Bernd Juergens (135 u.), Bildagentur Zoonar GmbH (18 u.), cambeck (124), Chris Redan (160 l., 204 r.), DaLiu (127 l.), Dmitri T (28 u. r.), Ernest Rose (18 M. l. u.), fetrinka (208), footageclips (18 M. . lo.), FooTToo (165 l., 173, 207 l.), Greens and Blues (64 r.), Inga Gedrovicha (192), Irina Kononova (153 l.), Israel Hervas Bengochea (18 o.), Jakub Cejpek (121 l.), Jochen Netzker (31), Jonas M. Schmidt (47), JP.Photoart (133), Karin Jaehne (17 u. r.), Karl Allgaeuer (195 o.), KK imaging (190), Kochneva Tetyana (194), KraPhoto (182), Martin Erdniss (140, 141), Meriluxa (135 o.), moreimages (88), mRGB (159 r.), Ondrej Prosicky (29 u.), Onyx9 (83 o.), pd foto (179), Peredniankina (101 u.), Radka Palenikova (111), Rawpixel.com (101 o.), saiko3p (57), Sapunova Svetlana (134), sasimoto (69 o.), sergua (61 l.), T.W. van Urk (130), Traveller Martin (147 o., 147 u.), Uta Scholl (146), Volker Heide (188 l.), Wolfgang Hauke (Umschlagrückseite l., 116), Xseon (17 u. l.), Zenx (122 r.); Stadt Wasserburg am Inn: Rainer Nitzsche (186 r.); VKR GmbH (170); Wikimedia Commons: CC BY 3.0/Rufus46 (171 l., 171 r.), CC BY-SA 4.0/Martinus KE (185 r.), Michael K. (29 o.), Simon Waldherr (29 M. o.); willya.de: Michael Maier (1 u.)

Der Abdruck der Fotos auf den S. 4/5, 6, 9, 22, 27, 28 o., 28 u. l., 29 l., 36, 40, 41, 44, 45 o., 45 u., 47, 52, 53 l., 55 l., 64 l., 67, 102, 106, 107, 118, 120, 123, 128, 133, 136, 140, 141, 161, 202, 220/221, 228 und 229 erfolgt mit freundlicher Genehmigung der Bayerischen Schlösserverwaltung.

Nur für geübte Bergsteiger: der Abstieg vom Watzmann über das Wimbachgries

Ob zu Fuß, mit dem Fahrrad, in nostalgischen Gefährten oder auf dem SUP – auf über 150 Ausflügen und Abenteuern war Andreas Gruhle für den OUTDOOR GUIDE unterwegs. Was war besonders, was bleibt noch zu sagen?

5 FRAGEN AN ANDREAS GRUHLE

1 Was ist deine Liebligsaktivität und bei welcher Tour im Buch hattest du am meisten Spaß?

Im Buch gibt es mehrere Highlights, die ich auch mit meinen Kindern mindestens einmal im Jahr mache. Das ist zum einen die Wanderung um die Drei Seen in den Chiemgauer Alpen, die auch als Bayerisch-Kanada bezeichnet werden. Und das ist die Fahrt mit dem Schiff über den Königssee, die zu jeder Jahreszeit ein Erlebnis ist. Rundherum gibt es so viele Ziele zu entdecken, ob die Eiskapelle am Fuß der Watzmann-Ostwand oder den Obersee mit der urigen Fischunkelalm mit dem höchsten Wasserfall Deutschlands.

2 Was war dein verrücktestes Erlebnis, das dir in guter Erinnerung geblieben ist?

Die Schoßrinn ist ein Wasserfall, bei uns zu Hause im Priental. Der Ort gilt als Frauenkraftplatz. Wenige Stunden vor dem planmäßigen Geburtstermin wanderte ich mit meiner Frau zum Wasserfall, weil Herumsitzen und Warten keine Option mehr waren. Direkt im Anschluss setzten die Wehen ein, und wenige Stunden später in der Nacht erblickte meine zweite Tochter – pünktlich zum Termin – das Licht der Welt.

3 Dein Film- und Buchtipp zum Chiemsee und zum Berchtesgadener Land?

Der Film „Sachrang – Eine Chronik aus den Bergen" von 1978 erzählt über das karge Leben des Müllner Peter, der hier im 18. Jh. lebte. Empfehlen möchte ich auch die Biografie von Regielegende Werner Herzog: „Jeder für sich und Gott gegen alle" gibt lebendige Einblicke in das Leben der Nachkriegszeit.

4 Was darf in deiner Ausrüstung nicht fehlen?

Meine Kamera, mindestens zwei Objektive, oft genug auch die Drohne. Schon als Kind liebte ich es, Fotos zu schießen. Das tue ich heute immer noch.

5 Wohin gehst du in der Region am liebsten mit Freunden?

Auf den Spitzstein, direkt oberhalb von Sachrang – vorzugsweise über den leichten Klettersteig der Nordseite. Und zum Sonnenaufgang. Mit Besuchern, die viel Abwechslung erleben wollen, wandern wir durch die Gießenbachklamm und hinauf zur Schopperalm, wo immer Entertainment geboten wird.

BLOSS NICHT!

*FETTNÄPFCHENFREI IM URLAUB

Untaugliches Schuhwerk

Wer über Stock und Stein wandern möchte, sollte das keinesfalls in Sneakern oder High Heels tun. Eine rutschige Wurzel im Wald oder ein wegrollender Stein, und schnell ist das Urlaubsvergnügen vorbei. Ob ein Wanderschuh über den Knöchel gehen muss, ist eine Glaubensfrage, die typenabhängig ist. Ganz grundsätzlich gilt: Wer nur einmal im Jahr wandern geht, greift lieber zu den knöchelhohen Schuhen – und läuft diese bestenfalls vor dem Urlaub ein, um Blasen zu vermeiden.

Weißwurst mit Ketchup im Biergarten bestellen

Hierzu ist hoffentlich keine weitere Erklärung notwendig. Wenn die Kellnerin nicht sofort in Ohnmacht fällt, dürfte ein lebenslanges Hausverbot noch als mildes Urteil gelten.

Drohne fliegen im Nationalpark

Drohnen ermöglichen grandiose Aufnahmen und Perspektiven, die vor Jahren nur mit exorbitantem Materialaufwand möglich waren. Im Nationalpark Berchtesgaden herrscht wie in allen deutschen Naturschutzgebieten ein absolutes Flugverbot. Bitte unbedingt daran halten, Natur, Tiere, Wanderer und Bergsteiger danken es. Übrigens: Der Autor fliegt selbst Drohne und hält sich dran.

Hunde und Kühe zusammenbringen

Beim Wandern in den Bergen ist vor allem zum Almsommer „Kuhkontakt" beinahe unausweichlich. Neugierige Hunde haben nichts beim lieben Vieh zu suchen. Viele Kühe auf den Almen sind an Hunde als Begleiter des Menschen gewöhnt. Gerade Muttertiere mit Jungvieh reagieren im Zweifel aber nicht so zurückhaltend. Schnell kann die Begegnung dann aus dem Ruder laufen und der Ausflug in den Bergen gefährlich werden. Daher gilt: den Begleiter stets an die Leine nehmen. Und sollte es doch zu einer brenzligen Situation kommen: Leine fallen lassen und laufen. Und zwar schnell! Der Hund findet schon einen Weg.

Bayerisch reden

Keinesfalls, niemals, nicht, unter gar keinen Umständen und never ever versuchen, sich den bayerischen Dialekt zu eigen zu machen und anfangen mit der Bedienung im Biergarten, mit dem Alphornbläser oder mit dem Busfahrer Bayerisch zu reden. Egal wie groß vielleicht die eigene Überzeugung ist: Es klingt immer falsch!

Mit diesem Motto sollen aufkeimende Konflikte zwischen Wanderern und Mountainbikern entschärft werden